山东大学文学院史料丛编

第一辑

山东大学出版社
SHANDONG UNIVERSITY PRESS

杜泽逊 主编

张洪刚 李振聚 编

图书在版编目(CIP)数据

山东大学文学院史料丛编.第一辑/张洪刚,李振聚编.
—济南:山东大学出版社,2021.11
ISBN 978-7-5607-6967-7

Ⅰ.①山… Ⅱ.①张…②李… Ⅲ.①山东大学文学院－校史－资料－汇编 Ⅳ.①G649.285.21

中国版本图书馆CIP数据核字(2021)第199940号

责任编辑　李孝德
文案编辑　孟希亚
封面设计　泽坤广告

出版发行　山东大学出版社
社　　址　山东省济南市山大南路20号
邮政编码　250100
发行热线　(0531)88363008
经　　销　新华书店
印　　刷　济南乾丰云印刷科技有限公司
规　　格　787毫米×1092毫米　1/16
　　　　　33.75印张　4插页　538千字
版　　次　2021年11月第1版
印　　次　2021年11月第1次印刷
定　　价　180.00元

“山东大学中文专刊”编辑工作组

组　长　杜泽逊　张　帅

副组长　李剑锋　黄发有　程相占　马　兵

成　员　王培源　刘晓东　萧光乾　张学军　张树铮
孙之梅　关家铮　王新华　杨振兰　岳立静
戚良德　祁海文　李开军　刘晓多　沈　文
王　萌　刘靖渊　程鸿彬　刘天宇　吉　颙
李振聚

《山东大学文学院史料丛编》编辑组

主　编　杜泽逊

编　者　张洪刚　李振聚

协　编　初　敏　程宗洋　侯洪震　刘汉君　仇子兴
高　雅　杨　阳　郝梦雪　庄欣欣　鞠啸程
吴奇颖　丁雪媛　张　腾　宋少雄　赵　航
刘泊宁　赵秒秒　黄　静　杨　赛　范　萌
杨雅然

陆侃如先生

冯沅君先生

冯沅君与陆侃如先生结婚照

20 世纪 50 年代陆侃如、冯沅君在青岛山东大学寓所

冯阮君、陆侃如、高亨教授与青年学生研讨学术问题

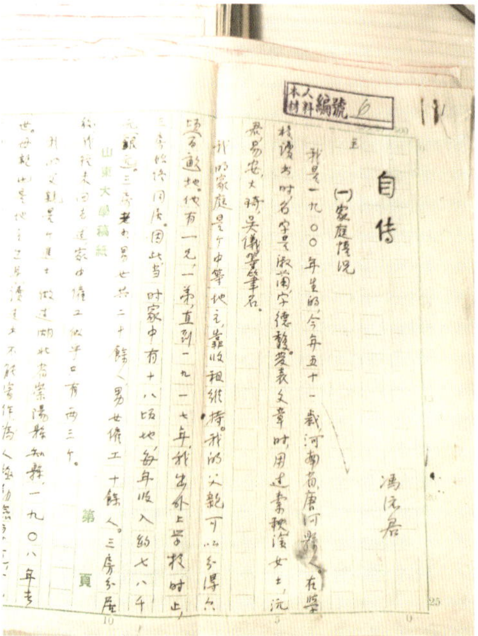

《冯沅君自传》手稿

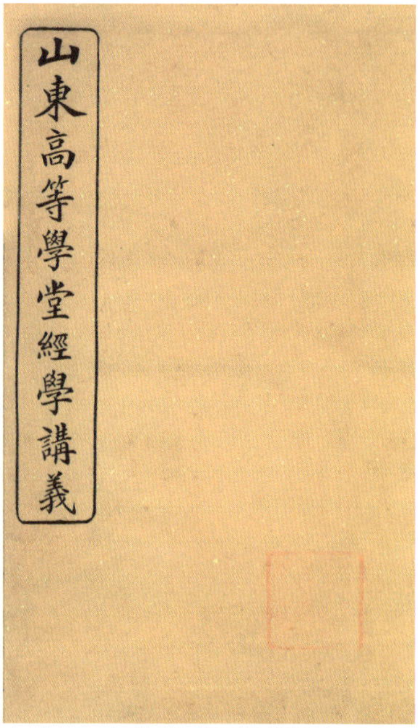

《山东高等学堂经学讲义》封面

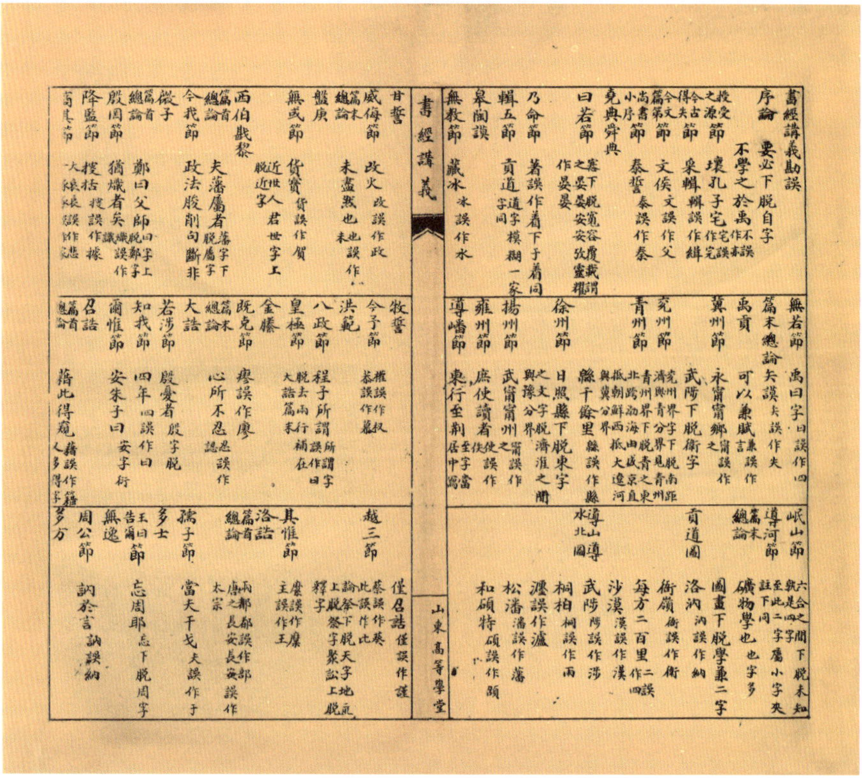

《山东高等学堂经学讲义》内页

《山东大学文学院史料丛编》序

杜泽逊

2019年12月27日，在山东大学知新楼A座706会议室召开了第一次文学院院史资料项目组会议。这次会议是由我提出，经院党政联席会议批准召开的。

参加会议的有杜泽逊、沈文、王萌、张洪刚、李振聚，以及研究生刘璐、仇子兴、高雅。会议决定搜集编辑《山东大学文学院史料丛编》，适当时机正式出版。搜集编辑工作由杜泽逊牵头，主要由张洪刚、李振聚负责。2020年暑假，经文学院与学校档案馆协商，7月28日至8月21日由张洪刚、李振聚带队，研究生程宗洋、侯洪震、刘汉君、仇子兴、刘泊宁、赵秒秒、宋少雄、赵航、高雅、初敏、杨阳、庄欣欣等参加，组成文学院院史档案整理小组，在档案馆工作23天，查阅遴选有关文学院的档案、文献、照片等资料，拍照十余万幅。这项工作得到档案馆耿德良副馆长及工作人员李凤莲、范凯红同志的大力支持协助。其后，经杜泽逊、张洪刚、李振聚研究，决定编为《山东大学文学院史料丛编》共四辑，交山东大学出版社出版。经过张洪刚、李振聚同志的辛勤工作，并增加了他们搜集的档案馆之外的珍贵资料，形成了四辑书稿。在即将出版之际，张洪刚、李振聚要我写篇序言，我也认为应当对读者有个交代。

编辑山大文学院史料，其实是受温儒敏先生的启发。温先生曾担任北大中文系主任，主持编写了《北京大学中文系百年图史》，2010年由北京大学出版社正式出版。温先生在北大退休后，2011年9月受聘为山东大学一级教授，来山大文学院从事教学科研工作，为山东大学中文学科建设及人才培养工作做出了重大贡献。2018年4月，我被学校任命为山大文学院院长，6

月1日接到温先生给泽逊和文学院党委书记张帅同志的电子信函，表示“希望在方便的时候，就教学和科研问题，向你们提一些建议，也算是一位山大老教师的心愿吧”。温先生随函寄来2018年3月26日樊丽明校长看望他以后，写给樊校长的《汇报与建言》。我和张书记认真拜读来信，尤其是《建言》，发现《建言》对山大文科本科教学、研究生培养、学术生长点、师资建设、校园文化等逐项提出具体建设，其中涉及海内外高校现状和成功做法，对山大情况相当了解，意见具有针对性、可行性。尤其是指出“青年教师压力很大，主要是缺少自由，几乎都被各种指标和项目所捆绑，处于一种‘项目化生存’状态”，切中时弊。对本科教学，先生认为“就文科而言，主要是让学生多读书，活跃思维，开拓眼界”，“最好还要多一些‘小班讲习’的课”。其后与温先生保持了良好的交流，多次受到温先生的表扬、勉励。山大文学院党政联席会议经过周密讨论和规划，开设了28门原典导读课；建立了读书会制度，每学期资助读书会十多个；改造了图书阅览室；设立了学生科研项目资助制度；建立了学生学年论文报告会制度；设立了文学院教师科研项目资助制度；学术成果出版设立了《山东大学中文专刊》资助专项；编辑出版“山大中文名家文集”18家(已基本完成并开始陆续出版)；升级已有的“新杏坛”学术前沿讲座，纳入研究生培养计划；创办刊物《山东大学中文论丛》《文学天地》《中国小说论坛》，均正式按一年四期出版，发表师生学术成果和创作作品，内部刊物《山东大学中文学科动态》、微信公众号“山大中文之声”也发挥了传播山大中文师生学术信息、活跃学术空气的作用。经温先生推荐，著名学者龚鹏程先生于2019年受聘为山东大学全职讲席教授。龚先生来山大文学院以后，多次举办青年学术会议，举办学术讲座，还把自己的藏书辟为“龚鹏程文库”，向师生开放阅览，在提升学术品质、活跃学术气氛、带动青年学者方面，发挥了重要作用。2018年11月，温先生寄赠《北京大学中文系百年图史》，并建议泽逊主编《山东大学文学院院史》。泽逊深表赞成，但因工作头绪太多，只能徐徐图之。

为什么要搜集山大文学院的史料？因为历史是一面镜子，国家需要继承弘扬优秀传统文化，学校也同样需要继承弘扬优秀传统文化。就古典文学学科来说，建国以来，北大老一辈名家有游国恩、王瑶、吴小如、季镇淮等名家，山大有陆侃如、冯沅君、高亨、萧涤非等名家。1957年国家高教部审定、高等教育出版社出版发行的《中国文学史教学大纲》，就是高教部委托北京大学游国恩、王瑶、复旦大学刘大杰、山东大学冯沅君、武汉大学刘绶松（现代部分）撰写的。1963 年出版的全国高等院校中文系统编教材《中国文学史》，主编为北京大学游国恩、中山大学王起、山东大学萧涤非、北京大学季镇淮、费振刚。同一时期山东大学中国古代史学科也名家辈出，杨向奎、丁山、童书业、郑鹤声、黄云眉、王仲荦、赵俪生、张维华、卢振华等，成就斐然，所以形成了山东大学“文史见长”的声誉。改革开放之初，山东大学中文学科阵容依然强劲，董治安先生的先秦两汉文学，牟世金、张可礼、龚克昌先生的魏晋南北朝文学，刘乃昌、张忠纲先生的唐宋文学，袁世硕先生的元明清文学，郭延礼先生的近代文学，周来祥、曾繁仁先生的美学，殷孟伦、殷焕先、蒋维崧、葛本仪、钱曾怡先生的语言文字学，可以说群星璀璨，称一时之盛。

为了迎接山东大学百廿校庆，经过长时期筹备，山东大学文学院在知新楼 A 座四楼至九楼走廊举办了学院的院史展览，包括院史专题、冯陆高萧黄专题、文艺美学专题、语言学与语言实验中心专题、杰出校友专题、“新杏坛”前沿讲座专题，还编辑出版了《2019 年山东大学文学院同人录》一册，这些专题已汇集为《山东大学文学院历史图鉴》，即将出版。张洪刚、李振聚等同志的院史资料征集整理工作，事实上为院史展览提供了大量原始图片和说明，做出了贡献。现在这部《史料丛编》要正式出版了，我感到很大的欣慰，相信通过对老一辈教学科研业绩的瞻仰，必然会激发新一辈工作的热情，启发新一辈工作的灵感，从而创造出更大的符合时代需求而又引领未来学术发展的新成绩。

2021 年 10 月 23 日

编辑说明

《山东大学文学院史料丛编》第一辑收录的材料以陆侃如、冯沅君两先生为中心。陆侃如先生的材料，主要收录了《自传》《科学技术干部简历表》《山东大学教师工作学习计划考核表》等，同时也收录了陆侃如先生在20世纪60年代编纂的讲义《中国文艺理论简史》(油印本)，整理版已经辑入《陆侃如冯沅君合集》第7卷《陆侃如古代文论研究集》，今据讲义油印本原稿影印收录。冯沅君先生的材料，主要收录《自传》《简历》《生平》《高等学校教师调查表》和《中文系培养研究生工作总结》等。陆侃如、冯沅君两先生的材料均辑录自各自的档案中，多数材料为第一次披露，相信这些材料的出版会进一步推动对冯、陆二先生的研究走向深入。本辑还收录了山东高等学堂的《经学讲义》，以此来看山东大学早期的课程设置和教学情况，同时也收录了王献唐在齐鲁大学的《目录学讲义》、齐鲁大学著名教授周幹庭(原名周树桢)的《拔贡朱卷》和先后任山东大学、齐鲁大学教授的栾调甫的文集《调甫文存》的目录。《调甫文存》目录系栾调甫生前亲定，而文集迟至今日仍未编刊出版，今辑印于此，留俟异日。

目　录

陆侃如自传

陆侃如自传

一、家庭情况

我在一九〇三年生在苏北海门县卷边桥的一个地主家庭中。家中有瓦房约三十间，地约四万亩；大都出租，一小部雇工耕种。全部收入约二千元（银元）。我的父亲（名可群，字措宜）于清末加入国民党，民国初年受袁世凯的迫害后，即在家乡隐居，不问政治。他专心读医书，成为家乡有名的中医，虽然没有正式开业。抗战期间，以资助游击队，为日寇所捕，因年老多病获释。在新四军政权下，他赞成减租减息，以开明地主的身份当选为参议会议长。一九四五年，日寇投降后不久，他病逝家中，新政权曾下令褒扬。我的母亲也出身地主家庭，抗战前一年去世。我父续娶倪菊人，出身贫农，现在青岛。我母生我和妹翔如，妹与母同年去世，遗子一女二。（妹夫倪方炎，地主兼经商，现在上海地政局工作。子倪建生，为上海交通大学地下团员，现参加军干校。女倪素生为华东医院护士，倪党生在衡阳车站工作，现为团员）继母生弟晋如，在青岛太平路小学五年级肄业，为少年儿童队大队长。妻冯沅君，任教本校，兼山东省府委员及省市妇联副主席，详情见她的自传。一九二九年结婚，没有子女。

我家雇工，普通是男工一人，女仆一人，有时二人。（临时短期雇工不在内）另外还有一种半奴隶式的家人，我乡称之为“靠人”或“地啰”。我族也有这么一种人，姓吴。吴家全家数十口，除与一般农民同样生活外，另有一特殊的工作，即在婚丧喜庆时吹鼓手或抬轿子。他的这种工作是对任何人家都做的，不过对陆家责任较重，而且必须称我家人为“老爷太太”，必须磕头。在辛亥革命后，我父曾建议全族，改称“先生师母”，行之未久，遭伯叔的反对而作罢,直到土改后方取消。

对于土改,我是完全赞成的。一九〇三年左右,我读了些左翼文艺理论书以后,我常常和父亲谈起这一点。他后来与新四军合作,一半受了我的影响,一半也受了他的老友季方先生的影响。(季先生当时领导苏北政权,现在交通部做副部长)不过继母是反对土改的,所以我父亲去世后,她以藏黑财而被管制。逃到青岛后,我们对她不断地进行教育,至今还没有改造好。

二、学校教育

我在一九〇九年入小学(我家自办的恒基初等小学及附近的三益高等小学),一九一六年入中学(南通省立第七中学,四年制)。父亲希望我学医,我却喜欢文学,在中学学做旧诗和英诗,也爱看《新青年》杂志。五四运动时,我正在三年级。当时四年级似毕业在即,反对罢课,而三年级则领导全校罢课。我们在校内和校当局及四年级斗争,在校外则到商店调查日货,宣传反日。当时我纯粹为了爱国而参加这运动,其他则茫然。

一九二〇年入北大预科。我马上做了胡适的信徒,走上"整理国故"的路。一九二一年入本科中国文学系,在胡适办的《努力周报》上积极投稿(都是国故方面的),写的书也由他介绍至亚东图书馆、商务印书馆及新月书店出版。

一九二六年北大毕业,入清华研究院,在王国维、梁启超指导下继续做整理国故的工作。

一九三二年,我已做了几年事,积了一笔款子,和妻沅君一起到巴黎大学读书。那时已在国内读了些左翼理论书,所以想从社会发展史来了解文学哲学。不过我那时对中国社会的看法,主要还是采用郭沫若先生的主张。一九三五年回国。

三、任职经过

一九二七年毕业研究院后,便到上海几个大学里教书。由于胡适的关系,我在中国公学大学部做中国文学系主任,月薪二百四十元,同事有罗隆基、白薇等。同时也在暨南大学(陈中凡先生介绍,同事有叶圣陶先生等)、复旦大学(陈望道先生介绍,同事有洪深先生等)这时上海文艺界论"普罗文学"运动的正是轰轰烈烈的时候,我受了很大的影响。

一九三〇年胡适辞中国公学校长,副校长杨亮功调任安徽大学校长,我就离上海到安庆去做教授,月薪三百元,同事有何鲁、丁绪贤等。(杨亮功后在国民党反动政府做监察少使,今不知何往)(何鲁现在重庆大学,丁绪贤好像在浙江大学)

一九三二年赴法,三五年返国,由胡适、顾颉刚介绍至燕京大学,做中文系主任,月薪三百六十元。(同事很多,今都仍在燕大)

三七年抗日战起,因沅君割盲肠未愈,迟至三八年始离北平,至广州中山大学师范学院任教,先后兼教务主任、国文系主任、代理史地系主任、代理院长,月薪四百五十元。介绍人吴康和、冯友兰(是沅君的哥哥)。随着抗战形势的变化,学校由广州迁粤西罗定,又迁云南澄江,又迁粤北坪石。闹了三次学潮,换了三个校长。(同事很多,今都仍在中山)

四二年后,中山大学又闹风潮,我便应了东北大学的聘。介绍人高晋生,是我在研究院的同学,他那时主持系务。我去后,就继任系主任,又兼文学院长,月薪六百元。(高先生原在重庆相辉学院任教,解放后不知在彼否)那时校址在四川三台,四六年随校返沈阳。四七年六二反饥饿反内战运动爆发,特务多方干扰,我便离沈来青,在山大任教,介绍人杨振声先生(现在北大)。

解放后,除在本校工作外,先后兼任本市一二三届人代会代表、协商委员、文化古物整理委员会常务委员、中苏友协宣传部长、文协筹备主任、市人民政府委员、市文教委员会主任、山东省文教委员会委员、华东抗美援朝总分会委员、中央文化部古典文艺丛书编辑委员等职。

四、政治活动

我从小对政治是很模糊的,不过由于家庭环境的关系,也粗浅地知道北洋军阀不如国民党,袁世凯不如孙中山。自日本提出"二十一"条后,我也很起劲地做抵制日货的工作。后来参加五四运动,也是出于抗日的情绪。

到北大后,我很少参加活动。孙中山死时,我很沉痛地参加了追悼会,初次听到"打倒帝国主义"的口号。关税会议时,我参加了示威游行。五卅惨案时,我参加了北大同学所组织的“对英日经济绝交大同盟”。在北京七年中,仅此而已。对于共产党,根本没注意。

在第一次国内革命战争时期,我对国民党抱很大的期望,但不久便看出:蒋介石和北洋军阀差不多。由于“普罗文学”的运动,我接触了马列主义。但我受胡适的“整理国故”的影响太深了,只把革命的理论当做书房里的教条,丝毫没想到实际行动上去,对于中共正在进行的伟大的革命斗争是漠不关心的。因为在上课时偶然讲了一些左倾的话,与陈望道、叶圣陶、郑振铎同时被迫离开复旦。

在巴黎参加了反帝反法西斯大同盟,是法国作家巴比塞所领导的。在华侨分会里一起工作的有高长虹、胡兰畦、文子慧等,介绍我入盟的是我在复旦教书时的一个学生刘庆纲,这四人现在的情况不很清楚。当时斗争的对象是国民党特务们所组织的“巴黎报社”。我们还出版了一个中文的小型刊物。回国后便没有和这组织联系。

我一心想搞清楚社会史,来写新观点的文学史。因为没有领会到马列主义的实质,只在书房里做考证,对实际斗争毫无接触,所以自己的思想原封未动,新观点的文学史当然写不成。

抗战期间,后方一切都显示出蒋介石匪帮卖国的本质,所以稍稍参加了一些民主运动。在东北大学时,我和赵纪彬、叶丁易、杨荣国、董每戡等组织了“川北文协”“实验剧团”等,出版了一个“文学期刊”。不过我那时的思想还是很混乱的,偶然在《新华日报》上读了毛主席的著作,也没有十分重视。但这已引起特务们的注意,到青岛后,还被刘次萧写在黑名单上。

直到解放后,参加了不少的社会活动,才逐渐认识到过去的错误,逐渐设法改正。

五、社会关系

老师中对我影响最深的是胡适。从一九二〇年起,我爱读他的文章,爱听他的讲演,爱到他家里去谈话。我一切都很佩服他,一切都模仿他。第一次使我失望的是他竟参加段祺瑞召集的善后会议,第二次使我失望的是他竟反对一二·九学生爱国运动。直到他参加伪国后,我对他才完全绝望了。在青岛解放前,山大学生会办的刊物上,我曾写过一篇《时光的考验》批判过他。事实上，他在思想上给我的影响，至今尚未根除——特别是一点一滴的改良主义思想，使我对一切事情都不能做得彻底。

朋友中对我影响最深的是赵纪彬。我和他在东北大学同事三年，在本校同事三年，在这六年中，使我渐渐走出书房，接近青年，多少参加了一点实际工作的，就是他的影响。

我同族弟兄们中，有各式各样的人物。最进步的是堂弟恂如，参加革命已二十年，现任苏南松江地委统战部副部长。最反动的是堂兄訚如，在上海做纺织厂的工程师，今春以反革命被镇压。

六、结语

党史好比一面镜子，学习以后，可以更清楚地认识自己的缺点。我觉得我最大的毛病是太为自己打算。三十年来，我做的是故纸堆里的考据工作，我满心想写些专门的著作，藏之名山，传之其人。我不爱管行政，不喜欢群众，只愿做自己愿做的事，没想到人民的利益、国家的利益。所以二十年前接触了马列主义，仍然视为考据的帮助。解放后，这个旧根子也没有铲除多少。我并没想向社会多要求报酬，但我的确想替社会少做些事情。替社会少做事，为的是替自己多做些。这种处处替自己打算的毛病，是从地主出身的人的剥削思想上产生出来的。

因此，我在教学工作和行政工作上，就有各种缺点不能避免。在教学上，虽然也知道应该联系实际，深入群众，通过代表去了解学习情况，来改进教材教法。但是两年来，这方面的努力还不够。在行政上，也是沿用旧的领导方式，只在办公室里批答公事，只在会议桌上讨论计划，对于各方面的实际情况是茫无所知的，布置了工作也不检查，是非不明，赏罚不分。我不爱花时间精力去考虑学校的大问题，只想偷空缩回我的书房里仍做些于人于己两无用处的考据工作。积稿盈尺，而不能发表，因为事实上没人要看的。

旧意识如此浓厚，所以就不能掌握批评与自我批评的武器。在批评别人时，我总不愿尽量帮助别人，总是轻描淡写地略略谈一谈，唯恐对方生我的气。在批评自己时，也不能击中要害，而且自觉地或不自觉地替自己开脱。人家对我提意见时，我也犯了“虚心接受，坚决不改”的毛病，改过还需要决心和勇气，我恰恰缺乏这种决心和勇气。

人民交给我一个领导人民大学的重责,我真是“战战兢兢,如履薄冰,如临深渊”,只想找机会卸下这些担子,只想回我的故纸堆里去。学习党史,使我明白了这种想法是绝对错误的。这不是清高,这是自私,而自私是新社会里最可耻的缺点。如果我不下决心改造自己的话,如果我仍然处处为自己打算的话,我将成为新中国里最可鄙的一个人。希望在自己的努力下,在朋友的帮助下,逐步提高自己。

七、附录

我曾向各科室的同人征求意见,指出我的错误,帮助我进步。截至现在,已收到秘书科、会计科、庶务科的书面意见,今附于后。校刊室曾提出几项意见,希望我多替他们写稿。其他科室尚未送来。

一九五一年九月廿五日

(据山东大学档案馆藏《陆侃如档案》整理,整理者:初敏)

科学技术干部简历表（陆侃如）

科学技术干部简历表

单　　位	山东大学
职称或现任职务	中文系教授
姓　　名	陆侃如

中共中央组织部

1965 年 4 月 10 日填

姓名	现名	陆侃如	性　别	男	出生年月	1903 年 11 月
	原名		家庭出身	地主	本人成分	教授
	曾用名		籍　贯	江苏省海门县陆圩村		
工资等级		教师 4 级	从事技术工作年限	38	民　族	汉
何时何地加入共产党、共青团					何时参加革命工作	1949 年 6 月
身体健康状　况		一般			业务专长	中国文学史、文学批评史
学历	国　内	1926 年 7 月在北京大学国文系国学专业毕业 1927 年 7 月在清华大学研究院国学专业毕业				
	国　外	1935 年 2 月在法国巴黎大学研究院文学专业毕业				
懂哪几种外文,熟练程度如何?		法语、英语、俄语,能笔译				
家庭情况	目前家庭人口及经济收入情况	二人,工资 523 元				
	主要成员的姓名、职业、政治面貌	爱人冯沅君,山东大学中文系教授兼副校长,九三学社会员				
国内外有何重要的社会关系,他们的姓名、职业、政治态度如何?过去和现在的关系如何?		巴黎师友自第二次世界大战后久无消息。在苏联有艾佳林在莫斯科东方研究所工作,彼得罗夫在列宁格勒大学工作。在越南有阮中书在河内哲学院工作。均尚通信,政治态度未详。国内常联系的有冯友兰,民盟会员,北京大学教授;赵纪彬,共产党员,在中共党校工作。				
家庭成员和主要社会关系中,有无被杀、关、管、斗的,与本人的关系如何?		妹夫倪方炎曾被判劳动改造,后满期释放,现住上海,偶有往来。				
何时何地参加民主党派和进步团体,现在是否民主党派成员?任何职务?		1953 年 3 月加入九三学社,曾任中央委员会常务委员,青岛九三学社分社主任委员,现任济南分社委员。				

续表

何时何地参加何种反动党、团、军队、会道门及其他反动组织,任过何种职务,有何活动?	
有关政治历史问题审查结论或意见	1957年夏在青岛被划为右派,1959年10月摘帽。
何时何地因何问题,受过何种奖励与处分?	
是哪级人民代表、政协委员?	山东省政协常务委员兼教育组副组长
何时参加何种学术团体,任何职务?	解放后加入山东省文联,任执行委员,又加入全国作家协会,任理事。
何时何地何单位,授予何种学位?	1935年法国巴黎大学授予文学博士学位。

工作经历

年 月至 年 月	在何地区何部门	任何职	证明人
1927.8～1930.7	上海中国公学大学部	中文系主任	劳君展
1930.8～1932.7	安庆安徽大学中文系	教授	何鲁
1932.8～1935.7	巴黎大学研究院	学习	熊庆来
1935.8～1938.7	北京燕京大学	中文系主任	郭绍虞
1938.8～1942.7	云南澄江、广东坪石中山大学师范学院	教授 教务主任	吴世昌
1942.8～1947.7	四川三台、沈阳东北大学	中文系主任 文学院长	赵纪彬
1947.8～1949.6	青岛山东大学中文系	教授	赵纪彬
1949.6～1958.3	青岛山东大学	校委会副主委、副校长	罗竹风
1958.3～现在	青岛、济南山东大学中文系	教授	章茂桐
1951～现在	山东省文联	执行委员	包干夫
1953～1958	全国文联	委员	周扬

续表

1953～现在	全国作家协会	理事	周扬
1954～1959	全国政协	委员	许德珩
1956～1958	九三学社中央委员会	常务委员	许德珩
1956.1～1956.3	访问印度文化代表团	团员	吴晗
1959～现在	山东省政协	常务委员	刘仲益
1962～现在	济南九三学社分社	委员	徐眉生
在技术业务上的主要成就	已出版的专著如下(翻译及单篇论文从略): 1.《屈原》(1923年上海亚东图书馆出版) 2.《乐府古辞考》(1923年商务印书馆出版) 3.《宋玉》(1927年上海亚东图书馆出版) 4.《中国诗史》(与冯沅君合著)(1931年上海大江书店出版,1955年作家出版社新版) 5.《中国文学史简编》(与冯沅君合著)(1933年上海大江书店出版,1957年作家出版社修订版) 6.《南戏拾遗》(与冯沅君合著)(1935年北平哈佛燕京学社出版) 7.《楚辞选》(与高亨合著)(1956年中华书局出版) 8.《中国古典文学简史》(与冯沅君合著)(1957年中国青年出版社出版,1958年外文出版社英文版) 9.《文心雕龙选译》(与牟世金合著)(1962年山东人民出版社) 10.《刘勰论创作》(与牟世金合著)(1963年安徽人民出版社)		
党组(党委)对该同志的评价			

续表

其他需要说明的问题
填表人签名盖章　　陆侃如 1965 年 4 月 10 日
审查机关盖章 年　月　日

(据山东大学档案馆藏《陆侃如档案》整理,整理者:鞠啸程)

山东大学教师工作学习计划考核表(陆侃如)

山东大学教师工作学习计划
考核表

姓名　陆侃如

中文系　古典文学教研室

1964 年 1 月 25 日

<table>
<tr><td>姓名</td><td>陆侃如</td><td>职务</td><td>教授</td><td>级别</td><td>4</td><td>教令</td><td>解放前后</td></tr>
<tr><td rowspan="2">教学工作</td><td>任课名称
(或备课)</td><td colspan="6">五年级历代文论选(1963～1964 学年度第二学期第 1～8 周)
四年级历代文论选(1963～1964 学年度第二学期第 6～18 周)
三年级历代文论选(1964～1965 学年度第一学期第 1～17 周)
此外还有为研究生及青年教师讲的课</td></tr>
<tr><td>上课时数
和班级</td><td colspan="6">每周各二时</td></tr>
<tr><td rowspan="2">科学研究</td><td>科研项目
进行方式
和时间</td><td colspan="6">修改《大文学史》中的“汉魏六朝文学理论史”,作为中华书局“古典文学研究丛书”之一。与虞振国、牟世金合写,1964 年年底改写完毕。</td></tr>
<tr><td>学术活动
进行方式
和时间</td><td colspan="6">参加校庆科学讨论会,提出论文《唐以前现实主义理论的发展》(与青年教师合写)。
主办古代文论讨论班,由古典文学教研室及文艺理论教研室部分教师与研究生参加,每月活动一次。</td></tr>
<tr><td rowspan="3">进修方面</td><td>政治理论课</td><td colspan="6">学习《法兰西阶级斗争》《法兰西内战》《哥达纲领批判》《国家与革命》《无产阶级革命与叛徒考茨基》《论人民民主专政》《关于正确处理人民内部矛盾的问题》及其他经典著作</td></tr>
<tr><td>专业课</td><td colspan="6"></td></tr>
<tr><td>外国语</td><td colspan="6">自修俄语</td></tr>
<tr><td rowspan="2"></td><td>党政、社会
工作</td><td colspan="6">全国作家协会理事、山东省文联执行委员、山东省政协常务委员兼教育工作组副组长、九三学社济南分社委员</td></tr>
<tr><td>劳动形式、
时间</td><td colspan="6"></td></tr>
</table>

续表

计划内容、措施(政治思想、理论学习,教学工作,科学研究、业务进修等):

(一)总的目的要求

认真学习马克思列宁主义与毛泽东思想,克服资产阶级个人主义,提高社会主义觉悟,站稳无产阶级立场,承担起风险。积极投入"五反"运动及社会主义教育运动,积极投入反对帝国主义、现代修正主义及国内外一切反动派的斗争,并不断钻研业务,争取思想与工作两丰收。

(二)政治方面具体打算

(1)上半年学完领导上布置的七种经典著作,联系自己思想,写心得体会。下半年按新的布置,继续学习其他经典著作。

(2)天天读报,认真学习时事政策,学习,与反对现代修正主义有关的重要文件,认真听报告,记笔记,认真准备在学习会上发言,畅开思想,争取提高自己对国内外形势的认识,与现代修正主义及一切反动派划清界限。

(3)春节前后随省文联下乡参加农村社会主义教育运动,开学后积极投入学校的"五反"运动,争取在运动中提高自己的阶级觉悟,进一步站稳立场,克服在风浪中摇摆的毛病。

(4)听党的话,永远跟着党走,每月向党汇报思想情况,争取组织的教育,努力接近党员水平。

(三)业务方面具体打算

(1)进一步巩固以教学为主的思想,认真贯彻党的教育方针,在《文论选》的教学上,根据"少而精"的原则来改进内容与方法,提高质量,特别要做好调查研究工作和对优秀生的培养工作。

(2)办好古代文论讨论班,每月活动一次,逐渐提高讨论质量。改好《汉魏六朝文学理论史》,特别要认真贯彻科学院哲学社会科学学部委员会扩大会议的精神,做好批判继承工作,达到古为今用的目的。

(3)做好研究生刘文忠、张可礼、陈祖美的辅导工作,认真指导他们写毕业论文。

(4)做好青年教师的培养工作,帮助牟世金修改魏晋南北朝文学史与作品选的讲稿,帮助龚克昌提高汉代文学史与作品选的教学质量,帮助文艺理论教研室凌南申与刘光裕做好文论选的备课工作,帮助进修教师吕美生做好历代文论选的学习,要破除情面,严格要求,保证质量。

萧涤非

(袁代)

(根据山东大学档案馆藏《陆侃如档案》整理,整理者:鞠啸程)

冯沅君自传

冯沅君自传

(一)家庭情况

我是一九〇〇年生的，今年五十一岁，河南省唐河县人。在学校读书时，名字是淑兰，字德馥。发表文章时，用过素秋、淦女士、沅君、易安、大琦、吴仪等笔名。

我的家庭是个中等地主，靠收租维持。我的父亲可以分得六顷(百亩)地。他有一兄、一弟，直到一九一七年，我出外上学校时止，三房始终同居。因此，当时家中有十八顷地，每年收入约七八千元(银元)。三房老少男女共二十余人，男女雇工十余人。三房分居后，我从未回去过，家中雇工似乎只有两三个。

我的父亲是个进士，做过湖北省崇阳县知县，一九〇八年去世。母亲也是地主出身，读过书，不能写作，为人极勤俭厚道，一九四四年去世。我有一姊、两兄。姊丈是地主，已去世十余年。姊是家庭妇女，能读报、写信，现在东北依靠她的儿子(赵守忠，西南解放前在重庆私立乡村建设学院教书，现在佳木斯农场工作)过活。长兄冯友兰学哲学，次兄冯景兰学地质学，皆以教书为业，现均在北京清华大学工作。两个嫂嫂都是家庭妇女，都是中等学校毕业生。伯、叔皆是秀才，均久故。叔“民国”初年曾为省议员。

在封建势力仍然存在的社会里，女子不能承继母家财产，因此，我对于家里的田地税未不重视；同时，我离家已卅余年，教书为生已二十余年，土地关系已摆脱。两兄一姊的情况和我也差不多。所以我对于土地改革是绝对拥护的，这样对于广大人民、国家前途有利益的政策谁也没有理由不拥护，何况对于自己毫无损害。我是一九二九年和陆侃如结婚的，从未生育。他的家庭、职业等另见他的自传。

我的职业始终是教书。我吃的是教书饭。现在我每月的薪金约百万元,除去友谊地帮助亲友外,无固定的经济负担。

(二)学校教育

由于我的家庭是有文化的,更由于我的母亲热爱文化,所以在四十多年前,我就幸运地读了书。六岁开始上学,十二岁后,便半日读书,半日学刺绣、缝纫。跟先生读书的日子很少;主要靠自修,母亲与哥哥有时给我些指导。学习的多是文学、史学方面的。十七岁后我方进学校。

我到北京进学校在一九一七年秋。这时候,北京女子师范学校的国文专修科正招生,凡具中学毕业生同等学力的皆可报考,而且考的科目都是文史方面的。我考取了,小学、中学两个阶段就被我这样跳过。两年后(一九一九年),这个学校改为国立北京女子高等师范,国文专修科改为国文系,我也就成为高师的学生。从革命先烈李守常先生授业就在此时,开始知道社会主义。

一九二二年夏,我在北京女子高等师范毕业,接着就进北京大学研究所,作研究生,并在大学部选习自己爱好的功课。后鲁迅先生授业就在此时。我的新文艺作品也多是这三年内写的。

因为教了几年书,手头有了积蓄,一九三二年夏,便同我的丈夫陆侃如同到法国巴黎大学读书。在巴黎住了三年,研究的方向是文学史。

(三)工作简历

我的教书生活开始于一九二五年。第一个学校是金陵大学。该校教授陈中凡先生(详后)因要到广州讲学,回学校请了个较长的假期,并介绍我接替他的功课。讲师名义,月薪一百五十元。同事有胡先炜(详后)、束世徽(抗战期内曾任四川大学教授,现不知仍在彼否)诸先生。

次年,陈先生返校,沈兼士先生(时为北大研究所主任,一九四七年去世)介绍我到中法大学教书,月薪一百八十元,并为北大研究所编刊物,月薪一百元。同事有魏建功(现在北京,北大)、台静农(日本投降后在台大教书,近无消息）诸先生。

一九二八年，暨南大学国文系主任陈中凡先生约我任教，同时我的未婚夫陆侃如在上海工作，我便离北平到上海。同年中国公学校长胡适之也约我去教书，次年，又兼复旦大学课。（陈望道先生约的，他那时是复旦国文系主任）。三处合计，月薪约三百元。三校同事有洪深、叶圣陶、罗隆基诸先生。

一九三〇年，胡适之辞去中国公学校长，北平师范大学校长徐炳昶先生（与我同乡，并是亲戚，现在科学院工作）却约我到师大研究所担任指导研究工作，我便离上海回北平。到平后，又在北大（中文系主任马裕藻先生约）师大（中文系主任钱玄同先生约，钱马二先生均久故）教课。三处合计，收入与在上海时略等。两校同事有俞平伯（现在北大）、黎锦熙（现在师大）诸先生。一九三二年赴法留学，教书工作暂时结束。

一九三五年，从法国回来，杨亮功（曾任安徽大学校长，国民党反动政府监察使，今不知何往，和我是中国公学的同事）介绍我到天津河北省立女子师范学院教书。月薪二百四十元。同事有曹禺、李霁野诸先生。

抗日战起，平津沦陷，我因患有肠炎，需要动手术，休养，次年方南下。刚到西南后方时，在武汉大学教书我的哥哥冯友兰是介绍人。月薪三百元。同事有叶圣陶、杨端六、袁昌英（杨、袁现并在武大）诸先生。

在武汉大学一年，因为该校的惯例不聘夫妇教授（只有杨端六与袁昌英，是武大开办时去的，是例外）。我的丈夫陆侃如在中山大学教书，我便到中大了。月薪三百二十元。同事有钟敬文、洪深诸先生。

一九四二年，中山大学闹易长风潮，师范学院院长买通流氓，痛打学生，大批教授愤而辞职，我与我的丈夫陆侃如也因此走了。适东北大学中文系主任高晋生先生（与陆侃如是清华研究院同学）来约，我们就到东大任教。月薪六百元。一九四五年，日寇投降，一九四六随校返沈阳。我因腹瘤割后身体甚弱，东北酷寒不能支持；同时，一九四七年，一九六二反饥饿反内战运动爆发，特务横行，学校陷于恐怖状态，我遂与陆侃如同来山大，介绍人是杨振声先生（他是冯友兰的朋友，现在北大）。在东大的同事有赵纪彬（详后）、杨向奎、杨荣国（现在湖南大学）、叶丁易（现在师大）诸先生。

解放后，除在本校教书外，兼任市妇联副主席、市各界人民代表会议代表、协商委员会委员、市文联筹备委员会副主任、抗美援朝青岛分会妇女支会主席、山东省人民政府委员、山东省妇联副主席等职。

(四)政治活动与思想情况

由于我的父亲做过官,我又跟他在都会住过,所以我很小就模模糊糊地接触到政治。一九〇七年徐锡麟、秋瑾死难事给我的印象很深。从此,我知道有革命党;革命党同政府(当时说是“皇上”)作对,政府是满人的,国家在他们手里搞坏了,所以革命党反对他。

辛亥革命时,我的认识较前明确些。我恨满清政府腐败,又“非我族类”,因而对于他的垮台异常高兴。这主要的还是因为我的家庭只是社会的中间阶层,同当时的统治阶级关系不深。“民国”成立后的政治上一些大事,如国民党反袁战争(二次革命),日本的“二十一条”,袁世凯称帝,蔡锷诸人讨袁……都曾引起我的关心。对袁我极憎恨,他太反动,帝制是要不得的;对于日本“二十一条”觉得这是并吞中国的政策,万万接受不得。由此可见,我当时除了点民族意识外,是盲目地醉心于英、法式的民主革命。一九一七年,我虽然由家跳到学校,但因为当时的学校教育太保守,所以在开始的二年,我的思想情况、政治认识并无明显的变化。

把我推向群众性的政治运动,改变我的封建思想的是五四运动。

五四运动来到时,我十九岁,专科二年级生。这个运动对于青年的影响异常深钜,特别是北京各校的学生。我也如此。

经过了他,我不加考虑地接受了资本主义文化,我动了向英美求学的念头。这固然由于资本主义思想在当时,表面上很像有力量,主要的怕还是由于我是个社会中间阶层分子。

经过了他,我学到反抗。同干涉学生参加群众运动的北京女子师范校长作斗争,我团结些同学把他轰了;为婚姻问题同家庭作斗争,经过些曲折,得到些亲友的支援,终于将幼年时父母代订的婚约解除了。

经过了他,我要求男女平等,决定靠自己的工作,独立生活,认为家庭以外另有天地。

经过了他,我热情地参加当时的一些政治性的社会活动,如宣传抵制日货,为被捕学生请愿,声援“二七惨案”的铁路工人,声援反抗河南军阀的开封教育界,声援“五卅”运动的上海工人等。

经过了他，我学写新文艺、小说、剧本、散文；这些作品都直接或间接地与当时反封建的一个内容——婚姻问题有关。

但是，现在检查起来，我在那个时候，虽然思想上有剧烈的转变，可是一切行动都是从个人的要求出发，群众在我心目中没有地位。我刚从封建主义泥淖爬出半个身子，谁料又落在资本主义文化的坑里了。

在上海的两年，我的思想也有些变化。因为这两年正是中国共产党在农村开始建立革命根据地的时候，同时，普罗文学运动也在上海如火如荼地展开。由于后者的影响，我看了点新的社会科学论理的书籍，粗略的知道马克思学说是怎样回事，共产主义是怎样回事。由于前者，我相信共产党的力量是不可抗拒的，地主与资产阶级必被打倒。

但是这个时候，我仍然很糊涂。我妄想将革命理论与革命实践分开，我认为辩证法与历史唯物主义可以关在书房内，作为自己研究古典文学的工具。而且，误听反动派的污蔑宣传，不了解共产党在农村的措施，因而对它的政策不免怀疑。

巴黎的三年，在我的政治教育上也是有意义的。这时候，中国留学生分左右两派。左派在巴比塞所引导的反帝大同盟的指挥下工作，右派的核心是国民党的走狗。通过刘庆澜（陕西人，我在复旦大学教书时的学生，与我同船赴法，抗日战争时期曾在成都见过一次面，后不知何往）的介绍，我参加了左派的活动。不过，除开会，替刊物写稿（主要的是打击国民党的反动行为）外，也未做别的了。法政府对左派人的活动取监视态度，右派的学生又惯于告密，所以工作的进行是秘密的。常往来的人有文子慧、高长虹等。这种活动对于我当然是空前的，但我并不曾通过他而将革命理论与革命实践结合起来。对于马克思、恩格斯的学说，还是教条地信仰着。

从法国回来后，虽然白色恐怖日益残酷，可是我在思想上却向共产党靠近。从燕京大学的进步学生那里（我的丈夫在燕京教书，我每周前几天在天津女师院，后几天在燕京），我知道些延安的情况，二万五千里长征的经过，因而对解放区很向往。但是这种靠近还只是在思想、感情上露个芽儿，根本谈不上行动，所以抗日战起，我还是向南去，跟了国民党。

政治性的斗争，在东北大学，显得比其他我所经历过的学校都尖锐些，特务异常专横。这种现实也教育了我。同时，国民党的倒行逆施更不能不教人对他失望，憎恨。我同些进步的学生、教授站在一起。当时赵纪彬、叶丁毅、董每戡诸先生组织了川北文协,我是其中的一个,大家共同出版了《文学期刊》。这个团体与刊物都是当时大小特务所仇视的。由此可见,在革命斗争日趋尖锐的局面下,谁都要决定自己的立场。我有浓厚的个人主义,一向醉心于所谓研究工作,为人又拘谨,少勇气,可是,这个时候,我也渐渐地接近斗争的边缘。

(五)社会关系

我的性格很孤僻,因而同人多是泛泛之交。在现存的师友中,值得提及的不过以下数人。

1.陈中凡(金陵大学教授,全国文代会代表)

我在北京女子高等师范读书时,陈先生是该校的国文系主任。在整理古文献的工作上,我受过他的初步指导,后来就业时也得过他些帮助(详前)。

2.胡先炜(南京大学文学院院长,南京文教委员会委员)

胡先生也是北京女子高等师范国文系主任。一九二五年,我在金陵大学教书时,他又是该校的国文系主任。虽是同事,仍属师生,我在这时候得到他的指导反较在北京读书时多。他博学多通,在教学研究、创作(旧文艺)各方面都常常给我些富有启发性的指示。不过他的旧文人气味很重,易感伤,多空想,通过文艺的传递,我不免多少为他所感染(主要在抗战时期),青岛解放后,我便努力纠正我的这些错误。

3.胡适之

胡适之也是我的老师,但直到我在上海教书时方和他比较接近点。我也像五四运动中某一部分青年崇拜过他,在"整理国故"方面,我也受过他的影响。他对我也照顾。但从他与国民党反动派勾结以后我同他的关系就日益疏远了。

4.赵纪彬(前本校教授,现任平原省师范学院院长)

赵先生是在东北大学遇到的,同我同事过六年。解放前,我的朋友中,只有他入过共产党。他启发我与反动派进行斗争,并深一步了解共产党。抗战末期我的思想的转变主要的是受他的影响。

(六)结语

从一九〇七年,我刚刚读了一点书,模模糊糊接触到政治时起,到现在已四十多年。在这四十多年中,“五四”以前,我可说是属于封建社会的。经过了五四运动,我接受了资本主义文化,染上浓厚的个人主义。这样的小资产阶级的知识分子,她自然而然具有这些缺点:她软弱,斗争性不强,既会憎恨反动势力,却又觉得革命可怕,因而不敢参加,苟安下去。她有优越感,心目中没有劳动人民,不与群众联系。她接受理论而不去实践,赞成共产主义而站在无产阶级所领导的革命的圈外。除了这些长期停留在旧社会的知识分子所易犯的错误外,还有封建性的家庭教育及父母性格的遗传残存在我身上的缺点——拘泥和孤僻。这一些对我四十多年来的思想行动,起着决定性的作用。

青岛解放后,我参加了不少校外活动,接触的面较以前任何时期都广。去年春天出席在济南召开的山东省各界人民代表会议,与工农代表革命干部姐妹般共同生活了将近一月。我的思想因之颇有改变,主要的是对劳动人民产生了感情,从心里爱他们,敬他们,虽然我不敢说这感情如何热烈。此外,两年来新中国各方面建设的突飞猛进又令我感到新生的喜悦。全中国人民都新生了,我应该努力使自己也新生。这也就是说,我应该逐步消除自己从旧社会沾染上的污秽,并发展培养在新社会的教育下所茁壮成长的新思想、新感情的芽儿。最后令这种思想感情都体现为具体行动,以好好地为人民服务。

对于教书这个工作,过去就未想过“改行”,现在更是安心。因为我是个拘谨的人,所以做起工作来还不至于油滑。但在过去,我是为我个人的声誉而努力、负责的,而且从不顾及学生对于所教的能否接受。个人英雄主义,脱离实际,脱离群众,这些错误我都犯了。现在,我当然不敢说,就配作个人民教师,可是我在思想上或许也在行动上,正向这个方向奔赴。

我觉得孤僻确是我的一个包袱。这里发展出来就是:处事则清高,事不关己,一概不问。待人总是微温的,不能给人以热情之感,不善团结人,别人错误了,也不惯于明白而中肯地提意见。做起工作来,特别是群众性的工作,总是自己干去,孤军作战,不善于发动群众,也常常不能争取主动。这个包袱必须放下。

党史学习过了,心得如何敢说,只能提出自己的几点体会。

第一,中国共产党确是中国的最光荣、伟大的政党。没有它的领导,中国人民如何能推倒压在头上的三座大山,而站了起来!同时,中国革命的胜利是与苏联的鼓励与帮助分不开的。单看伟大的斯大林一九二六年十一月《论中国革命的前途》那篇警告性的文件是如何切中要害,也就够了。后来解放区的土地改革和红军的建立不就是这些英明的指示的正确体现吗?至于美帝国主义,他一贯的要通过中国的反动势力来奴役中国人民,谁是敌人,谁是朋友,在党史里,也就是在中国人民斗争史里,是再分明不过的。从这里,只要是个善良的人,谁都知道如何分清敌友。

第二,共产党确是忠诚坦白,勇于自我批评。在拿出它的三十年斗争史与全中国人民相见时,它明白而正确地说出某时期由于某种错误令革命蒙受了损失,以及这错误后来如何得到纠正,又推进了革命。这说明共产党不但在当时工作中能实行自我批评(其实在党内还不说是批评呢),即在今日追述时也如此。共产党之所以不断进步,这是其中的一个主因。这种作风值得我们钦佩。这种作风我们必须学习。

第三,在三十年革命过程中,毛主席的意见永远是正确的。因为他自始至终不曾脱离过现实,如《中国社会各阶级的分析》与《湖南农民运动考察报告》等,都是他的以马克思列宁主义与中国现实高度结合而成的革命经典文件。再看第一次国内革命战争时期,陈独秀、张国焘诸人的错误主要的都由于脱离现实,从这里,我们知道教条主义是何等危险,理论不与实践结合是起不了什么作用的。

第四,在三十年党史中,联系群众的重要性是极突出的。本来不脱离现实与不脱离群众是相互关联的,群众的要求、利益就是现实的重要部分。共产党对群众是发动它、组织它、保护它的利益,提高它的觉悟。党像群众的良师,又像群众的慈母。所以群众一接近了党后就紧密地团结在它的周围,发挥出巨大的力量。单看抗日战争,共产党把各个社会阶层的抗日群众都团结在它的周围,成为伟大的人民抗日统一战,因而对内则孤立,削弱反动派的势力,对外则给日本侵略者以致命的打击,而获得光荣的胜利。不论作任何工作,我们的周围都是有群众的。不能联系群众,工作是不能做好的。

“分辨真正的敌友是革命的首要问题”,理论与实践结合,自我批评,联系群众,是共产党的主要作风,对于小资产阶级出身的知识分子的改造,这是更必不可少的药石,我愿意随时随地身体力行。

(据山东大学档案馆藏《冯沅君档案》中手稿整理,整理者:高雅、丁雪媛)

山东大学副校长冯沅君教授简历

山东大学副校长冯沅君教授简历

冯沅君,女,1900 年生,汉族,曾用冯淑兰、淦女士等名。

出身:地主。成分:教授。河南省唐河县人,法国巴黎大学文学博士。

级别:1956 年大学教授二级,1961 年大学教授一级。

参加工作:1949 年 6 月 2 日青岛解放,在山东大学参加工作。

家庭概况:1925 年起依靠工资生活,土改后个人经济状况无变化。爱人陆侃如,山东大学教授,九三学社社员,教授二级,1957 年划为右派,1959 年摘掉右派帽子。夫弟陆晋如,共青团员,莱芜县彦庄公社卫生院医生,夫弟母倪菊人,家庭妇女,理家。

社会关系:陈中凡,民盟盟员,南京大学教授,师生关系。

徐嘉瑞,中共党员,云南省文联主席,朋友关系。

赵纪彬,中共党员,河南师范学院院长,朋友关系。

阮才书,越南国家科学委员会工作,师生关系。

党派,奖惩:1956 年在山东大学参加九三学社。

1960 年当选山东省文教界先进工作者代表大会代表。

1960 年出席山东省暨济南市先进工作者代表大会。

专长:中国古典文学,懂法语及英语,能阅读。

参加革命后简历:1949 年 6 月至 1954 年 6 月,山东大学中文系教授,青岛市各界人民代表大会代表。青岛市妇联筹备会主任,青岛市妇联副主席,青岛市文联筹备会副主任,山东省各界人民代表会议代表,山东省人民政府委员。

1954 年 6 月至 1963 年 11 月,山东大学中文系教授,兼古典文学研究室主任;山东省人民委员会委员,山东省人民代表大会代表。

1954 年夏,全国人民代表大会代表。

1959 年 9 月,山东省文联副主席。

1963 年 11 月,山东大学副校长。

1973 年 6 月,山东省妇联筹备小组副组长,山东大学教授。

1974 年 6 月 17 日,在济南逝世,终年 74 岁。

注:1982 年 3 月 3 日抄自中共山东省委组织部干部档案处,系本人自填登记表。

(本文据山东大学档案馆藏《冯沅君档案》整理,整理者:高雅、丁雪媛)

冯沅君生平

冯沅君生平

冯沅君原名冯淑兰，笔名淦女士、漱峦、大琦、吴仪等。原籍河南省唐河县，1900年9月4日出生在一个富有的书香门第中。

父亲冯树侯，光绪二十四年（1808年）第三甲进士，在洋务运动派湖广总督张之洞幕下，任湖北省崇阳县知县。冯沅君随母在父亲官署中度过了童年。

母亲吴夫人通晓诗书，曾任当地女子小学校长，思想开通，让自己儿子冯友兰、冯景兰去京沪等地求学。并对冯沅君亲授四书五经和古典诗词。母亲的教养，对冯沅君后来走上文学研究和创作道路，起了启蒙作用。

五四运动前夕，冯沅君阅读大兄友兰、二兄景兰从京沪带回的新书刊，受到新文化新思想的影响，不再满足深居闺帷读点诗书了。1917年在兄弟赞助下，毅然离家来到文化古城北京，随即考入北京女子高等师范学校。冯沅君在校读书期间，新文化运动和爱国主义浪潮席卷全国，北京是发源地，气势磅礴。

冯沅君以爱国热忱，积极参加运动。她还将名诗《孔雀东南飞》改编为话剧，亲自粉墨登场，扮演封建专制家长的典型人物焦母，表现出反封建、反旧礼教、反旧传统的勇敢精神。

1922年夏，冯沅君在北京女子高等师范毕业，考入北京大学研究所国学门做研究生。由于受新文化运动的影响，激起了创作的热情，从1923年秋开始，陆续发表了以反对家长包办婚姻，追求恋爱自由为题的《隔绝》《旅行》《慈母》《隔绝之后》几个短篇小说，对爱情描写大胆坦率，真切委婉，受到鲁迅的肯定，在青年中引起强烈的反响。

1925年夏，冯沅君在北京大学研究所毕业，到南京金陵大学任教，从此开始了她长达半个多世纪的大学教师生涯。1926年夏，又回到北京，一面在中法大学授课,一面在北京大学研究所国学门做古典文学研究工作。连续发表了《读〈笔生花〉新记》《楚辞之祖裔与后称》等考论文章,在文坛上崭露头角。

1926年秋,冯沅君到上海暨南大学和中国公安大学部任教,此时陆侃如也才从清华大学文学研究院毕业,应邀到暨南大学和中国公学大学部及复旦大学任教。两人共同撰写《中国诗史》巨著,既是同事,又是同行,志同道合,相互爱慕,1929年1月24日在上海结婚。

1930年秋,冯沅君再回北京大学国文系任教,当时大学中女教师极少,受到老学究的怀疑。但她在讲课中材料充实严谨,有声有色,从而站稳了大学讲坛。

1932年夏,冯沅君、陆侃如夫妇二人从上海去法国,都考入巴黎大学文学院博士研究生班。1935年,他们修完了博士必修课程,通过论文答辩,取得了文学博士的学位。

1935年夏,冯沅君夫妇回到祖国,陆侃如去北平燕京大学任教,冯沅君受聘于天津河北女子师范学校,两人共同编成《南戏拾遗》一书。此时冯沅君的研究工作由词和散曲转移到古代戏剧方面,1936年10月写出《古剧四考》等研究专论。

1937年7月抗日战争全面爆发后,冯沅君因病滞留北平燕京大学治疗,目睹亡国惨状,心情悲愤不已,曾吟有"两日悲欢浑一梦,河山梦里属他人"的诗句。当年冬季日军渡过黄河,占领济南时,燕京大学通知教职员欢度"圣诞节",她沉痛地吟咏:"可怜圣诞狂欢里,万姓椎心哭历城。"次年春她和陆侃如离开沦陷的北平南下了。

1938年春,冯、陆往上海取道香港。进入越南河内,转滇越铁路到达昆明。陆侃如应邀到中山大学任教,冯沅君随之到广州。不久广州失守,他们随中山大学沿西江到达粤西罗定县。1939年初,冯沅君应武汉大学之聘,独自往昆明、成都到达峨眉山下嘉定县武汉大学。1940年春,冯沅君去云南澂江(中山大学迁此)与陆侃如团聚时,适值日军空袭嘉定县,使之"城郭丰成庆",武汉大学难于上课,随而应聘留在中山大学。1942年夏,冯沅君再度入川,到设在三台县的东北大学任教,才算稍事安定,直到迎来抗日战争的胜利。

在抗日战争期间,冯沅君足迹遍及云、贵、川、广各省,颠沛流离,饱尝风霜之苦，加以在反动政府统治下的“肮脏乾坤”，使她在身体上精神上重创。但逆境中见赤诚，更加增强斗志，她和陆侃如组织在东北大学任教或流寓在那里的文化界人士，如姚雪垠、董每戡等成立“中华文艺界抗敌协会川北分会”，会址就设在她的家里，开展座谈、讲演、演剧等爱国文化活动。1943 年在三台的妇女运动大会上，冯沅君作了《妇女与文学》的长篇讲演，介绍了历史上爱国女诗人许穆夫人、蔡文姬，李清照等的事迹和文学创作，激发了青年妇女的爱国热忱。

抗战期间，冯沅君在图书资料极端困难的条件下，除坚持教学工作外，从未间断研究工作。这期间她完成了两组具有学术价值的文章，一组是收进《古剧说汇》的《南戏拾遗补》和《“金瓶梅词话”中的文学史料》等，一组是论古优的三篇文章《古优解》《汉赋与古优》《古优解补正》等。这样的论著在当时是不可多得的。

抗战胜利后，冯沅君夫妇随东北大学复校到沈阳。1947 年夏又应聘到青岛山东大学任教，这期间冯沅君心情显得开朗，文思活跃，文兴昂扬，研究著作除严谨之外，增加了豪放风格。除继续探索古代戏剧外，还翻译了《法国歌曲的价值及其发展》《新法国文学》《播种的季节・薄暮》《人民颂》等作品，她以喜悦的心情，丰硕的收获迎来了新中国的诞生。

冯沅君 50 年代在山东大学中文系为本科学生，讲授中国文化史的宋元明清部分，开设过“历代散文选”“陆游研究”“中国戏曲研究”等专题，60 年代以培养研究生和青年教师为主，教学中勤奋认真，一丝不苟，培养出一批古典文学和研究方面的新秀。凡是接受过她教诲的人，无不为她献身于人民教育事业和诲人不倦的精神所感动。

建国后冯沅君陆侃如合编的《中国文学史简编》《中国文学简史》，曾由外文出版社译成英文、捷克文发行国外。教育部还委托她和中山大学王超教授编写《中国文学史》教材，为高等学校中国文学史课程提供了讲授依据。后又同北京大学林庚教授主编《中国历代诗歌选》，为高等学校中文系提供了一套完整的教材。她在此期间完成的《王实甫生平探索》《陆游的生活道路和创作道路》《怎样看待〈一捧雪〉》《怎样看待〈窦娥冤〉及其改编本》《吴梅村〈园园曲〉与〈楚两生行〉》等等，都具有较高的学术水平。

建国后冯沅君在马克思主义文艺理论的熏陶下，学术思想发生了激剧的变化。表现在：第一，重视对古代作家作品的分析和详介，揭示作品的成就和不足,确定其地位和意义。第二,按照毛主席指示的"批判继承"原则,以作品在历史上进步意义和对人民的态度,作为评价的政治标准。第三,体现古为今用。在评论古代戏剧中,联系近代的改编和演出,赋予时代气息。

建国以后,冯沅君以她早年反封建精神,数十年如一日的学术贡献,为社会主义培养人才的业绩,受到党和人民政府的敬重。她曾当选为全国人民代表大会第一、二、三届代表,山东省人民代表大会代表、山东省人民政府委员、山东省文联副主席、山东省妇联主席,1963年被任命为山东大学副校长。1973年春她虽感身体不适,但仍兢兢业业坚持教学和研究工作。在领导和同志们的关怀下,才住进医院疗养。1974年6月17日,这位中国现代文学史上著名的女作家,当代研究中国古典文学卓有成就的女学者,在医院与世长辞,享年74岁。

山大学校史编写组整理

1982年6月8日

(据山东大学档案馆藏本整理,整理者:高雅、丁雪媛)

高等学校教师调查表（冯沅君）

高等学校教师调查表

学校名称　山东大学

系别职务　中文系教授

姓　　名　冯沅君

填写时间　1952年9月25日

填表人签名　冯沅君

学校负责人签名

中央人民政府教育部制

高等学校教师登记表

<table>
<tr><td rowspan="3">姓名</td><td>现名</td><td>冯沅君</td><td>系别及职别</td><td colspan="3">中文系教授</td><td>月薪</td><td colspan="2">工资 548 分</td></tr>
<tr><td>原名</td><td>冯淑兰</td><td>性别</td><td>女</td><td>出生年月</td><td>1900 年 9 月</td><td>实足年龄</td><td>52</td><td>家庭出身</td><td>地主</td></tr>
<tr><td>曾用名</td><td>淦女士</td><td>民族</td><td>汉</td><td>宗教</td><td colspan="3"></td><td>个人成分</td><td>教授</td></tr>
<tr><td colspan="2">籍贯</td><td colspan="3">河南唐河</td><td colspan="2">健康状况</td><td colspan="4"></td></tr>
<tr><td colspan="11">通讯处(现在) 青岛山东大学 (永久)</td></tr>
<tr><td colspan="4">现属何党派团体任何职务,在人民政府任何职务(时间)</td><td colspan="7">山东省人民政府委员(1950.8—)</td></tr>
<tr><td colspan="4">解放后曾参加何种政治学习(包括校内的、校外的、经常的和特别的)</td><td colspan="7">共同纲领学习(1949 下半年)社会发展史学习(1950 上半年)新民主主义论学习(1950 下半年)党史学习(1951 年暑假)三反学习(1952 上半年)</td></tr>
<tr><td rowspan="2">教学年限</td><td>教授</td><td>副教授</td><td>讲师</td><td colspan="2">讲员(教员)</td><td>助教</td><td colspan="2">共计</td><td colspan="2">其他</td></tr>
<tr><td>18 年</td><td></td><td>5 年</td><td colspan="2"></td><td></td><td colspan="2">23 年</td><td colspan="2"></td></tr>
<tr><td rowspan="2">最后学历</td><td>国内</td><td colspan="9">北京大学研究院毕业(1925)</td></tr>
<tr><td>国外</td><td colspan="9">巴黎大学文学博士(1935)</td></tr>
<tr><td rowspan="2">担任课程</td><td colspan="3">现在担任课程(包括两学期,并注明讲课及指导实习、讨论时数)</td><td colspan="3">可能担任课程</td><td colspan="4">过去曾担任的课程(注明年限)</td></tr>
<tr><td colspan="3">中国文学史(乙)二小时
历代韵文选二小时
写作实习二小时</td><td colspan="3">中国文学史(甲)
(注)甲是唐以前,乙是唐以后。</td><td colspan="4">历代散文选
词曲选
大一国文</td></tr>
</table>

续表

何种专长与技能（此项请详细填写）	中国古典文学
通晓何种外国文字，能否笔译，（注明中文译外文还是外文译中文）口译，（有无实际经验）阅读能力如何？现在学习何种外文，学了多久？程度如何？	法文（笔译）（外文译中文）

业务情况

曾指导或协助完成何种生产任务或建设工程；曾协助机关或生产部门解决何种实际问题。	

续表

曾从事何种研究工作,曾有何著作、译述、(注明出版处所及时间译述并应写出原书名及作者)发现或发明。	创作:卷施(北新书局,1926)(小说集) 劫灰(北新书局,1928)(小说集) 春痕(北新书局,1929)(小说集) 研究:张玉田(朴社,1929) 中国诗史下册(商务印书馆,1931) 中国文学史简编下编(开明书店,1932) 南戏拾遗下卷(燕京学社,1935) 古优解(商务印书馆,1944) 孤本杂剧题记(商务印书馆,1946) 古剧说汇(商务印书馆,1949) 翻译:书经中的神话(H.Masper 原著)(商务印书馆,1939)
现从事何种研究工作,今后拟研究什么?对今后工作的志愿?	(1)改写中国文学史简编 (2)改写中国诗史

家庭情况

家庭经济情况(包括所有动产不动产及收支情况)的变化与原因和目前经济情况:
土改前,原籍有地,但属于长兄友兰及次兄景兰。 目前经济情况:本人及夫薪水每月约人民币二百余万元。

简 历

(从十六岁起依次详细填写并分别插入各时期兼职。未工作学习时间也请列为一项,加以说明)

起讫年月	在何时何部门任何职务(包括学习)	主要工作及活动※
1917 以前		在家自修
1919.8—1922.7	北京女子高等师范学校	学习
1922.8—1925.7	北京大学研究所	学习
1925.8—1926.7	金陵大学	中文系讲师(担任古典文学课程)
1926.8—1928.7	中法大学	中文系讲师(同上)
1928.8—1930.7	中国公学大学部	中文系教授(同上)
1930.8—1932.7	北京大学	中文系讲师(同上)
1932.8—1935.7	巴黎大学研究院	学习
1935.8—1937.7	河北女子师范学院	中文系教授(担任古典文学课程)
1937.8—1938.9		因病修养一年
1938.8—1939.9	武汉大学	中文系教授(担任古典文学课程)
1939.8—1942.9	中山大学	中文系教授(同上)
1942.8—1947.7	东北大学	中文系教授(同上)
1947.8—	山东大学	中文系教授(同上)
1950.9—	山东省人民政府	委员

※“主要工作及活动”包括职务范围以内的主要工作、(如教什么课程,从事何种研究著作等),政治活动及其他重要活动。填写时要具体、扼要。

续表

何人介绍	介绍人与你的关系	变动原因	证明人		
			姓名	在何地何部门任何职务	所属党派
			胡光辉	南京大学教授	
			陈垣	辅仁大学校长	
陈锺凡	师生		夏正农	山东书局宣传部副部长	共产党
沈兼士	师生		徐炳昶	科学院考古研究所	
胡　适	师生		郑振铎	科学院考古研究所	
马裕藻	师生		罗竹风	华东宗教事务处长	共产党
			李健吾	上海戏剧学院教授	
杨亮切	朋友		李霁野	南开大学教授	
陈　源	朋友		叶圣陶	出版总署副署长	
吴　康	朋友		穆木天	东北师范大学教授	
高　亨	朋友		赵纪彬	平原师范学院院长	共产党
杨振声	朋友				

续表

何时何地参加过何种政治党派、社会团体组织,何人介绍,任何工作,现在关系如何?证明人(在何处)?
1933—1935 年在巴黎由刘庆广澜介绍加入法国作家巴比塞(Barbusse)阶级领导
的反法西斯反帝反战同盟,担任巴黎华侨支部的工作。
(注)刘庆澜是我在上海教书时的学生,返国后曾在抗战初于成都一度相遇,
十余年来不通消息,当是一起在支部工作的有高长虹,文子慧等,也久无音讯。
1944—1946 年在四川三台由老舍介绍加入中华全国文艺界抗敌协会,担任川北会理事。
(注)在三台一起工作的有赵纪彬(现在平原师范学院),叶丁易(现在北京师范大学),杨国荣董每戡(均在湖南大学)等。

主要社会关系(包括家庭成员)

姓　名	在何地何部门任何职务	政治面目（过去和现在）	与你的关系（政治上、经济上及其他方面）
胡　适		战犯	师生关系
胡光炜	南京大学教授		师生关系
赵纪彬	平原师范学院教授	共产党员	朋友关系
陆侃如	山东大学副校长		夫妇关系

自己有哪些特长，优点缺点（自我批评）适合什么业务工作（不一定是教学上的，包括其他工作）
在大学阶段，我进的是师范；在研究所结业后，就在大学教书。从一九二五年到现在，我始终未换过工作。因此我觉得对我适合的业务，就是教书。从在家庭自修的阶段起，我一直是研究古典文学的；最近二十年来，又偏重在唐宋元明时期。在元杂剧、明传奇方面，我还写过几部书，这就算是我的特长吧。我是个没有才干的人。因此我的优点就是本分老实，做事负责，不偷懒，不欺压别人。缺点呢，我的作风不开展，小手小脚的；同时因为还存在着旧知识分子的孤僻脾气，不善于联系群众。

政治思想情况	
一、所属党派 无党派民主人士。 **二、主要社会关系** 胡适,师生关系。 胡光炜,南京大学教授。 赵纪彬,朋友关系,平原师范学院院长,党员。 **三、解放以来思想情况** 解放前对国民党内心不满,但无行动表现,只不过问政治,不和国民党合作。对共产党有好感,同情学生的进步活动,如经济上资助同学到解放区,但基本上未参加斗争。 解放后由于现实社会的教育及我党对她的争取教育,通过各种活动,提高了她的认识,因此表现是积极的,自己说“要出来了,为人民服务了”。在响应号召各大运动中是模范群众,对所负社会工作亦积极努力。旧道德观念很深,言行谨慎,进一步是一进,所以前途是可靠的。有隐藏的个人英雄主义很浓厚,做任何事都想求得百分之百的成绩,只能受尊重,不能接受批评,心胸狭窄,斤斤计较,敏感多疑,过分慎重,对人不褒不贬,不冷不热,保持一定距离,明哲保身极严重,自知党对她的重视和所受待遇优厚,因而工作学习都极认真负责,积极。 在三反运动中能经常参加小组会,大会,对自己的思想检查也较认真,但是由于思想中资产阶级的东西还占有一定的地位,所以她还不能完全站在运动中来指挥别人,大胆地推动运动。	
说明	政治思想情况:①包括所属党派。②主要社会关系。③解放以来的思想情况(特别是三反思想改造运动前后的表现)。④及目前尚存在的主要问题等。

教 师 调 查 表 （附表）

姓名	冯沅君	系（科）别	中文系	职别	教师
业务情况	教学态度很认真负责，能主动地想办法进行辅导，能力强。学术研究颇有修养，对新事物学习抱积极态度，备课充足，有计划，效果较好，群众反映都很好，在师生中学术上的成就很高。 专于古典文学、文学史、散韵史、小说、诗歌、戏曲有深刻的研究新文学方面，也有相当好的基础，著有《卷施》《劫灰》《春痕》等小说。				
说明	业务情况：包括教员在教学上的具体表现，如教员的教学提督，群众反映，学术及所属专业等。				

本表据山东大学档案馆藏《冯沅君档案》整理，整理者：高雅、丁雪媛）

指导研究生的体会(冯沅君)

指导研究生的体会

山东大学中文系宋元明清文学专业研究生导师冯沅君

在山大,在中文系,在中文系的古典文学教研室里,指导研究生的工作都发展得很快。我在这方面的工作很少,体会不够深到,以下所谈颇为肤浅零碎,希望同志们多指教。为叙述便利起见,内容分二项。

一、政治挂帅、思想领先,依靠党

政治挂帅、思想领先,依靠党,不仅研究生应该如此,导师也应该如此。因为只有这样,我们才能树雄心立大志,而这雄心大志不是别的,是教与学都从人民的利益出发,党的利益出发,更具体地说,从社会主义的文化建设出发。雄心大志是动力,它推动我们贡献出自己的力量,取得较大的成就。

我们都知道科学研究是愉快而艰苦的工作。说它愉快,是在工作中可发挥我们的创造才能,而工作的结果是对国家人民有利的;说它艰苦,是在工作中需要刻苦钻研,没有辛勤的劳动就得不到成绩。我常觉得这种功夫像修仙,就是说,心要十分虔诚,借用古书上的话说,要有"寤寐思服"的精神。

我们又知道科学研究常不免与名利有瓜葛。"书中自有千钟粟,书中自有黄金屋,书中自有颜如玉",这种不太冠冕的名利思想,在现在不少知识分子的心目中可能还变相地残存着。如果我们不让政治挂帅,名利就挤上来挂帅。倘真如此,非糟不可。名利使你教不安心,学不安心,把庄严的教或学的任务丢在一边,专为个人利益打算,结果怎能不糟。

导师与研究生既然都必须政治挂帅,思想领先,依靠党,那么,为了完成双方的庄严任务,使自己的工作对人民的事业、党的事业有利,导师与研究生在这方面就应该互相督促勉励,共同提高。

二、抓紧计划

计划是工作的蓝图。与一切工作一样,指导研究生要抓计划。在这方面要注意三点:(1)计划要周密。必须全面,包括目的、方法、进度等。(2)计划要民主。定计划当然要依照教育部的、学校的规定,要经过教研室讨论,领导审阅,但必须与研究生个人交谈,仔细说明,使他提出补充意见并在思想上能接受这样的计划。因为能这样做,计划就更切实,研究生对计划认识得较深邃,执行起来也就有保障。(3)计划要稳定。一个合适的计划,它的各部分都是一环扣一环的,如果它缺乏稳定性,忽然某个或某些部分有变更,常不免影响计划的效能,当然这不是说计划不应有灵活性,灵活与稳定可以统一起来,而以后者为主。

三、充分备课

导师备课充分与否经常影响到指导的质量。这同上大班课是一样的。为指导研究生而备课,需要多少时间,这是因人而异的,有人用得多,有人用得少。就我自己说,六一年春,我指导两个研究生和一个进修教师,三个人集体指导,指导两个钟头或三节课的时间,备课的时间大约都是一天,或者更多些。因为指导的目的在于解决研究生提出的问题,他们提的问题多(曾经一次提出一百多个问题),准备的时间就不能太少。

研究生所提的问题大小不一,在讲解中自然要分主次,备课时也就不是平均使用力量,但有一点不能疏忽,那就是每个问题都要解决。

写指导提纲是我备课中的重要项目。提纲的好处是:(1)保证指导时既重点突出,又无遗漏。(2)碰到应解答的问题多而指导时间不够时,导师可以只讲重要的,次要的可将提纲交研究生带下去自己看。这样可以保证指导的进度。(3)提纲还可以给下届的研究生参考,作为学习资料。(4)导师自己也积累些科学研究资料。为此,我虽觉得写提纲很费时间,可是总坚持下去。

四、因材施教

因材施教是教育工作的重要原则之一,指导研究生也非例外。培养计划所规定的大都是一般性的,而研究生的基础知识的深度与广度不同,接受知识的能力也有高低,科研的方向更会有差别。导师必须注意他们这些特点,针对特点给予具体的特殊帮助,让他们人人都能发挥所长,得到优秀的成绩。

五、导师专长与国家需要结合

在指导工作中,应该重视导师的专长,导师在指导时应该发挥自己的专长,这种主张是完全对的。可是导师的专长往往面窄,国家对研究生的要求(实际上也就是研究生毕业后工作上的需求)常是宽一些。这种矛盾显然是存在的。中文系毕业的研究生中,就有这类反映。面对着这样的矛盾,我认为导师应该顾及国家需要,将指导的范围适当放宽;而不应该一味强调自己的专长,变相地缩小指导范围,造成研究生将来工作时的困难。

把指导范围相对地扩大到自己的专长之外,对导师说,在某些情况下,是有点不方便,因为要多付出点劳动。但是我感到在做学问上广和深是有矛盾的,却又是统一的,也就是说,我们占有知识的广度常常有助于它的深度。因此,导师们如能放下专家的"尊严",在指导工作中,为了研究生将来的需要,将范围适当地放大到自己的专长之外,对自己确有好处。越南留学生阮才书的事可以为例。他要学中国古典文学中的哲学问题。古典文学教研室的先生们都认为这个项目非所素习,但为帮助国际友人,我们不能拒绝阮才书的要求。商讨结果,将古典文学分成几个部分,每个老教师分担一部分。我也参加了这项工作,经过努力,进了些新货,最后任务完成了,阮才书满意,我自己也觉得收获不小——不但知识面有所扩大,而且更知道在研究古作家时,如何对待他们的思想和文学的关系。

六、资料与观点结合

在古典文学研究中,资料与观点结合也就是评书和钻研作品及有关文献的结合。过去指导研究生我也曾这样做过,当然做得不够。做法有二:其一,在每个学习单元开始时,导师总是努力尝试运用毛主席的文艺思想对这一单元作出有关全面的,比较系统的介绍。这里面就贯串着导师的看法,也就是从观点上帮助研究生。其二,在前边所说的介绍之后,研究生开始学习作品与有关文献。这时候,导师随时要求他们先将资料性的东西搞通,然后在这样的基础上提出自己的看法。

就现阶段的研究生的水平论,对资料似乎应多抓,阅读作品绝不能放松。因为他们在大学学得不够,不少人尚未过文字关。如果囫囵吞枣式研究作品,并从而发表议论,这完全是反科学的。

七、重点与全面结合

抓重点是做好工作的重要方法之一,指导研究生当然也应该如此。但由于研究生的学习是专门性的,所以工作中出偏差常在于过分重视重点,忽略全面。我们应该知道重点与全面是统一的,不是对立的;离开全面,重点往往失去意义或成为不易正确理解的东西。我们的具体做法应该像古人所说的大处着眼,小处着手。大处着眼便能照顾全面,小处着手便能重点突出。以研究北宋词人柳永在发展慢词上的贡献为例,如果我们不将眼光放远点,从柳永以前的词体的发展和当时其他词人写作慢词的情况来作出比较,而只是柳词本身打圈子,所得的结论很难正确。

八、讲解与自学结合

在研究生的培养中,导师讲解固然重要,但更重要的是研究生自学。学好一个专业,解决一个科学问题,别人只能指引,绝不能代替;通过实践而获得的知识方能牢固地掌握,灵活地运用。大学生还要培养独立思考的能力,研究生更须如此。发扬研究生刻苦钻研的精神是导师的责任,到时应该为研究生树立榜样。1957～1958学年,有个进修教师,他对待学习中的问题总是先自己解决,解决不了,然后请教导师。他的做法很周到仔细;他的札记上,一边是自己已解决的问题与解决的结果,一边是未解决的问题,在这种情况下,留一段空白,以便记录导师的讲解。为什么自己解决的结果也要写给导师看?为的是怕自己解决错了,故请导师审阅。这位青年教师因为努力刻苦钻研,听说回校后教学成绩很好。

九、抓札记

研究生必须好好做札记,必须按时交给导师审阅。导师必须仔细看札记,不能草草了事。表面上看,这样搞似乎损人不利己,研究生写札记是累人的活,导师看札记也不轻松。实际不然,这样搞,对研究生也好,对导师也好。札记的范围颇广,就学习作品说,大而对作品的思想性与艺术性的分析,小而一字一句的解释,都要写进去。因为札记的内容如此,所以就学生方面说,他将他自学的成果都记录下来了,这记录既可交给导师,争取导师指教,又可以留作以后学习的参考,更重要的是通过细心写札记可以锻炼自己的分析、表达的能力,这是脚踏实地的基本功,这是能否刻苦钻研的考验。就先生方面说,札记也有不少妙用。最根本的妙用是札记能够可靠地反映出研究生的实际水平与学习态度,导师可以有的放矢地备课、讲解,以至于检查研究生学习的勤惰。如果用作战比喻指导,那么导师掌握研究生的札记,好像统兵者掌握敌方的情报。情报可使统兵者"知彼",从而制定获胜的策略计谋,札记可使导师提高指导的质量。

在提高指导质量中,最突出的是因材施教。很显然,如有因材,首先必须清楚材的特点。札记既反映出研究生的实际水平与学习态度,那就是它向导师报告了材的特点。所以我认为抓札记是因材施教的途径之一,而且不是次要的。想想看,如果真能因材施教,指导质量如何能不提高?说到这里,我应该承认,我在因材施教上做得还很不够,仅仅有这样的认识,仅仅在开始。

由于抓札记,我感到研究生们时常在有问题的地方当作没有问题,本来自己没有懂,却以为懂了。有个研究生在札记中谈把八句的古诗当作律诗,这就反映出他也不晓得除句数意外,古诗与律诗还有其他区别。我发现了这种情况,便主动地给他说明。诸如此类,举不胜举。

十、集体指导

从1956年以来,我常搞集体指导。我觉得这种做法是可行的。它有三点好处:其一,据研究生反映,集体指导可使他们互相启发。具体地说,就是往往自己在学习中对某个或某些问题忽略了,可使听到导师给别人讲解,自己在这方面也可以搞清楚。其二,集体指导便于组织讨论。导师如果在札记中发现对某个较重要的问题研究生们的看法不一致时,他可以及时地动员大家各抒己见,形成小规模的谈论会。在讨论中,研究生与研究生间,研究生与导师间都可互相启发,越谈认识越深入。其三,集体指导可以节约时间。教育部虽然规定每个导师的研究生不超过五人,可是不曾说明五人是否同一年级。如果像山大这样每年每个专业只收一个或两个研究生,那么在导师方面,同一时间将会有三四个头。如果不用集体指导方式,导师势必穷于应付。如能用集体方式,便可减少一两个头。

也许有人认为集体指导不易满足研究生的个人的要求,有碍因材施教。实际上,这样的问题并不存在;即会有,也易解决。因为:其一,研究生都写札记,札记能把每个人的学习情况和要求都具体地反映出来。导师据此,可在解决共同问题之外,解决个人的特殊问题。其二,导师有指导提纲,如果需要解决的问题过多(既有共同的又有个人的),苦于指导时间不够,他可将提纲教给学生带下去看。

十一、论文

除毕业论文外,一般地说,每个学期研究生都写一篇小型论文。论文是研究生刻苦钻研的成果。它可以是某段札记的提高,又往往为毕业论文打下点基础。所谓基础包括内容和写作方法。

就目前研究生的水平看,我很想利用小型论文的时间,教他写点注释性的东西,这样做的目的是:一方面让他们学习如何做注释,一方面帮助他们过阅读古作品的文字关。

就目前研究生的水平看,有一小部分人的文字关还是双重的。阅读时有文字关,看不懂;写论文时也有文字关,写得不大通顺。过去我对写作这道关虽曾注意到,但思想有顾虑,怕研究生说我琐碎,所以做得太不够。今后应该对研究生的论文以至于札记,既注意内容也注意文字和篇章结构。

十二、检查总结

计划是指导工作的蓝图,检查总结是指导工作的考验。过去在计划中都订了如何检查的项目,实际上也这样做了,可是,说实话,那是不深不透的,既粗且浅。最近我看见有的导师做得比我细致,以后一定向先进者学习。

在工作中提高,这句话是千真万确的,指导研究生自然也如此。在党的领导下,依仗同志们的帮助,我一定随着我校培养研究生的工作的发展,不断努力,争取提高自己工作的质量。

1962 年 6 月

(附)

再谈研究生的体会

"指导研究生的体会"是上学年末写的。本学年开学以来,在过去指导工作的基础上作了点新的努力,简单地说,有以下四点:

1.每个学习单元完毕时,总要有小结(过去不一定有)。小结的内容大抵是:(1)将本单元所学的知识整理一下,尽力使它系统化,重点突出。(2)对与本单元有关,而因时间限制没有学过的知识,尽力作简要的补充。

2.每次指导时,尽管研究生提的问题大小不一,甚至于有点零碎,总设法从中找个重要问题作这次指导的中心。

3.有意识地、尽量地结合学习中的某个问题,补充研究生所需要的古典文字常识,或介绍导师自己解决问题的过程与方法。

4.用融会贯通的方法,在讲解某一重要作品时,随时联系到其他与此篇主题、题材或表现手法相同或相类的作品,使它互相补充,互相启示。

在这四点外,我还有两点认识:

对研究生的反映要多考虑。如果看到其中对学习有利的,便及时发扬,贯彻到指导工作中去。

在改进工作中常遇到困难,最普通的困难是要试用新做法往往要进新货(多钻研),这就增加劳动。这时候,就应该从教者与学生的共同进步着想,尽力克服困难。

以上这些做法还只是初步探索,一点认识也不见得都正确,以后总要在领导的指导下继续提高。

1962年11月

(据山东大学档案馆藏本整理,整理者:张洪刚)

关于研究生的辅导工作(陆侃如)

关于研究生的辅导工作

我指导研究生的历史短,没有多少经验。有些体会和冯沅君同志所说的十二项差不多,不必重复。现在只补充三点:

第一是督促研究生学好外国语。为了扩大青年的知识面,打好将来攀登科学高峰的基础,古典文学方面的研究生也必须学好外国语。但是目前青年的外语学习有两种困难:一是根底差,不知从哪儿下手;二是思想上不重视,认为学了也没用。我就以亲身的经验,经常鼓励他们努力学习,并把学习参考书大量借给他们,必要时自己教他们。例如龚克昌同志想学习英语,但无适当的班级可进,我就自己教他;起初每星期教三次,渐渐减少为两次,最后每周一次;先是用普通的教科书,后来改用古典文学的英译本。除研读本外,还系统地教语法;倘若干周考试一次,来督促他。现在他毕业留校做助教,我还经常检查他的外语学习,以期有助于他的科学研究工作的提高。

第二是吸引研究生参加讨论班的活动。我和古典文学教研室三位助教及文艺理论教研室四位助教共同组织了一个"历代文论选讨论班",经常讨论古典文艺理论上的问题。研究生林志扬的科学方向也是古典文艺理论,毕业论文题自己初定好"王充的文学观"。因此,我就吸引他来参加这个讨论班的活动,从别人的发言中增加他的知识,也鼓励他发言。最近讨论到古典现实主义理论起源问题,已经出现了三种不同的主张:有人认为这个理论起源于先秦儒家,有人认为起源于刘勰,有人认为起源于白居易。他受到了启发,结合他自己的学习,就准备提出第四种主张,认为这个理论起源于王充。我认为这样既有利于学术问题的探讨,也有利于研究生在科学研究工作上的锻炼;就是对于他未来的毕业论文质量的提高,也不是没有帮助的。

第三是鼓励研究生在学习古典文学的同时,也注意和古典文艺理论相联系。在上年校部召开全校导师的座谈会上,有人提出过这个问题。今年起,我就有意识地这样做。如一年级研究生张可礼、陈祖美、刘文忠三人,在学习两汉文字的同时,也学习两汉文艺理论。其中扬雄、王充对于汉赋的评论,班固对于《史记》和乐府的看法,都可以使他们在自己的钻研中得到启发。而且,创作方面的演进过程和理论方面不同流派,也有相互之间的密切联系。双方面同时学习,就可以使青年对当时文坛的总的面貌与主要动向能有更全面、更系统的理解。缺点是目前双方面的进度还没有完全配合好,但是我觉得这样做是对青年有好处的。

以上是一些不成熟的意见,不一定妥当,深望校、系领导多多指正。

1962年11月

(据山东大学档案馆藏本整理,整理者:张洪刚)

山东高等学堂经学讲义

（清末山东高等学堂石印本）

山東高等學堂經學講義

書經講義勘誤

序論　要必下脫自字
不學之於禹　不誤作亦
授受之源節　壞孔子宅　宅誤作完
今古得失節　采輯　輯誤作緝
今文篇第節　文侯　文誤作父
尚書小序節　泰誓　泰誤作秦
堯典舜典
曰若節　塞下脫寬容覆載謂之晏晏安安孜靈耀作晏晏
乃命節　著誤作着下于着同
輯五節　貢道　道字模糊一家字同
皋陶謨
無教節　藏冰　冰誤作水
無若節　禹曰字　曰誤作四
篇末總論　矢謨　矢誤作失
禹貢　可以兼賦　兼誤作言
冀州節　永甯甯鄉　甯誤作之
兗州節　武陟下脫衛字
青州節　兗州界字下脫南距濟與青分界見青州　青州界下脫青之東北跨渤海由盛京直抵朝鮮西抵大遼河與冀分界
徐州節　緜千餘里　緜誤作縣
日照縣下脫東字
之文字脫濟淮之間與豫分界
揚州節　武甯甯州　甯誤作之
雍州節　庶使讀者　使誤作佚
導嶓節　東行至荊　至字當居中寫
岷山節　六合之間下脫未知孰是四字至此二字屬小字夾註下同
導河節
篇末總論　礦物學也　也字多
貢道圖　圖畫下脫學兼二字
洛汭　汭誤作納
衡嶺　衡誤作衡
每方二百里　二誤作四
沙漠　漠誤作漢
導山導水北圖　武陟　陟誤作涉
桐柏　桐誤作雨
灃誤作瀘
松潘　潘誤作藩
和碩特　碩誤作頒

書經講義

甘誓
威侮節　改火　改誤作政
篇末總論　未盡然也　也誤作未
盤庚
無或節　貨寶　貨誤作賀
　　近世人君　世字上脫近字
西伯戡黎
篇首總論　夫藩屬者　藩字下脫屬字
今我節　政法朘削句斷非
微子
篇首總論　鄭曰父師　曰字上脫鄭字
殷罔節　猶孅者矣　孅誤作識
降監節　摟括　摟誤作據
高其節　大猿　猿誤作悲

牧誓
今予節　權誤作权　恭誤作慕
洪範
八政節　程子所謂　所謂誤作曰字　脫去兩行補在大誥篇末
皇極節
金縢
既克節　瘳誤作廖
篇末總論　心所不忍　忍誤作認
大誥
若涉節　殷憂者　殷字脫
知我節　四年　四誤作曰
爾惟節　安朱子曰　安字衍
召誥
篇首總論　藉此得窺　藉誤作籍　又多得字

越三節　僅召誥　僅誤作謹
　　蔡誤作葵　此誤作比　論祭下脫天字地祇　上脫祭字聚訟上脫　釋字
其惟節　麐誤作麋　主誤作王
洛誥
篇首總論　丙都　都誤作部　唐之長安　長安誤作　太宗
孺子節　當夫干戈　夫誤作于
多士
王曰告爾節　忘周郎　忘下脫周字
無逸
周公節　訥於言　訥誤納
多方

乃惟節　首告殷之字殷下多民

天惟節　孰有過汝　過誤作過

篇末總論　迪寵之　迪誤作殆

立政

乃有節　營求　營誤作淫

立政節　侍御　侍誤作待

國則節　盼誤作盻

顧命

篇末總論　孫覺　覺誤作覽

呂刑

若古節　鶩誤作鶩

非時節　之故哉　故誤作致

典獄節　在身　在誤作其

惟敬節　而養其天和　養其二字脫

遠藉誤謗籍　有徵誤徵百

固誤因　嘻下多食字

其罪節　惟均　惟誤作為

上刑節　祇當視其犯之可治　與否誤作祇當視其　元視犯之重否　父母誤作文母　之意也之誤作也

惟齊節　惟齊　齊誤作有　過與不及　過下多不字

文侯之命

篇首總論　彤弓　彤誤作形

丕顯節　敷聞在下　下誤作升于下　上謂天下謂人　人字上多養其二字

父往節　被盧　盧誤作盧

古文

篇首總論　驚誤作驚下一字同

刑期節　因民性　因誤作因

惟天節　渙誤作煥

篇末總論　沈潛反復　復字脫　傅于其難　傅下脫會　字其難下　脫則是未嘗以古文　平易而必斥為偽而　屏棄之也閻氏一味　攻擊二十五字

書經講義

山東高等學堂

書經講義

莊子有言。書以道事。太史公曰。書記先王之事。故長於政。蓋讀書以致用為急。而本原以致政。必以書為治統。秦漢以來。學者之通義也。四代之作。號稱百篇。今之傳者。五十有八。(此從注疏及欽定傳說彙纂今古篇目詳之於後)蓋其數至簡約。然舉後世民事、刑事、兵典、商務、農術、礦政、航路、祘數、物質、各學說。靡不囊括包舉。而索焉皆獲。攷焉皆當。蓋學者欲求法政之源。制治之要。莫該于是矣。夫新理日出不窮。而自古迄今。莫不各有其蛻化之迹。如竹之干霄捎雲。要必其蜩腹蛇跗。所循而至。謂今日之事。皆古人之已知。是大惑也。謂今日之端。非古代之所萌。是大愚也。堯舜禹湯文武六君。地綿二萬里。世閱二千禩。生民之變亟矣。文物之演繁矣。而此六君者。旦夕孳孳。與水火戰而勝之。與龍蛇戰而勝之。與蠻夷禽獸戰而勝之。出之於暴君汙吏之懷。而置之于慈母良師之側。其心至公。故不為一種族之計。其慮至遠。故不為一旦夕之謀。凡所以設施措注者。民而已矣。此所以無專制憲政之紛歧糾葛。而精神所注。乃為中外各國政體所莫外。慎子曰。治水者茨防決塞。雖在異域。相似若一。學之於水。亦學之於禹。斯言也。通之于書矣。觀其迹而會其神。誦其文而探其意。輪輻雖繁。寸牽操之閫。

授受之源流　孔子纂書。上起堯。下訖秦。凡百篇。而為之序。言其作意。秦燔書禁學。濟南伏生。

壁藏之。漢興亡失。求得二十九篇。以教齊魯間。伏生教濟南張生。及千乘歐陽生和伯。歐陽授同郡倪寬。寬授歐陽生子。世世相傳。至曾孫高為博士。作尚書章句。是為歐陽學。張生授夏侯都尉。都尉傳族子始昌。始昌傳族子勝。勝嘗受詔撰尚書說。是謂大夏侯學。勝傳兄子建。是為小夏侯學。漢書具載其篇。及晉永嘉之亂。其傳一時俱絕。今惟存伏生大傳。陳恭甫有補輯定本。尚可攷今文崖略焉。　以上今文

魯恭王壞孔子宅。得古文尚書。孔安國得之。以攷伏生書。得多十六篇。獻之。遭巫蠱事。未立於學官。安國授都尉朝。司馬遷亦從安國問故。都尉朝授膠東庸生。庸生授青河胡常少子。常授號徐敖。敖授琅邪王璜。及平陵塗惲。惲授河南桑欽。王莽時諸學皆立。中興。扶風杜林傳古文尚書。賈逵為之作訓。馬融作傳。鄭康成注解。由是古文遂顯於世。　以上古文

晉元帝時。豫章內史梅賾奏上孔傳古文尚書。亡舜典一篇。購不能得。乃取王肅注慎徽五典以下。分為舜典以續之。齊明帝建武中。吳興姚方興采馬王之注。造孔傳舜典一篇上之。即曰若稽古帝舜二十八字也。梁武帝時為博士。議不行。至唐陸氏作釋文。孔氏作正義。並用之。是為注疏本。　以上今用本

今古文之得失　隋志言馬鄭所傳唯二十九篇。又雜以今文。非孔氏舊本。釋文敘錄云。馬鄭所注。並伏生所誦。非古文。朱氏彝尊云。衛賈馬鄭所注。皆杜氏漆書。非壁中古文。今案堯典疏引馬融書傳序云。逸十六篇絕無師說。惟無師說故馬鄭僅注二十九篇。與今文篇同。又堯典疏引鄭君書贊云。我先師棘下生子安國亦好此學。是鄭明言淵源於安國。班書儒林傳安授都尉朝。五傳至塗惲。范書稱賈逵父徽受古文尚書於塗惲。逵傳父業。則逵尤安國嫡傳甚明。而隋志陸元朗朱竹垞之說皆非也。東晉時僞孔傳出。與鄭注並行。唐時專行僞孔。而馬鄭遂廢。　國朝如閻若璩古文尚書疏證。惠棟古文尚書攷。王鳴盛尚書後案。江聲尚書集注音疏。證以叔重說文。輔以季長傳說。皆以鄭學為宗。取僞孔之傳辭而闢之。黜其僞而存其真。古文尚書之學。賴以不絕於一綫。孫星衍尚書古今文注疏。段玉裁古文尚書撰異。人輯今文與古文異同。然後伏生之今文。馬鄭注之古文。略可考見矣。閻百詩曰梅氏晚出書。自東晉迄今。與聖經賢傳並立學官。家傳人誦。莫能以易者。其故有三。皇甫謐高名宿學。左思三都。經其片語。遂競蹟述。況渠實得孔書。載于世紀。有不因之而重者乎。是使此書首信于世者。皇甫謐之過也。賾書雖得立學官。然南北朝孔鄭猶迭相盛衰。至唐初始依孔為之疏。是使此書更信于世者。孔穎達之過也。天祐斯文。篤生徽國。分經與序為二。以存古制。一則曰安國僞書。再則曰安國僞書。而爲之弟子者。乃明背師承。是使此書終信于世者。蔡沈之過也。案東晉之僞經僞傳僞序。三者並發端於朱子。語錄中疑孔書所增之十六篇。皆伏生所無。不應伏生所記。皆其難者。而易者反不記。且西漢以前經與傳皆別行。至馬融始以注坿經。豈得西漢已有坿經之傳。其孔序庸沓。不似西漢文之蒼古。甚屬可疑。然朱子又曰。學者姑反復其所易。而不必穿鑿其所難。是又未敢決棄之詞。非可以責蔡沈也。惟宋末吳氏澄著書經纂言。專注今文。而古文則但云嗣出。蓋託詞以斡旋功令也。明梅鷟始力攻古文。而考證尚疏。其昌言排擊。盡發癥結者。始于 本朝閻氏。至 欽定四庫全書提要。嚴詞駁斥實證鑿然。其篇末名物訓故頗以有攷云云。蓋指傳疏而言。非謂僞經文也。東塾讀書記曰。閻百詩惠定宇攻僞古文。援攷實證。其僞已明。姚姬傳九經說。復條舉其大背理者。謂顯然之不爲過。今無庸再攻擊矣。又曰、僞古文經傳可廢。二十八篇僞傳不可廢。蓋僞孔續鄭注。於其義未安者。則易之。此其所以不可廢也。案陳蘭甫先生經說。最爲持平無門戶之見。而其言如此。是二十八篇以外之可廢明甚。即不必廢。亦學者所不可不知矣。今擬先就二十八篇粗爲發明。而僞古文所采輯之大義微言。亦備論於後焉。庶使學者曉然於此經之源流。而於 欽定書經傳說彙纂 欽定四庫書提要之指。亦兩無所悖云爾。

今文尚書篇第

堯典　皋陶謨　禹貢　甘誓　湯誓　盤庚　高宗肜日　西伯戡黎
微子　牧誓　洪範　金縢　大誥　康誥　酒誥　梓材
召誥　洛誥　多士　無逸　君奭　多方　立政　顧命
呂刑　文侯之命　費誓　秦誓　凡二十八篇太誓武帝末始得西漢書注引其文皆稱今文尚書唐時亡

古文尚書篇第

堯典　舜典　汩作　九共九篇　大禹謨　皋陶謨　益稷　禹貢
甘誓　五子之歌　胤征以上虞夏書　湯誓　典寶　湯誥　咸有一德
伊訓　肆命　原命　盤庚三篇　高宗肜日　西伯戡黎　微子以上商書
泰誓三篇　牧誓　洪範　旅獒　金縢　大誥　康誥　酒誥
梓材　召誥　洛誥　多士　無逸　君奭　多方　立政
顧命　康王之誥　冏命　費誓　呂刑　文侯之命　秦誓以上周書
古文武成篇建武之際亡凡五十七篇

梅賾古文尚書增多之篇數

大禹謨　五子之歌　胤征　仲虺之誥　湯誥　伊訓　太甲三篇　咸有一德

說命三篇　泰誓三篇　武成　旅獒　微子之命　蔡仲之命　周官　君陳

畢命　君牙　冏命　以上二十五篇又於堯典分出舜典皋陶謨分出益稷盤庚分出中下二篇顧命分出康王之誥計三十篇合今文二十八篇為今本之五十八篇

尚書之大旨體例　尚書大傳載孔子曰。六誓可以觀義。五誥可以觀仁。甫刑可以觀誡。洪範可以觀度。禹貢可以觀事。皋陶謨可以觀治。堯典可以觀美。是為七觀。

鄭氏樵曰。典謨訓誥誓命。孔安國以為書之六體。陸德明以六體分正攝。蓋以典謨訓誥誓命名篇者為正。不以名篇而在六體之類者為攝。孔穎達曰。書體為例有十。一曰典。二曰謨。三曰貢。四曰歌。五曰誓。六曰誥。七曰訓。八曰命。九曰征。十曰範。

尚書之小序　閻氏古文疏證云。百篇序謂之小序。伏生時猶未得。孔安國始據以序古文。兩漢諸儒並以為孔子作。故甯屈經從序。而不顧其說之不可通。有宋諸儒始力排之。朱子謂是周秦間低手人所作。尤屬特見。余獨愛百篇名目。確然可信。何則、壁中書出。除錯亂摩滅及偽泰誓。凡得五十五篇。無一篇名溢于序之外者。可證小序所載為無遺漏。朱子亦嘗合為一篇。以附卷末。但仍梅氏之舊本。而未悉復賈逵鄭康成之次第爾。

堯典舜典　今文及大傳。但有堯典篇目。故經說家皆謂舜典已亡。趙氏雲崧曰。史記舜本紀即位後。咨岳牧。命九官。即今舜典月正元日以後之事。遷既從安國問故而作舜本紀。可知古文舜典。本即此月正元日事。非別有舜典一篇。其說極為精確。惟指月正元日以後為舜典。尚近武斷。陳亦韓謂。本無別出舜典。虞夏之書。不若後世史家立有定體。二帝必並為兩紀也。劉申受云。堯典舜典。與書序同篇。猶之顧命康王之誥。伏生本合為一篇。則亦一篇而兩序也。兩家之說。比例極通。足以郭衆說矣。後人欲以焚廩浚井等事。補經。徒武斷耳。

曰若稽古至上下　鄭注敬事節用謂之欽。照臨四方謂之明。經緯天地（如齊七政畫十二州平治水土等事）謂之文。慮深通敏謂之思。（攷靈曜作塞注道德純備謂之塞）不懈于位曰恭。推賢尚善曰讓。史臣紀堯之治。先即舉堯之德。德不至而任法。未有不敗者也。商鞅拿破崙之已事可知矣。

克明俊德至時雍　鄭注明德。惟自明明德。此實先儒相傳古義。為朱注所本。以下所言措施次第。與孟子親親仁民。若合符節。蓋致治之道。如金之傳熱。浪之傳聲。自近及遠。實為萬物公理。親親尚賢。非至三代而然也。黎民。即衆民。（釋詁黎衆也）近人附會黎為黑種苗民。荒經誣古。所謂游談不根者也。

乃命至咸熙　勿菴梅氏曰。麻法有里差。有歲差。是二差者。有微有着。非積差以至于著。雖聖人不能知。而非距之甚遠。則所差甚微。非目力所至。不能入算。晉虞喜宋何承天祖沖之劉焯唐一行之徒。或以百年差一度。或以五十年。或以七十五年。或以八十三年。未有定說。元郭守敬定為六十六年有八月。回回泰西差法略似。而守敬又有上攷下求。增減歲餘天週之法。則古之差遲。而今之差速。是謂歲差。若夫日月星辰之行度不變。而人所居東西南北正視側視之殊。則所見各異。謂之里差。亦曰視差。北齊張子信始測交道有表裏。此方不見食者。人在月外必反見食。宣明麻本之為氣刻時三差。而大衍麻有九服測食定晷漏法。元人四海測驗二十七所。近世歐羅巴航海數萬里。以身所經山海之程。測北海為南北差。測月食為東西差。里差之說。至是而確。麻至後世。屢變益精。然不能預期者差之數。萬世不易者求差之法。古之聖人。以日之所在不可以目視。而器窺也。故為之中星以紀之。鳥火虛昴此萬世求歲差之根數也。又以日之出入發斂。不可以一方之所見為定也。故為之嵎夷昧谷南郊朔方之宅以分候之。此萬世求里差之定法也。嗚呼至矣。

嵎夷。說文云。崵山在遼西。（崵即暘）今錦州山海關等處。南交。墨子節用篇。及大戴禮少閒篇并云。堯南撫交趾。交趾即今安南。昧谷。鄭云。隴西。隴西今甘肅蘭州鞏昌等處。朔方。在濱山北。(浜山即今恒山)注家不詳其地。淮南子云。堯北撫幽都。高注。雁門以北是。

帝曰疇咨　至　九載績用弗成　堯之末年。洪水為患。而已年已衰邁。丹朱復不肖。羣臣又多不稱。(馬融曰羲和為卿官堯之末年皆以老死庶績多闕)故迫而用鯀。聖人以公天下之心。但求天下之得所。雖屈己之是。以从人之非。(馬融語)亦非所計也。

帝曰咨四岳　至　文祖　王肅曰。麓錄也。(此說鄭以麓為山足)于義未安。故从王說。凡王說于鄭義未安者則易之。後人疑王為有意難鄭者非也。傳曰。納舜使大錄萬機之政。陰陽和。風雨時。各以其節。不有迷錯愆伏。論衡云。言大錄三公之位也。居一公之位。大總錄二公之事。蓋堯之于舜。始因四岳師錫之舉。復試以二女以觀其內。繼試以司徒之職百揆之事。以觀其外。而舜皆足以勝任。遂納于大錄三公之位。而舜之底績。亦已大著。然後乃遜以帝位。聖人為天下之心。慎重如此。不敢私天下。尤不敢輕天下也。

在璇璣玉衡以齊七政　(鄭馬孔皆作璣)馬曰。璿美玉也。璣。渾天儀。可轉旋。故曰璣。衡。其中橫筩。所以視星宿也。鄭曰。七政日月五星也。渾天儀蔡氏所傳最為詳晰。漢學家棄而不取。非也。民事官程。一本于厤。若無厤。日則事皆紛亂矣。故堯舜皆以治厤為要務也。

肆類于上帝　至　羣神　祭者所以為報。教民歸厚。非後人神權迷信之說也。

輯五瑞至濬川　上古之君。雖有帝王之號。尚不脫酋長制度。未能統于一尊。（觀居方九頭等紀可見）故堯舜之世。漸用中央集權制度。巡狩所以集權也。巡狩所至。會諸侯于方岳。蓋名山大澤。不以封諸侯。是為天子之守。駐蹕必于天子之守。亦不以授諸侯也。十二州亦有所封之山。亦此意。

國之勢力。每隨路線遠近為消長。古人無鐵軌之便利。則舟楫亦天下之大利矣。故舜于巡狩之外。又以濬川合天下之勢力。（觀禹貢九州貢道可見）蓋羣不欲渙。渙則無以禦外侮而强國勢。故堯舜皆以此為競競。非囊括并吞。為一家計也。

象以典刑至咸服　為政之本。在乎獄市。法輕則易犯。網密則不堪。故必差之為九。以為相當之比。今歐西倡廢死刑之說。畸于輕。非制也。

贖刑即近代罰金之法。施之罪輕者。仁之至。義之盡也。

近世法家有可治犯人。不可治犯人之說。謂如竊盜無死罪。然屢犯不能再使之自新。即處以死刑。不為過。即所謂怙終賊刑也。（孔曰賊殺也）

詢于四岳至三苗　命官用人。為治天下之大本。用人既當。則天下不煩而理。上古之世。其事不必若後世之複雜。而關係民生日用。無古今之異。今觀舜所命之官。百揆總理萬幾。蓋以己所處之位令之。此為官天下時代非常之舉。其平水土。亦非後世尋常工程所能擬議。然即以所職觀之。如後世内務部。殖民部。統于此矣。后稷播百穀。是為農官。即今之農部也。（呂覽有后稷等篇蓋別有專家之學）司徒敷五教。是為教官。即今之教部也。（教以親遜為主古人之所以育民智民德者在此非若後世爭競之説也）士明五刑。是曰理官。即今之法部也。共工是為工官。即今鉄道電線製造等官是也。（形而上者謂之道形而下者謂之器後世道與器離至機械不修軌于殊俗蓋工之不講久矣）若草木上下鳥獸。是曰虞官。今各國森林畜牧水產等官是也。（今各官歐西皆歸農部不若唐虞專官為善）秩宗典三禮。是曰禮官。其掌祭祀鬼神教。蓋徵近古今歐洲之教部（近人以禮部為各國所無而欲裁并殊為不考）鄭曰三禮天事地事人事之禮也。王者通天地人。三禮王者之天職也。左氏曰。國之大事在祀與戎。唐虞之世。莫不賓服。故有刑官無兵官。惟以祀屬之禮官焉。出納王命為納言。即後世臺諫之官。所以通上下。決壅蔽。（在各國為樞密元老院裁判官之比）比九官者。教養之術。無不該備。惟其時無敵國外患。故無外部。水土未平。未有懋遷化居。故無商部。非有所詳略也。夫帝王之事。在乎得人。既得其人。則舉所職而付之。故史臣紀舜。于命官後。即無所紀。蓋皋陶契稷禹貢各篇所紀。皆所以紀舜矣。知此。則知舜典不亡。而補亡者誠為妄作也。孔子稱舜無為

經學講義

而治。信乎其無為矣。秦漢以下。子孫萬世之念既重。而猜防日積。以蕭曹諸公。且不敢盡力于民事。即有稷契。亦安得而用之。此治化所以日衰。君人者徒以天下為桎梏。而被袗游汾之樂。亦遂不可復見也。

彙纂曰。古之帝王。有治法。有道法。有心法。治法治歷平水巡方命官恤刑敷教諸政是也。道法。親睦平章明目達聰是也。惟心法。則欽之一字。可以聚眾德。貫治道。聖聖相傳。不越乎此。一篇之中。三致意焉。曾南豐云。為二典者。所記豈獨其迹也。并與其深微之意而傳之。蓋亦聖人之徒也。此豈後世之所及哉。

山東高等學堂

皋陶謨　自帝曰來禹以下梅氏古文分為益稷閻氏疏證曰皋陶謨益稷語勢相接首尾相應其為一篇即蔡氏猶知之但謂古者以篇簡重大故釐而二之則非通論自曰若稽古皋陶至欽哉凡九百六十九字比禹貢洪範字數皆少何彼二篇不憚其重大乎且益稷書序原名棄稷馬鄭王本皆然蓋別為逸書中多稷契之言是以揚子法言曰言合稷契之謂忠謨合皋陶之謂嘉當子雲時棄稷見存故云尒又蔡邕獨斷云漢明帝詔有司採尚書皋陶篇制冕旒今其制正在益稷內時梅本古文未出二篇猶合為一如此

曰若稽古至孔壬　段懋堂云帝堯曰放勳此本紀記事體之祖也皋陶曰云云記言之體也皆以曰若稽古先之夏史所作故皆云稽古也作偽大禹謨者不得其句讀開端便非體矣偽孔傳云人君當信蹈古人之德謀廣聰明以輔諧其政又曰慎修其身思為長久之道厚次敘九族則衆庶皆明其教而自勉勵翼戴上命

謹案君者群也為一群之表率故以蹈古德廣聰明先之而其身亦群之一分子也故必慎修思永家族者群之小部分也厚以敘之群乃固合無數小群為一大群而國家名焉雖然民不智不足以言羣也故必衆庶皆明其教有自治之能力有國家之思想而後大羣以成君之下有為羣之公僕者官也議院未立公舉之制未備則用人之權在君上用

得其當則民安否則民擾而羣渙矣此知人之哲堯舜禹所為兢兢也

亦行有九德至其凝　鄭云寬謂度量寬宏柔謂性行和柔擾謂事理擾順三者相類即洪範云柔克也愿謂容貌恭正亂謂剛柔治理直謂身行正直即洪範云正直也簡謂器量凝簡剛謂事理剛斷彊謂性行堅彊三者相類即洪範云剛克也

謹案今教育家之言造成人格者輒曰私德公德以九德言之自寬栗至直溫於私德為近簡而廉廉則不私剛而塞塞則能信彊而義義則急公皆公德之事也而九德中有其三則為卿大夫能敬行六德則為諸侯而又曰宣亮采推以及民當時之人格可見矣

無教逸欲至贊贊襄哉　王氏尚書引義曰國將興聽於人國將亡聽於神後儒之駮者援天以治人而褻天之明威以亂民之聰明亦異乎帝王之大法矣夫惇典庸禮命德討罪率其自然合於陰陽之軌撫於五辰之治則固天也雖然天已授之人矣則陰陽不任為法而五行不任為師也天之聰明則無極矣天之明威則無常矣從其無極而步趨之是夸父之逐日徒勞而速斃也從其無常而步趨之是刻舷之求劍惛不知其已移也故作麻以授時占星以興事藏水以調淒陰內火以消亢陽興政立教自盡人之顯道終不規規以求肖焉非然且假於天以熒其聰明而尸其明威智測力持取必不可知之象數以穿鑿易其方員使

貉身貿其裘葛也奚可哉春秋之記災異示人以畏天也呂不韋劉向之言象數矯天以制人也春秋謹天人之際洪範叙協居之倫皆聰明自民明威自民之謂也節原文

謹案古所謂天蓋謂順其自然之理而不假强爲如天命之謂性是也秩叙命討義亦宜然至聰明明畏似指主宰者言而仍于民求之則知緯書所傳五帝之名爲肊造而赫胥黎天行人事相反之說亦未爲確論也

帝曰來禹至昌言 釋文艱馬本作根根食謂根生之食鄭曰教民種菜蔬難厄之食懋遷書大傳作貿遷化古貨字劉申受云懋遷有無謂行貨爲商史記訓爲調有餘補不足化居謂居貨爲貫史記訓爲徙居

謹案此言水土既平民食未足宜講求商務也殖民之事中外所重禹之隨刊決濬即在國中其事至亟其勢至便非西人求諸他洲之比也艱鮮並奏猶屬權宜之計必待商貫既通烝民乃粒蓋艱與籽種非商無以通有無商之亟如此何論今日商戰之天下哉

禹曰都至曰俞 鄭曰安女之所止無妄動動則擾民陳氏櫟曰安汝止静也幾者動之微動者幾之著静而知幾以圖康又得直臣弼之則下應人心上當天心矣

謹案此大禹之心傳也尚書引義推演極精以文太長不備録大禹謨人心道心之語乃

襲用荀子所引之道經不若此數語之真確矣

帝曰臣作至罔功　鄭曰繪讀為繢謂畫也希讀為黹黹紩也謂刺也日也月也星也山也龍也華蟲也六者畫以作繢施于衣也宗彝也藻也火也粉米也黼也黻也六者紩以為繡施于裳也此十二章為五服天子備有焉公自山龍而下侯伯自華蟲而下子男自藻火而下卿大夫自粉米而下傳曰華蟲雉也粉若粟冰米若聚米黼如斧形黻為兩己相背

謹案此舜又明用人之事以申皋陶知人之義也翼為明聽責有專歸大臣之負責任可見侯明撻記書識去其不可用以專所用也用賢遠佞之慎如此而其道不外以言以功以庸故禹復進備其說焉今既以科舉為不足得人而學堂又未收成效破格以開奔競寵賂以彰官邪日進罔功夫復何疑

無若丹朱至惟明　劉申受集解云漢書劉向上奏臣聞帝舜戒伯禹無若丹朱敖論衡遣告篇用之又問孔篇尚書曰毋若丹朱敖惟慢遊是好謂帝舜勑禹毋私不肖子也重天命恐禹私其子故引丹朱以勑戒之禹曰禹娶若時辛壬癸甲開呱呱而泣予弗子陳已行事以往推來以見卜隱效已不敢私不肖子也蓋今文家說有帝曰禹曰者義為長

謹案梅本古文無帝曰禹四字概謂為禹戒舜之詞與今文家不合與史記古文亦不合

魏默深謂其以敖虐荒淫戒其君而以過門弗入荒度四海揚己之績非刻論也

夔曰至允諧　書經稗疏云自戛擊至允諧皆韶樂之譜也以詠即以下三者為詠也祖考來格如周頌之詠綏予孝子也虞賓在位如周頌之詠我客戾止也羣后德讓如周頌之詠式序在位也此皆升歌以配磬瑟之詩其詞不傳而大旨所詠不外此三者也鳥獸蹌蹌下管之所舞也鳳凰來儀韶第九成吹簫之所舞也百獸率舞庶尹允諧樂終擊磬之所舞也樂以昭德象功故夔或以歌詠之或以舞寫之猶大武之歌武賚桓而舞則北出滅商疆南國分周召復綴以崇也始乎人聲間以八音成以舞箾韶樂之美善雖不易知而大概盡於此矣節原文

謹案漢儒好瑞應之言宋儒樂道天人之際遂皆以格祖等事為樂之應船山之說極為平實以兩人事事求實驗言之正可以破亘古之迷信提要譏為附會無文義蓋攷據家墨守家法未敢出馬鄭之範圍也

帝庸作歌至欽哉　劉氏集解云敕以作歌句絕云目下文意以勅天二句非歌詞不用韻也臧文學鏞云勅與之韻天與命韻兩惟字為韻時與幾合韻孰謂詩歌之祖而不用韻乎

謹案稗疏謂前數語不用韻如後世樂府有豔有和有唱其說非是其謂夔以被之管絃

亦大韶升歌之遺音故繫之庶尹允諧之後則可從以其與上文義理一貫也

彙纂總論引薛氏瑄曰皋陶謨典禮刑賞四者萬世為治之大經不出於此先儒謂知人安民皋陶一篇之體要竊謂允迪厥德又知人安民之本源也蓋允迪厥德者實踐此德於身也至若知人智之事安民仁之事則皆此德之推行耳苟非此德實踐於身則私欲盛而天理微知人之智何自而明安民之仁何自而行哉

謹案皋陶執法之官也而其失謨廟堂自天討數語外皆關君德之大用人行政之要與近日憲政家所謂司法獨立者不侔其故何哉蓋立法行政司法三大權分立之說始於孟德斯鳩而為憲法各國之所遵用其組織之密制防之周實與其國政治上之歷史有種種相因之原若在吾 國帝世不惟慮不及此亦正無須乎此是以皋陶以司法而參與行政立法之權當時百僚師師百工惟時協恭和衷未聞有從旁竊議之者固不特禹拜而舜俞已也此可以觀世運之升降未可執一論也

禹貢　書序禹别九州。隨山濬川。任土作貢。胡氏曰。九州之末。皆言貢道。賦止甸服。貢盡九州。賦止中邦。貢兼四海。言賦不可以兼貢。言貢則可以兼言賦。史臣絜貢名篇。實有大一統（近人謂之中央集權）之義。

按禹貢為古今言地志者之宗。茲舉九州方輿。首九州分界。次九州貢道。又次導山。又次導水。證以今釋。俾其易了。其經生家繁引博辯。自有專書。但獵取綱要。歸諸檃括焉。

冀州界

西距河。與雍分界。（西河。自今塞外東受降城南（今蒙古名薩爾几村）折而東至山西大同府廢東勝州界。折而南。經平鹵衛。及太原府之河曲保德興縣、汾州之臨縣永甯甯鄉、石樓、平陽府之永和大甯吉州鄉甯、河津、榮河、臨晉、蒲州。是為西河）

南距河。與豫分界。（南距河、自蒲州過雷首山、折而東、經芮城平陸、垣曲、及河南懷慶府之濟源孟縣、温縣、武陟衛輝府之獲嘉新鄉、汲縣、是為南河）

東距河。與兗分界。（自定之五年河徙禹河故道堙廢。而冀兗之界難分、蓋禹故迹、東河自今濬縣（屬直隸大名府）湯陰、安陽、臨漳、（屬河南彰德府）成安、肥鄉、曲周、（屬直隸廣平府）平鄉、廣宗、鉅鹿、（屬順德府）南宫、新河、冀州、（屬真定府）束鹿、（屬保定府）深邑、衡水、武邑、武强、（屬真定府）阜城、獻縣、交河、滄州、青縣、靜海、天津、（屬河間府）與

兗分界）

北界與考。（約略言之、當在遼東陰山之地、即今之塞外山海關是也）以大遼河與青分界。

兗州界南據濟與青分界 （見青州）

東南據濟。與豫分界。（濟水入河、溢為滎、今河南開封府滎陽縣、出於陶丘、在今定陶縣、又東至菏澤、在今曹州東南及定陶縣界、兩經繫諸豫、故知二澤之間、為兗豫之界也）

西北距河。與冀分界。（自今河南衛輝府、胙城縣北、東至直隸大名府、濬縣大伾山西、折而北、經河南彰德府界中、又東北經直隸廣平順德真定河間四府界中、東入於海、此禹河故道冀兗分界處）

青州界 青之東北、跨渤海。由盛京直抵朝鮮。西抵大遼河。與冀分界。

青之東境。為登萊二府之地。斗入大海中。即今之煙台（海水自日照縣東與徐分界、北歷諸城縣東、折而東北、歷膠州、即墨、萊陽、棲霞、文登諸縣南、又東北出、西折、歷甯海州、及福山蓬萊二縣北、又西歷招遠、掖縣、昌邑、濰縣北、與兗分界）

青之南。與徐分界。（按齊長城橫絕泰山、綿千餘里、自平陰而東、歷肥城長清泰安萊蕪淄川沂水臨朐莒州、以訖於諸城、皆有故趾、此雖後人所築、然皆以因岡阜自然之勢、為之、禹時

青徐分界亦必以此）

青之西及北。以濟為界（水經注濟水自臨邑過平陰盧縣歷城臺縣梁鄒臨濟安平樂安利縣至琅槐入海以今輿地言之平陰長清齊河歷城界中之大清河及章邱鄒平長山新城高苑博興樂安界中之小清河即漢時濟水會汶入海之故道古青兖分界處）

徐州界

徐之東距海。（海自江南山陽縣東折而西北為淮水入海口其北岸則為安東縣自縣東而北歷海州東中有鬱林山又地歷贛榆縣東又東北歷山東日照縣又東北歷諸城縣東至琅琊臺

徐之北與青分界。（青之西南為東平其南為泰安東南為萊蕪新泰沂州莒州諸城皆以長城故趾與青分界）

徐之南與淮分界。（淮水自鳳陽府壽州界東流經懷遠五河泗州南又東北經淮安府清河縣南與黃河合（此指故黃河）又東經安東縣南而東北入於海中流與揚分界）

徐之西亦距濟（爾雅曰濟東曰徐州經西不言至者蒙兖濟河之文）

揚州界

揚之北距淮。（淮水自今河南汝甯府息縣南東流、經光山縣北、是為揚域、又東經光州北、又東
固始縣北、又東北經江南鳳陽潁州北、又東經霍丘縣北、潁上縣南、又東經壽州北、與豫分界、又
東北經五河縣東南、又東經泗州南、盱眙縣北、又東北經淮安府清河縣南、又東經山陽北、
入東經安東縣南、而東北注于海、與徐分界）
揚之東南距海。（海自山陽縣東北、折而東南、歷鹽城、興化、如皋縣東、又南、至通州東、為江水
入海之口、其南岸則太倉州也、自州東又東南、歷上海縣、金山衛東、又南、歷浙江鎮海、象山
縣、而西、歷甯海縣東、又西南、歷黃巖、太平、樂清、瑞安、平陽縣東、又南、歷福建福甯州東、又西
南、歷羅源、連江、長樂、福清縣東、又西南、歷莆田、惠安、同安縣南、又西南、歷海澄、漳浦、詔安縣、
東南、又西、歷廣東澄海縣南、又西至潮陽縣南、揚州之海、于斯而極）
揚以南界經無攷。（蓋自今江西、大庾嶺、東南羣山綿亘、以達於廣東潮州府揭陽縣）
揚以西界經亦無攷。（蓋自河南光山縣、與豫分界、其南為湖廣之羅田、蘄水、蘄州、廣濟、踰江
而南、則為江西之瑞昌、又西南為武甯之州、萬載、萍鄉、永新、永甯、又東南、為龍泉、崇義、大庾、
與荆分界）

荆州界

荆之南。越衡山之陽。及嶺而止（五嶺、一曰大庾嶺、屬揚、二曰騎田嶺、在郴州南、三曰都龐嶺、在衡州府藍山縣南、四曰萌諸嶺、在永州府江華縣南、五曰越城嶺、在桂林府興安縣北、嶺北一百三十里接寶慶府城步縣界止、）

荆之北。經無考。（以今攷之、荆自南漳縣之荆山、（山在縣西北八十里）其西為遠安興山、北與梁接界、荆山之西百餘里為景山、南漳以東為荆門、鍾祥、京山、及隨州之南境、廢光化縣地、又東為應山縣、又東為黄安縣、又東為與豫麻城縣接界）

荆之東界準揚。（約畧言之、蓋自麻城、黄岡、踰江而南、為武昌縣、又西南為通山、咸甯、崇陽、通城、又南、為瀏陽、醴陵、攸縣、茶陵、又東南、為興甯、桂東、桂陽、又西南、為宜章、皆與揚分界）

荆之西。經亦無考。（約略言之、自巴東踰江而南、為建始、施州、麻陽、沅州、又東南為黔陽、靖州、通道以訖于興安、與今貴州廣西接界）

豫州界。

豫之南與荆接界。（荆自南漳縣之荆山、西起保康、歴宜城、棗陽、及隨州之北境、故隨縣地、又東為信陽、羅山、皆與荆接界）

豫之北濱冀之南河。其西與華陰接。（由華山（即華陰郡山）而東、為閿鄉、靈寶、陝州、澠池、新安、洛陽、

孟津、鞏縣、汜水、河陰、滎陽、滎澤、又東北為陽武、延津、皆在南河之南、又東北、抵濬縣大伾山、冀兗豫三州之交也）

豫東接兗徐揚三州之界。（自封丘而東、為長垣、東明、又東、為考城、定陶、曹縣、城武、單縣、與兗接界、又南、為夏邑、永城、亳州、潁州、又東、為潁上、蒙城、皆在淮北、與徐接界、自潁州以西、為商城、息縣、真陽、踰淮而南、為信陽、與揚接界）

豫西自閿鄉以南為盧氏鄖縣、及鄖西之東境、故鄖縣地、與雍梁接界、

梁州界。

梁之東。（自洛南、商南以南、為鄖西之西境、故上津縣地、又南為房縣、）與豫接界。（又南為竹山縣、又南為巫山縣、）與荊接界。

梁之西距黑水。（黑水陳氏蘭甫曰、即今潞江是也、自潞江南行、歷今西藏、雲南、等處、與緬甸接壤、即所謂緣夷怒夷是也）

梁之南經無考。（以今考之、自宜賓以西、至會川諸州縣、凡在瀘水馬湖江之北者、皆梁域、宜賓以東、至巫山諸州縣、凡在大江之北者、皆梁域、梁左之南鄙、皆當以瀘水為界、所謂五月渡瀘是也即今安甯河、）

梁之北與雍接界(自洛南商州鎮安以西、為洋縣城固褒城、鳳縣、兩當、徽州、成縣、及唐宕疊二州之地、又西為西傾山、南唐松州徼外羈縻之地)

雍州界

西距黑水○(陳蘭浦曰、今潞江上源曰哈喇烏蘇、蒙古黑曰哈喇、水曰烏蘇、故云、源出額爾及根東流、至喀喇池、又東南入雲南界、經大理府、雲龍州西三崇(即三危山)與梁為界○(蔡傳所謂直出梁之西南也)、由緬甸入海○(按黑水各說不一、今據水道提綱、陳蘭浦漢書地理水道圖說、禹貢圖、近今歷代沿革圖、大清國圖、支那沿革圖、參互攷證、定為今說)、

東距西河與冀分界(自今榆林衛故勝州東北折而南且西經府谷神木又西南經葭州吳堡又南經綏德清澗延川延長又東南經宜川又南經韓城郃陽朝邑以至于華陰)與豫接界

南與梁分界○(自華陰、大華山、以西為華州、渭南、藍田鄠縣、盩厔、郿縣、寶雞、又西為鳳縣、又西為徽州、又西為成縣、又西為岷州衛、又西為洮州衛、有西傾山分界之處)

雍之北界經無考○(約略言之、自今塞外東受降城之西、與冀分界、又西四百里、為中受降城、又西四百餘里、為西受降城、三城之南、謂之北河、河之北有陰山、為華夷大限、又西為高闕

山、又西為河西四郡之北鄙、其北皆臨沙漠云）

以上九州分界。

杜氏佑曰。九州本制。起於顓頊。辨其疆界。始于禹貢。鄭氏樵曰。州縣之設。有時而更。山川之形。千古不易。所以禹貢分州。必以山川定其疆界。（按中國諸川黃流外他水亦有變易惟沿革尚約畧可考）茲依胡氏錐指。參以諸家之說。庶佚讀者于古今方輿之蹟。可以攷焉。

冀州貢道。（冀三面近河故入河即達帝都）

島夷。今吉林地。蘇氏曰。河自碣石山山南。渤河之北入海。自海入逆河而西。達帝都。夾、挾也、右顧碣石、如有肤腋、凡九州之末、皆言貢道、亦所以紀水之成功、如曰夾石碣石入于河、則破碣石納河流之事、隱然可見、下倣此）

兗州貢道。

濟水自渤海西行。漯即濟之枝流也。古漯濟通與由漯以達河。以今地考之。濬縣、滑縣、開州、清豐、（屬大名府）觀城、濮州、范縣、朝城、莘縣、堂邑、聊城、清平、博平（屬東昌府）禹城、臨邑、濟陽、章邱、鄒平、齊東、青城（屬濟南府）高苑。（屬青州府）皆古漯水所經地。宋時河決。東流斷絕。其瀆遂湮。

青州貢道。

汶河自萊蕪、歷泰安、肥城、甯陽至東平入濟由濟達漯至帝都（經不云達河者蒙兖之文曰達于濟則由漯入河可知下倣此）

徐州貢道。（達于河（河說文作菏工可反））

泗水上可以通菏。下可以通淮。以今輿地言之。泗水出泗水縣。歷曲阜、滋陽、濟甯、鄒縣、魚臺、滕縣、沛縣、徐州、邳州、宿遷、桃源、至清和縣入淮。由淮入泗。由泗入菏。由菏達濟。

揚州貢道。

自常熟縣北之大江順流而下。至大倉州北七鴉浦入海。而東北經通州東。又北經如臯、興化、鹽城、山陽縣東。而西入淮口。泝流而上。歷安東縣南。山陽縣北。又西至清河西南之清口。入泗。

荆州貢道。

自漢水浮至穀城縣東北。入均口。泝丹水而上。經淅川南陽内鄉。抵商州通源之處。越冢嶺而北。浮洛水。經盧氏、永甯、宜陽、洛陽、偃師。至鞏縣以達于南河。

豫州貢道。

豫東之水。禹時概未通河。宋許陳蔡之國。自南而北。非浮于汝潁不可。按水經云。汝水。出魯陽縣之大盂山。伊水。出河南盧氏縣東百里巒山。（一名悶頓嶺、）汝伊二源。相去甚近。其間必有可通之地。陸行若干里。浮伊入洛。度亦不多。不書通者。小小絕水處。略而不書也。

梁州貢道。

自嘉陵江至廣元縣北。龍門第三洞口。舍舟從陸。越岡巒而北。至第一洞口。出谷乘舟。至沔縣南。經所謂浮潛逾沔也。自沔入南鄭縣界。抵褒城。東歷褒水斜水。至郿縣東北。入渭沿流而東。歷武功、興平、盩厔、鄠縣、咸陽、長安、高陵、咸甯、臨潼、渭南、華州、朝邑。至華陰縣之渭口。絕河流而東。抵蒲州。經所謂入渭亂河也。自蒲州並東岸而行。至滎河縣北。泝汾水而上。歷河津、稷山、絳州、太平、襄陵。至臨汾縣。是為平陽。堯之所都。此梁州及西傾之貢道也。

雍州貢道。

自大積石山（大積石山、在唐吐谷渾界、今甘肅青海等處、張守節謂自鹽澤潛行、鹽澤、疑即今鹽池、近人指蘭州府（亦屬甘肅）河州北一百二十里之積石山、非也、此名小積石）東北。逕陝西西甯衛西南塞外。至河州西七十里入塞。又東北逕州北。合灕水。又東北合洮水。又東北逕蘭州西南湟水。合浩亹水自西來注之。又東北逕州北。又東北逕金縣北。又東北逕靖遠衛北。又東北逕甯夏中衛南。又東北逕靈州所北。折而北。逕甯夏衛東南。又北逕平羅所東。又北逕榆林衛西。出塞。逕廢豐州西。折而東。逕三受降城南。折而南。逕廢勝州東。入塞。又南逕府谷縣東。迆西逕神木縣南。又南逕葭州東。又南逕吳堡縣東。又南逕綏德州東。又南逕清澗縣東。又南逕延川縣東。又南逕延長縣東。又南逕宜川縣東。又南至韓城縣東北。至龍門山。又東至西河（龍門山在河東之西。故曰西河）渭（在今渭源東）汭（在今華亭縣東）東行達河。

以上九州貢道。

謹按上古之世。錢幣之制。未能通行。故王者所需。皆令四方輸其土出之物。運于帝都。以資邦國之用。誠不得已也。後世錢幣之法既興。而猶以任土作貢著之令甲。以致薄物細故。煩及閭閻。甚且貢使所至。騷擾關津。爲疲憊夫役。弊且有不可勝言者。此亦法古而不得其當者也。

導

岍及岐至入于海

（導釋文音道循行之謂即篇首予乘四載隨山刊木之事）岍山。今爲鳳翔府隴州南三里有汧縣故城。岍岐荊并在河西渭北。禹首導此三山。逾河以抵壺口（在今山西平陽府吉州西南七十里）雷首（雷首今山西蒲州南）復舍東而北。抵太岳（一名霍太山在今山西平陽府霍州東三十里）復折而南至底柱（今河南府陝州東四十里大河中直立如柱）東至析城（今山西澤州陽城縣西南七十里）至于王屋（今河南懷慶府濟源縣西北九十里)復東過太行。(起河南濟源縣迤西東北跨山西河南直隸界)至碣石。(在今直隸昌黎縣東。爲海水蕩沒不可睹)入海。此北北條大河北境之山也。蔡說

西傾至陪尾。　西傾(今陝西洮州衛西南四百里。西戎貢道所由。故禹特往治之)東行。至鳥鼠(胡氏曰。疑古經元作鳥鼠朱圉。不然。豈有禹先抵朱圉。復西行至鳥鼠。又復回東南行至太行。謹按胡說是也。今從之)鳥鼠(今甘肅蘭州府渭源縣西七十六里)朱圉(今鞏昌府伏羌縣西南三十里)再東至太華。(今西安府華陰縣)(經凡言至于者以其相距太遠故下做此)熊耳(今河南盧氏縣西南七十里)外方。(今中嶽嵩山在河南府登封縣北十里)復南行至桐柏。(今河南南陽府桐柏縣東一里)折而東。北至陪尾。(今山東兗州府泗水縣東五十里。孔傳以陪尾爲橫尾山即今德安府安陸縣北橫山實非也)入海。此北北條大河南境之山也。(西傾不言導者皆北條山累上導汧文下做此)

導嶓冢至大別。　嶓冢(此山有二。一在陝西漢中府甯羌州北九十里。東漢水所出。一在鞏昌府秦州西南六十里。西漢水所出)東行至荊山。(在今湖廣襄陽府南漳縣西北八十里)折而南。至於內方。(在今湖廣安陸府鍾祥縣西)復東行至於大別。(一名魯山在今湖廣漢陽府漢陽縣東北半里)入江。此南條江漢北境之山也。

岷山至淺原。　岷山(今甘肅鞏昌府岷州衛以西直跨至四川成都之西境導江處則在今松

嶓衡北西蕃界之湞架嶺）東行至衡山。過九江。（衡山今在衡州府南嶽也九江朱子考定為洞庭今在湖廣岳州府巴陵縣西南北接華容安鄉二縣西南接常德府龍陽縣東南接長沙府湘陰縣界為湖南衆水之會）至於敷淺原。（胡氏曰漢志傅易山傅讀曰敷今注作罷以道云饒州鄱陽界中有歷陵故縣及傅陽山其說近是禹導山至此為潛彭蠡計也博易山今為九江府德安縣一云傅淺原在今和州六合之間）此南條江漢南境之山也。

以上導山。

任鈞臺曰。水之源未有不出于山。水之勢未有不因于山。故欲濬川。必先導山以審其源委。而後可以施功也。

林之奇曰。禹治水本導川澤之流。而歸之於海。乃先以隨山者。蓋洪水為害。凡故川舊瀆。皆為水所侵滅。不復可見。將施功無所措也。故以山不為水所墊沒者以為表識。自西決之。使歸於東。水既順流而下。漸入于海。則川瀆故迹稍可求。蓋先隨山而後濬川。此禹治水之次序也。

導弱水至流沙。弱水（今陝西山刪漢作丹衛城西有山丹河即古弱水）西行至合黎。（今陝西甘州衛西北四十里一名要塗山）餘波入流沙。（偽孔傳云弱水餘波西溢入流沙不言正流所在胡氏曰弱水西行入流沙謂之餘波蓋時遇衍溢則分泄于流沙不常入也其正流自合黎山峡口東北入居延澤故云餘波近世以居延澤即流沙非也（水滲沙中無迹可尋）流沙（今陝西嘉峪關外索科鄂模以北東至賀蘭山西至廢沙州界）

導黑水至南海　說見上雍州

導河積石至入于海　積石東北行至于受降城。折而南。至于龍門。（均見上雍州貢道）復南至于華陰。（太華之陰故曰華陰）東行至于底柱。（底柱見導山）再東至于孟津。（在河南懷慶府孟縣南十八里）東過洛汭。（洛水見豫州貢道程大昌曰汭之為言内在洛水之内蔡氏曰河自西而東過之故曰東過）折而北。至于大伾。（一名黎山見豫州界）又北過洚水。（今真定府冀州）大陸。（在絳水西今順德真定二府之間）再北播為九河。同為逆河。（逆河在九河下流在今天津等處）入于海（即今渤海）

謹按黃河源以今地圖考之。在青海馬楚河上源。（有烏楚河非是。）即黃河源也。特禹施功自積石始。故以自積石言之。河道自龍門下流。古今屢遷為害。綜其大者。凡有六變。禹疏二渠。自黎陽（今大名府濬縣西）一北流為大河。其末分為九派。一東流為漯水入海。周定王五年。北派東決入于漯。又分而東北。流至東光（今河間府景州）合于漳水。入于禹故道。（自禹時至此凡千百六十餘歲）是為一變。王莽建國三年。決于魏郡。東汎合漯水。又分至千乘。（今濟南府蒲台縣）入海。莽不堤塞。後漢明帝永平十三年。命王景築堤治之。于是北瀆遂空。（自周定王五年六百七十二歲）至此是為二變。後漢以後。河道概由東派。宋仁宗慶歷八年。決于澶州商胡。北流自魏州北歷恩冀。合漳水至至清州（今河閒府地）入海。漢唐之河亦廢。（自永平十三年九百七十七歲）至此是為三變。嘉祐五年。又決於魏州。東流至德滄入海。於是河道為二股。（神宗熙寧二年。導東流而北流閉。元豐四年。復北流。宋紹聖初。又復閉。）哲宗元符二年。東流斷絕。河竟北流。紹熙五年。決於陽武。（今開封府屬）灌於封丘。（同上）東流至梁山濼。（今山東省東平州）分為二派。北派東流由濟水故道入於海。南派併泗水淮水注於海。至此而禹跡蕩然無存。（自慶歷八年百四十六歲）至此是為四變。元世祖至元廿三年。決于武陟。（今懷慶府）東南流經開封、歸德、徐州、北合泗水入于淮。（自明昌五年至此九十六歲。明昌以後。河水大半入淮。而北派猶未絕。建至元廿六年。會通河成。北派漸微。明弘治中。劉大夏築太行堤。而北派遂絕。河水概由淮。）是為五變至國朝道光中。又大潰北流。遂為今河道。是為六變。其間小小更變。無代無之。識古今之通患也。潘尚書季馴論治河之要曰。河之性。宜合不宜分。宜急不宜緩。合則流急。急則蕩滌而河深。分則流緩。緩則停滯而沙淤。此以隄束水。借水攻沙。實以水治水之良法也。按潘氏之言。今治河者宗之。故並載于篇。以備學者觀焉。

嶓冢至入于海、 嶓冢。（見導山）導漾南行。漾水出今陝西漢中府寧羌州北。折而東行為漢。漾水東至漢中府南鄭縣為漢。又東行為滄浪之水。今湖廣襄陽府均州北四十里。折而東南過三澨。胡氏曰、三澨當在淯水入漢處。一在襄城北、即大堤。一在樊城南、一在三洲以東。皆襄陽縣地。蔡傳以三澨為水名、非也。再西行。至大別。見導山。復東行匯為彭蠡。今江西南昌府城東北一百五十里。朱子曰、彭蠡之為澤、實在大江之南、然以地勢高而南下、故其入于江也、反為江水所逼而不得遂、因却而自瀦、以為是瀰漫數十百里之大澤。又東為北江。黃氏曰、漢水源遠流大、可並于江、兩相匹配、與他小水入大水之例不同、故漢得分江之名為北江。顧炎武曰、北江、楊子江也、中江、吳淞江也、即今之蕪湖。南江、錢塘江也、入于海。

岷山導江至入于海。岷山見導山。導江南行。東別為沱。沱水貫梁荊二州、江水自四川松潘衛徼外岷山、逕瀘州合沱湔雒諸水、是為今郫江是也。曲折而至建始縣、在夔州府北。別為荊州之沱、古夷水是也。再東行至于澧。今湖廣永定衛西歷山、至岳州府安鄉縣南、會赤沙河、入洞庭湖。過九江。九江見荊州。東北行東陵。今湖廣岳州府城是其遺址。東迤北。今當塗縣等處。會于匯。瀦于震澤、與上匯義同。孔傳、匯、迴也。東為中江。介乎二江之中、故曰中江也。入于海。

導沇水至入于海。沇水東行過濟。沇濟水上源、濟見兗州貢道。入河。復旁溢出河之南。入滎澤。今河南開封府滎陽縣南三里古城村。吳氏曰、溢者、伏地潛行、絕河而南、如井泉自中滿惟禹知其自濟來也。伏而東行。出于陶丘北。(陶丘見兗州界、胡氏曰、溢者自中而滿、無上源亦無下流、與今阿井相似、出者、自下而涌、源在地中、流在地上、如趵突泉流為濼水)相似。至于菏。(見豫州)復折行東北。至于汶。(見青州)又北行。折而東。入于海。

導淮至入于海　淮水發源桐柏。(今河南南陽府桐柏縣桐柏山、山下有淮井、泉源所出)東行會沂水(今山東青州府沂水縣西北一百七十里)泗水(今兗州府泗水縣)入海。(凡言會者、與之同行也)

導渭至入河、　渭水(今陝西臨洮州渭縣西)自鳥鼠同穴(見導山、釋鳥云、鳥為鵌、鼠為鼵、元和郡縣志云、同穴鳥如家雀、小青、其鼠如家鼠、小黃、張子韶云、余嘗詢隴中、曰各為雌雄、見禹貢錐指引、胡氏曰、此于經本非切要、然說者謂鳥鼠同穴為二山、此說蔡有害于經、不可不辨)東會于灃。復東行會于涇。(見雍州)又東過漆沮。(漆水今陝西西安府同官縣東北、沮水出延安府入黃河。

導洛至入河　洛水(出陝西西安府商州西)自熊耳山(今在盧氏縣西南五十里)。折而東北。過澗瀍。(澗水、今河南府澠池縣、瀍水、今河南府洛陽縣)又東北逕伊水。(見豫州貢道)入黃河。

以上導水

王氏炎曰。凡導川皆決而委之于海。天下之水在北。莫大于河。在南莫大于江漢。故先言導河而漢次之。江又次之。淮濟亦四瀆。先言濟而淮次之。皆自北而南也。四瀆之西有渭。東有洛。亦大川。故以是終焉。

陳氏大猷曰。聖人政事所治。詳內略外。不求書于四海。而道德所化。則無內外之限。而必極于四海。自禹敷土下。概舉治水規言之。自冀州而下。以帝都為主。自東而西。區別九州之疆域言之。自導汧而下。則自西而東。貫串九州之山水言之。自九州攸同而下。則總合九州成績言之。自五百甸服而下。則以成五服自內及外言之。自東漸而下。則遠舉四極言之。以至告成功言焉。經緯錯綜。法度森嚴。非聖經不及此。

謹按科學至近世始明。然攷之禹所述。曰白壤、塗泥、青黎、墳壚、赤埴墳、黑壤、黃壤。土化學也。纖組、砮纖、文絺、錯紵、丹服、玄纖、縞纖、貝（今木棉）纊、篠、礪、砥、織皮。工藝學也。枲、菁茅、筱簜、包、夭、喬、繇、條。植物學也。松、漆、橘、柚、杶、幹、栝、柏。森林學也。絲、枲。檿桑學也。魚、蠙、珠、璣、大龜。漁業學也。金三品、鐵、鏤（即鋼也）、丹、鉛、球、琳、琅、玕、鹽。礦物學也。兼化學製造學也。孤桐、浮磬、簜、璆、磬。音樂學也。齒革、羽毛、狐狸、熊羆、皮服、夏翟。動物學也。丹（任釣臺曰。丹供繪畫）。圖畫醫藥學也。舉凡後世科學諸大端。皆于此書發其端倪。豈非多識博物之淵萃哉。

甘誓　孫云墨子明鬼篇莊子人間世。皆以為禹。説苑所本也。惟淮南子齊俗訓云。昔有扈氏為義而亡。高誘注。有扈夏啟之庶兄也。以堯舜舉賢。禹獨與子。故伐啟。啟亡之。與書序夏本紀合。

威侮五行怠棄三正　鄭曰。五行四時盛德所行之政也。三正天地人之正道。馬曰。三正建子建丑建寅。三正也。尚書引義曰。五行者天以其化養民。民以其神為性者也。是故濬川以流惡。政火以養正。拔木以昌民氣。藏金以戢民心。平土以安民志。不使不足也。楞儥以吝於用。尤不使有餘也。淫泆以蕩其情。弗慎其節宣。而俾愚詆之自登自耗也。則威侮甚矣。三正者天所示人以氣至而主其感者也。是故以天統事天而迎其陽。以地統事地而敦其質。以人統治人而興其用。占星以修祀。知神之格以精之至也。候氣以吹律。知和之至以風之應也。序辰以課耕斂。知生成以時而協也。順節以詰兵刑。知明威以度而行也。弗謹其候。而任情之動以作輟也。則怠棄多矣。

用命賞于祖不用命戮于社　傳曰。天子親征必載遷廟之祖主行。有功則賞祖主前。示不專。又載社主謂之社事。奔北則戮之社主前。社主陰。陰主殺也。

謹按古人之論立君。有二義焉。天下為家。小康之義也。天下為公。大同之義也。近人謂小康世當重君主。大同世當用民主。小康世民德未純一。民智未大開。所舉未必得人。大同世民德既一。民志盡開。自當聽民公舉。其說蓋本于禮運。竊以為未盡然。夫舜禹受禪。朝覲訟獄謳歌者皆歸之。宜即歐西民主之權輿。而大同之治之創見也。顧何以再傳及禹。反從小康之狹義乎。豈民知既開而復窒。民德既純而復漓歟。抑神禹果有私意于其間。如萬章之所謂德衰而有啓之所為不服歟。孟子曰。天與賢則與賢。天與子則與子。天下諸侯朝覲訟獄者。不之益而之啓。曰吾君之子也。謳歌者不謳歌益而謳歌啓。曰吾君之子也。韓昌黎曰。天之生大聖也不數。其生大惡也亦不數。傳諸人。得大聖而後人莫敢爭。傳諸子。得大惡然後人受其亂。與其傳不得聖人。而爭且亂。孰若傳諸子。雖不得賢。猶可守法。魏默深曰。有扈但見唐虞官天下。禪賢不傳子。欲責夏以不師唐虞。不知黃帝傳十三百年。子孫十四世。顓頊五百年。傳九世。少昊四百年。傳八世。帝嚳三百五十年。傳十世。自古繼統者。皆有家而無官。安得少見多怪。妄思角立。且有扈自恃禹庶子。以爭兄國。豈啓不當王。而庶子當王乎。此誓與周公征管蔡。同為名正言順。是三說者。孟子揆其理。魏氏道其常。而韓子則尤能見其深而得其實也。且夫禪讓盛事也。而莽操師祏因之以為利。民主美名也。而法之拿坡崙。以好戰毒其民。而身隨以亡。美之林肯嘉飛。以賢主而被弑。而南北美之亂尤劇。由是觀之。傳賢之效亦可覩已。聖人知舜禹不常有。而後世將有莽操師裕其人者。又知後世必有拿拔崙林肯嘉飛之禍。故務求其實濟。而不為過高難行之論。傳子者聖人之中制也。行之萬世而無弊者也。孔子於書錄甘誓。其為世慮至深遠矣。天下固有陳義甚高。稱名甚美。而行之無裨於實際。適滋將來無窮之流弊者。非夫聖人其孰能以中道預為之防哉。

湯誓　蔡傳。夏桀暴虐。湯往征之。亳眾憚於征役。故湯諭以弔伐之意。蓋師興之時。而誓于亳都者也。

王曰至殛之　蔡傳。王曰者。史臣追述之稱也。以人事言之。則臣伐君。可謂亂矣。以天命言之。則所謂天吏。非稱亂也。

謹案。偽孔謂湯稱王。則比桀於一夫。孫云改號在伐桀前。是桀尚在而湯已稱王矣。其說不可從。

今爾至不敢不正　蔡傳。亳邑之民。安于湯之德政。桀之虐焰所不及。故不知夏氏之罪。而憚伐桀之勞。反謂舍我刈穫之事。而斷正有夏。湯言我畏上帝。不敢不往正其罪也。

謹案。湯欲伐桀而民以為不恤我眾。盤庚欲遷殷而民不適有居。小民可與樂成。難與慮

始類若此

今汝 至 必往　偽孔云桀君臣相率為勞役之事。以絕衆力。謂廢農功。相率割剝夏之邑居。謂征賦重。衆下相率為怠惰。不與上和合。比桀于日曰。是日何時喪。我與汝俱亡。欲殺身以喪桀

謹案鄭康成謂桀自比于日以脅恐下民。其義本于大傳。盖今文家說。

爾尚輔予 至 罔有攸赦　鄭曰大罪不止其身。又孥戮其子孫。周禮云其奴男子入于罪隸。女子入于舂藁。傳云古之用刑。父子兄弟罪不相及。今云孥戮。權以脅之使勿犯。

謹案甘誓亦有孥戮之語。林氏之奇引賈季戮史駢事。謂但加恥辱。非殺之也。其說近是。然軍法固重於常刑。而盤庚亦有劓殄無遺育之誥。末孫桀紂。乃竟用為常刑。文武行寬大之政。罪人不孥。故牧誓惟云爾躬有戮。至暴秦又加厲焉。漢文帝始除收帑連坐之法。王莽篡漢。乃曰秦置奴婢之市。與牛馬同闌。所以不旋踵而族滅也。

總論林之奇曰。終篇必誘之以大賚。憚之以孥戮者。此誓師之常理也。易曰師出以律。否臧凶。盖師之紀律。必明于始出之時。始出而紀律不明。雖師有名。亦危道也。湯之興師。雖曰伐夏救民。安能廢師律乎。

盤庚　鄭曰。自祖乙居耿。奢侈逾禮。土地迫近。山川嘗圮焉。五世至盤庚。以邑居墊隘。水泉瀉鹵。不可行政。故徙都殷。（參用王肅說。耿在河北。殷在河南偃師。或以為即亳。非是。）

謹按宅京既久。民俗必侈。民德必漓。班氏所謂都人士女。殊異乎五方是也。盤庚之遷。固以河患。然亦以奢侈逾禮不可行政故也。左氏有言。國饒則民驕佚。近寶公室乃貧。（瀉鹵即所謂近鹽）又曰。民勞則善心生。又曰。瘠土之民。莫不嚮義。此中消息甚微。殆未可與崇本抑末之陳言。同類而共笑之也。

無或敢伏　至于庭

壅蔽之為害甚矣。壅蔽之甚。其上將為聾為瞶。為木偶。為臨于民賊而不自知。為流為獨夫而莫之或恤。嗚呼。君門九重。虎豹天關。所以馴至者至遠也。吾聞近世政治家言。立憲者無他。有議院為之機關。以達此國民衆治之力而已。世家大族。總于貨寶。為之地者。左右之聽熒耳。人得以自致其情。而上乃緣其情而先為之所。此立憲真精神所注。而古者君民上下。若指臂之相使。不待心計而動于不自知者也。蘇氏曰。使賤吏不知朝廷之尊。小民不識官府之難。而天下治。噫盡之矣。雖然。吾觀世人君遭時多故。亦嘗詔其父老。諮詢疾苦。此誠清問之盛心。依風之極軌也。而當時所陳。不外感激國恩。具道天子明聖而已。蓋爾時承詔官吏。早諭教之。俾無失瞻對之體云爾。唯阿之風。釀為積俗。雖以一時破格。

欲撤其藩而除其習。尚有不能遽致者。況夫前歌後舞之世。巍巍者固不聞聲也。勤民以實不以文若盤庚之用心。何立憲改制之紛紛者為乎。

圖任舊人共政　人惟求舊　汝無侮老成人　遷都之舉。改革之舉也。宜與維新者謀之。而盤庚乃獨惓惓于老成何也。蓋朝廷將有所為。則必有工揣摩。急奔競之才。以乘人而鬥其捷。人主溫溫欲試。而是人乃相與操切贊助之。于是天下遂長此騷然而不可止矣。夫此揣摩奔競者。豈嘗審于終始而後立中哉。亦藉此改革之名。以達其欲望之的而已。欲望既饜。而所改革者。亦遂漸然而不知所往。或因緣為奸利焉。章惇呂惠卿之徒。其尤著也。平其情。遂其志。抑其暴動之氣以蒞之。即故家大族。且將革面洗心而就其範。亦奚俟躁進者之喋喋哉。

失于政　至佛祥　太史公曰。商道尚敬。敬之敝。小人以鬼。盤庚賢君也。遷都誥衆。國將承其敝俗乎。曰。非也。人道尊祖。尊祖故敬宗。敬宗故收族。宗族之道立。而國家之基定矣。夫先生設敎。因其俗之善而導之。事死如事生。事亡如事存。孝之至也。仁孝之至德。達乎天下。則分定而渙萃。分定渙萃。而後大號行。王居正若。夫誣其祖而死其親。微論本實先撥之非。即反之人心而亦無悛耳。

今于其數至衆志　君子信而後勞其民。未信則以爲厲己也。遷都大事也。或有以興。或有以亡。民不悅而猶爲之。誠非得已。然其事亦不易矣。故近世諸國。於非常之舉。必重演說。所以使民共信之。盤庚演說之書也。動之以安危。申之以神鬼。决之以卜筮。結之以腹心。懋遷大命。卒成中興。豈偶然哉。

朕不肩好貨至一心　自古人君之失其位。未有不始于肩好貨者也。人臣之失其身。未有不始于總貨寶者也。太史公曰。子罕言利。訪其源也。故曰。放于利而行多怨。自天子以至庶人。好利之弊。何以異哉。世俗之見。輒謂濟變之日。先才而後守。此亡國之言也。天下真才望。必出于天下真操守。（劉蕺山語）操守不謹。才望適以濟惡矣。盧杞裴延齡。何嘗無過人之才。乃人主任之。適以召亂。夫國家阽危。人臣毀家之日也。而冐利之心。且以日亟。彼固謂世無可爲。無寧蘊利以自封耳。志士仁人。大聲疾呼以怵之。不知反以速其茍且貪冐。而莫之救。卒之棟折榱崩。僑將厭焉。惟昏以沉而已。其庸有幸與。

蔡氏曰。耿地瀉鹵墊隘。而有沃饒之利。故小民苦于蕩析離居。而巨室總于貨寶。

謹按。此兼并之害。近於美之托辣斯。其利害之故。近人言之詳矣。竊以一統之世。重本抑末。列强之世。通商惠工。勢有必至。非可强同。然兼并之極。實兆厚亡。芸芸每生。必不能槁項以聽一二公司制其死命也。同盟罷工之已事可覩矣。生生自庸。必歸之無總貨寳。天地大利而欲專之。未見有不敗者也。

蔣氏曰。上篇大意。皆責在位之人。中篇臨行告諭。惟慮中塗冦盜竊發。故特嚴刑以禁之。下篇上下莫居。勞事已過。故統諭之。皆撫綏之意。呂氏曰。於色容處。看其德量。于委曲處。看其忠意。于規畫纖悉處。看其措置。

姚氏曰。小民難與慮始。雖其地為甯宇。而民不知其善且利。是以衆咸慼矣。然終商之世。不復有再遷之事。則盤庚為謀之臧。且逾于先王矣。

高宗肜日　爾雅釋文祭也。周曰繹。商曰肜。祭傳高宗肜祭有雊雉之異。祖已訓王。史氏以為
篇。亦訓體也。不言訓者。以既有高宗之訓。故只以篇首四字為題。
謹案書序以為高宗祭成湯。金氏履祥鄒氏季友以為祖庚繹于高宗之廟。然序於經文
豐昵不合。金氏鄒氏之說亦無確證。今從高宗肜祭禰廟者義為長。
越有雊雉　越于也。史記曰。有飛雉登鼎耳而呴。劉歆以為羽蟲之孼。鼎宗廟之器。主器奉宗
廟者長子也。野鳥自外來入為宗廟器主。是繼嗣將易也。
惟天監下民典厥義　劉氏集解云。天尊而不親。故主義。穀梁子以文公先禰後祖為無天。言
君子不以親親害尊尊。春秋之義也。
降年有永 至 其如台　孫云自陽甲以來。兄弟相及。皆不永年。此不敢斥言王故泛推天命人
事也。祖已以為天命雖有修短之殊。既付于我 孚孔光作付漢石經同 當修德以待之。先王兄弟相及。
多不永年。有不修德者。亦有修德者。未可以不永年謂其失德。缺其常祀。
王司敬民 至 無豐于昵　昵本作尼。為禰之假借。馬曰昵考也。謂禰廟也。劉氏集解云。殷自成
湯至帝辛。凡七十世。若數兄弟為後者。凡三十王。推何劭公說毀廟之義。兄弟同為昭穆。殷
高宗時四親廟。祖乙為昭。祖辛沃甲同為穆。祖丁南庚又同為昭。俱一廟二室。陽甲盤庚小

辛小乙又同為穆。一廟四室。詩殷武箋云。高宗之前有廢政教不修寢廟者。高宗復成湯之道。故新路寢焉。孫觀察以高宗繼父小乙。愍良于喪。其于父廟祀必獨豐。而世父之廟不序。既感祖己之言。乃修寢廟。經云罔非天允。言嘗為天子者。廟號祀典。皆有常法。王為下土之式。先害尊尊之義。則民將安傚哉。

謹案商之傳世。兄終弟及。以次傳嫡長者之子。成湯之家法也。（外丙仲壬當從史記立二年四年之說）陽甲循其道而傳弟盤庚小辛小乙。小乙不以傳陽甲盤庚小辛之子。而傳其子武丁。小乙之私也。小乙私而陽甲盤庚小辛正。是高宗之天下。非受之小乙。而受之陽甲盤庚小辛矣。受陽甲盤庚小辛之祚。豐小乙之祀。廢大宗以厚其昵。蔑成湯。背諸父。而彰小乙之慝。其失多矣。祖己訓之于王。聖人著之于經。其禮正。其義精。萬世不可易也。使漢之君臣知此。則濮安懿王不至以則悼園定陶。不至立廟京師。叢兩統二父之謗矣。使宋之君臣知此。則興獻王不至稱宗祔廟。成張桂逆祀崇奉之過。啓呂範歐陽之爭矣。使明之君臣知此。則興獻王不至稱宗祔廟。成張桂逆祀空朝逐戮之禍矣。經義不明。諂臣媢子。乃得巧附異說以售其姦。而陷其主於不義。非細故也。

西伯戡黎　傳曰。黎近王圻之諸侯。在上黨北。疏曰。在朝歌之西。地理今釋曰。今山西潞安府黎城平順二縣地。

謹按太史公曰虞芮質成之明年。伐犬戎。又明年。伐密須。又明年。敗耆國（大傳以戡黎在羑里前今從史）審其用兵之跡。蓋自今陝甘而南。迄乎山西。駸駸乎距紂都五百里而近矣。而顧瞻殷廷。方且偃然於酒池肉林之間。其視諸國之存亡。不啻鷦雀蚊虻之過乎前也。而周之於商。固已拊其背。斷其臂。扼其吭矣。夫戎狄相攻。亡中國之本（船山語）周自太王以來。轉徙戎狄之間。日積月累。浸以滋大。至是而服殷之藩屬。夫藩者。國之保障也。夷其藩而不知。則其去亡也不遠矣。不亦哀哉。祖伊諸人。痛哭流涕而道之。紂與崇虎。規填風簫而憖之。是必處其旁者。皆文王之至德而可耳。不然。孟津之役。奚俟之十有三年哉。攻取之迹。亦欲以詳所略而略所詳。以徵往事。明監戒焉。

西伯既戡黎　至于王　蔡傳。祖伊。祖己之後。

謹按。祖伊。殷世臣也。祖父以來。同國休戚久矣。一聞戡黎之警。即自邑入告史記為奔則爾時倉皇迫切之情。可以想見。積薪厝火。焚巢剝膚。殆未喻其憂危也。宗臣世族。驚心危涕。千載而下。讀之有餘慟焉。

天子至率典　春秋之義。天子受命於天。天子不能受天之命。則廢而稱公此監督人君之古義也。祖伊反覆數十言。於天人相與之際。至深切矣。淫昏之主。俯仰上下。無一足動其心者。或有赫之明旦鑒觀。庶以動其敬畏。此宗臣納約之苦心。而紂顧亦以天命應之。是豈進言者所及料耶。

今我民至如台　觀此則殷民之離心不待倒戈之日矣國家政法。叢脞。朘削。漁獵。剝及膚髓。平時睊睊狠顧。莫敢誰何。一聞外警。則相視投袂。若惟恐亂之不速者。古所以有賊梳官篦之諺也。況更以周之仁義臨之者耶。

王曰嗚呼至在天　太誓曰。天視自我民視。天聽自我民聽。又曰民之所欲天必從之然則天也者。民之代名耳。古人以民之代名寄於天。蓋顯以示天秩之經。而陰以申民權之重。不待子輿氏。出而民貴君輕之旨已寓於深察名號（見繁露）中矣。而紂乃以蒼蒼者當之。是不索之昭昭。而轉求之冥冥也。史稱紂智足拒諫。言足飾非。然則我生云云。蓋亦窮於詞而姑託於鬼中殤宮（見楚語）之荒誕耳。鹿臺一炬。雖曰天命。豈非人事哉。

謹按祖伊閧警入告。而造膝所陳。不過反復乎天命人心。虞性率典。絕無一語籌及禦周之策。蓋君不行道不志於仁而徒欲為延數年之命是殃民也。祖伊者其忠不可及其公尤不可及。亦聖賢之徒矣。此豈三代以下諫臣策士所可及哉

微子　書序。殷既錯天命。微子作誥。父師少師。　曰。父師者。三公也。時箕子為之。少師者太師之孤卿也時比干為之。微與箕俱在畿內。

殷罔不小大　至　姦宄　從古未有以竊為好者。殷俗雖漓。固武丁以來。流風餘韵所存。小大好草竊姦宄。雖五季之亂。不至此矣。不知所謂竊者。非盜竊之謂。（下文攘竊乃謂盜竊）凡不稱而得者之統名也名不稱實。是為竊名。位不稱才。是為竊位。職不稱事是為竊職故竊之云者衰世苞苴竿牘之恒情。當之者亦坦然不以自愧。而不知萬事俱從姦宄俱作。罔不由之。此衰世之所同。而其患越數千年而猶識者矣。明之末造可鑑也。

卿士師師非度　法之隳也。蓋必自上者始矣上者法所自出也。出而隳之。於細民何責焉。晉文正讀孟子。謂上無道揆。下無法守。更事既多。乃見深切。嗟乎何所言之沉摯也夫外憂內患。建言者。輒以破格改制勸其君。不知接續之間。弊端百出。彼此避就。莫可端倪。此衰世之朝。紀綱紊亂。別出於恒情意料之外者也。董子曰。王者有改制之名。亡變道之實。不求所瑞

而訊其末。惟變之欲聞。未有不流於非度者也。可不慎歟。

小民方與 至敵讎　國之將亡。其民必離。敵讎云者。非必互相殘殺之謂也。人人不謀其公益。相傾相軋。惟一身一家是計。競爭既劇。而仇敵起矣。莊生有言。千世之後。必人與人相食。夫人之無良。其不至脯醢同類也。蓋寡。然而侵其權。吸其資。其慘乃與烹斬人無異。無德之民。時國之將亡也。而貪冒彌甚。不知皮之不存。毛將安附。天下豈有無國之民。而尚克保其權利者哉。周奎陳演魏藻德之徒。徒供自成之刀俎而已。

降監殷民 至不忘　後世喪亂之秋。其據括財賦。必倍於承平之日。豈不謂藉此延旦夕之命也。然而杼柚愈空。干戈愈亟。適以驅民而已。以李自成之殘。當時尚有迎闖王不納糧之謠。則敵仇之患。豈不大哉。然而歷代之君。覆轍相踵者。殆有故矣。籌餉練兵。則有禦侮之庸集資建設。則有開源之慕。不知安民易與行義。而危民易與為非。天下嗷嗷。但資新主耳。又況衣糧器械。將佐漁之。薪祿度支。宄濫蝕之。徒使錙銖泥沙。積為怨府。是亦不可以已乎。大學之卒章。聚斂之罷。鑑已

商其淪喪 至臣僕　嗟乎。商周之德至矣。統承先王。修其禮物。灌將敷敏。迪簡在廷。所以厚勝國者。有加無已焉。而微子臣僕之言。何其隱痛若無以為生也。是知亡國之痛。天下之至痛

经學講義

也。刑戮之慘。止乎其身。斧戮之慘。止乎其家。亡國之悲。至舉種族而永屈服乎勝我者之下。可不謂大慈乎。吾聞波蘭之亡。俄人移其民於西比利亞。當去者夫婦母子乖離割裂。感戀憤激。多以首轢鐵軌自盡。小兒千百。載以數車。人給粗饅一枚。惡不能食。皆把玩而死。俄人視之猶螻蟻也。越南役於法。十家以一法人監之。薪入飲食。咸取給焉。偶語有禁。偕飲有稅。建作者一窗櫺之微。莫不有稅。十家相聚。僅給一刀。供爨。又以時稽其所入。或取什伍焉。或取什二三焉。臺灣之隸於日本也。因宴客而宰一豕。則犯私宰之罪。因張樂而演一劇。則犯私演之罪。雖平日極親密之人。一語不合。即以降虜呼之。不使臺民薙髮。吏胥放足。以隱示區別之意。雖暴秦之虐。不逮此矣。然而無異也。亡國之公例然也。孫子曰。吳人與越人相惡也。當其同舟而濟。遇風。其相救如左右手。詩曰。枯魚過河泣。何時悔復入。或乃鼓吹改革。倡波無紀。不亦悖哉。

謹案。戡黎。微子。皆殷末之書也。讀書至此。泫然不知涕之無從也。夫淫戲之荒。欲喪之願。況酗之敗德。草竊姦宄之非度。小民之敵仇。仇斂之召敵。縱覽歷史。何其相嬗之如出一轍也。豈其亡國之君臣。亦有心法之授受與。雖然。商之亡也。一姓之興亡耳。天下無與也。後世之亡。則舉天下胥爲臣虜而已矣。嗚呼。尚何言與。

牧誓　牧地名。在朝歌南。即今之淇縣也。淇縣南迤邐以至汲縣。皆牧野之地。孔穎達曰。將戰之時。王設言以誓衆。史叙其事。作牧誓。

時甲子至乃誓　馬曰。昧未旦也。呂覽武王至鮪水。殷因膠鬲候周師。曰。西伯將何之。武王曰。將之殷也。膠鬲曰。曷至。武王曰。將以甲子至殷郊。子以是報矣。膠鬲行。天雨。日夜不休。武王疾行不輟。軍師皆諫。曰。卒病。請休之。王曰吾已令膠鬲以甲子之期報其主矣。今甲子不至。是令膠鬲不信也。其主必殺之。吾疾行以救膠鬲之死也。果以甲子至殷郊。

王左杖至以麾　僞孔傳。鉞以黃金飾斧。左手杖鉞。示無事於誅。右手把旄。示有事於教。

王曰嗟至濮人　蔡傳。武王時爲諸侯。故未備六卿。孔云。司徒主民。治徒庶之政令。司馬主兵。治軍旅之誓戒。司空主土。治壘壁以營軍。亞者卿之貳。大夫是也。旅者卿之屬。士是也。庸上庸。今鄖陽府竹山縣是。蜀蜀郡。今四川成都府是。羌當在今陝甘以西。南接蜀漢塞外也。髳微。今巴縣地。屬四川重慶府。盧古盧戎國。今湖廣襄陽府南漳縣東北中盧故城是。彭今四川眉州州北彭山縣是。濮在今湖廣荊州府石首縣南。

謹案武王伐紂。不期而會者八百國。今誓師獨稱八國者。八國近周西都。乃受約束以戰者。其他友邦冢君。既以師會。亦不能不聽其號令可知。此後若齊桓晉文率諸侯以伐楚。

項羽約諸侯以伐秦。頗有此氣象。而惜乎皆非其人也。

王曰古至商邑　劉申受集解云。王父今文作任父。任保也。保父即太師少師也。母弟兼母兄言之。謂微子微仲。古文作王父。古稱王父。猶言伯父叔父。晋語年過七十者。公親見之。稱曰王父。王父不敢不承是也。

謹案武王數紂之罪。用婦言。廢宗祀。遺宗族。信逋逃。虐百姓。而紂之悪已衆著矣。僞泰誓歷斥獨夫淫凶之罪。詬誶無餘。而史記復有斬以黄鉞懸諸太白之說。宜其開蘇氏武王非聖人之謗也。讀書不孜真僞。而横加議論於古人。真贅説耳。魏武帝責陳琳之檄以爲辱及祖父。此後世之悪習。非聖王所宜有也。

今予至有戮　鄭曰好整好暇。用兵之術。迮鄭本作禦。謂彊禦也。克殺也。不得暴虐殺紂師之奔走者。當以爲周之役也。後案云陳于野而不用权詐。見其正。步伐止齊見其整。不殺降見其仁。王師所以異於霸術也。鄭深得之。

董氏鼎曰。杖鉞秉旄。肅己之容。稱干比戈。肅人之容。軍容肅然後發命。則人無譁而聽者審。自古人有言至慕行天罰。所以聲罪致討。激士卒之義。自今日之事至乃止齊焉。所以明審法令。示行陣之禮。勗哉以下。又勉以臨陣之勇。撫衆之仁。以至仁伐至不仁。而謹畏戒慎尚如此。斯其爲王者之師歟。

洪範　大傳。武王勝殷。繼公子祿父。釋箕子之囚。箕子不忍為周之臣。走之朝鮮。武王因以朝鮮封之。箕子既受周封。不得無臣禮。故于十三祀來朝。武王因其朝。而問鴻範。

謹案、孔傳謂武王十一年觀兵。十三年勝殷。還歸鎬京、訪于箕子、作鴻範、蒙意十一年觀兵。中間不應二年之久。殷人竟置若罔聞。坐待十三年而後勝殷之理。況武成方告。洪範旋陳。箕子雖為道計。未必若是之恝也。攷史記亦謂已克殷二年。問箕子。大傳之說。信而有徵。今從伏。

王乃言曰　至　六極　太平御覽八百七十二。引尚書中候云。堯率羣臣。東沉于洛。退候至下稷。赤光起。元龜負書出。背有赤文朱字。宋均曰。稷讀曰側。此即禹所受洛書云。堯率羣臣。禹時預焉。鄭注大傳云。初禹治水。得神龜負文于洛。以盡得天人陰陽之用。至是奉帝命而陳之也。班固曰。初一曰五行至六極。凡此六十五字。皆雒書本文。所謂天迺錫禹大法九章。常事所次者也。以為河圖雒書。相為經緯。八封九章。相為表裏。昔殷道弛。文王演周易。周道敝。孔子作春秋。則乾坤之陰陽。效洪範之咎徵。天人之道。粲然著矣。

謹案洪範之事。杳冥恍惚。不可億論。然自[illegible][illegible][illegible][illegible][illegible][illegible]人。[illegible][illegible][illegible][illegible]。而未[illegible][illegible]人之言性也。夫物生而有象。象而後有滋。滋而後有數。聖人有作。必參天地而倚數。示民有徵也。夫水

之有龜。龜之有文。事之易知也。文由一以至九。又事之所或出也。聖人因是可以倚吾數矣。于是舉日用之顯。教養之經。君法治忽之原。天人感應之故。舉而麗之。初一至次九是也。感洛而作。故曰洛書。歷代寶之。以為大法。管子不云乎。思之思之。又重思之。思之而不通。鬼神將通之。非鬼神之力也。精氣之極也。禹之憂天下至矣。憂之故思之。思之而如或見之。夫觀屋漏而悟草書。聽海水而作仙操。水聲漏痕。天下皆是也。必待牙旭而後為吾大用。此亦精氣之極也。天錫云者。猶所謂天誘其衷云爾。故自常人視之。曰是緣而赤者。自九至一之数也。而自禹視之。則吾所謂五行五事云云者也。是洪範之義也。

初一至作甘　大傳水火者。百姓之所飲食也。金木者。百姓之所興作也。土者。萬物之所資生。是為人用。

謹案。物之原質。號物甚繁。即以禹貢考之。已不下數十種。而茲謹以五約之。以切于人用者言也。

二五事至作聖　五者。君人接下之要。貌言在視聽先者。四勿九思。儒者之修省。故先內而後外。五事。君上之臨蒞。故先外而後內。

五行傳。貌屬木。言屬金。視屬火。聽屬水。思屬土。殃咎之至。各以類應。天人相與之際。甚可畏也。周之既衰。管仲呂覽之書。猶有存者。延及漢氏。既興。蔚為專家之學。有伏生董仲舒劉向父子。劉安班固諸人。其尤著也。昌邑之變。徵於實事。其業益顯。所以肸蠁幽明。甄極秘緯。亦知來藏往之極詣矣。高密一逝。此學遂湮。以致一曲之士。妄測機祥。矯誣象緯。甚乃蠱惑蚩氓。煽興禍亂。豈非經術不明之過哉。

三 八政

鄭曰。此數本諸其職先後之宜也。食。謂掌民食之官。若后稷者也。貨。掌金帛之官。若周禮司貨賄是也。祀。掌祭祀之官。若宗伯是也。司空。掌居民之官。司徒。掌教民之官也。司寇掌詰盜賊之官。賓。掌諸侯朝覲之官。周禮大行人是也。師。掌軍旅之官。若司馬是也。林之奇曰。一曰食者。務農五穀之政也。如井田補助之類是也。二曰貨者。阜通貨財之政也。如懋遷有無化居之類是也。三曰祀者。報本反始之政也。社稷宗廟。山川百神。以至公卿大夫士庶。莫不祭其先之類是也。四曰司空者。度土居民之政也。如辨方正位。體國經野。使士農工商。各得其所之類是也。五曰司徒。教民之政也。如學校選舉之類是也。六曰司寇。立法懲奸之政也。如五刑之屬是也。七曰賓者。交際酬酢之政也。如冠婚喪祭鄉飲相君之類是也。八曰師者。寓兵于農。以修武備之政。如鄉遂教閱之法是也。

朱子曰。周禮一書。只是箇八政而已。

王氏鳴盛曰。大傳云。八政何以先食。食者萬物之始。人事之所本也。故先食貨。所以通有無利民用。故即次之。食貨既足。民生厚矣。誠民而後致力于神。故次祀。王制云。食節事時。民咸安其居。樂事勸功。尊君親上。然後興學。故司空在司徒之先。先教而後誅。故司寇在司徒之後。德立刑行。遠方賓服。故次賓。暴虐無道。則六師征之。是其職之先後也。

呂氏祖謙曰。司寇以上皆內治。賓師以下為外治。

謹案洪範一書。皆言天事。惟八政一條。實人事之紀綱。治法之淵萃。凡讀古人書。須以八者貫之。程子曰。大學是箇腔子。須一一填實者也。

四五紀　孔傳曰。歲所以紀四時。月所紀一月。日記一日。二十八宿。迭見以序氣節。十二辰。以紀日月所會。曆數節氣之度以為厤。敬授民時。陳氏雅言曰。紀者如綱之有紀。天時人事。所以相維者也。歲者。紀周天之度。故居一。月者。紀月行之數。故居二。日者。正天與日月之躔。故居三。星者在天之象。辰者在天之舍。故居四。天與日月五星之運。雖有遲速順逆之不同。而皆有數以稽之。有曆以紀之。使四時一定。而歲無不成。晦朔以辨。而月無不協。甲乙以審。而日無不正。經緯以彰。而星辰無不著。是曆者所紀歲月日星辰之數。以人而合于天者也。歲月日星辰。此天道之所有。曆數。此人事之所不可無。

以與庶民使人人觀感而化所謂敷錫也當時之民亦皆于君之極與之保守不敢失墜所謂錫保也

凡厥庶民至為天下王　謹案此數節舉化民成俗官人行政之要一一推本于君而用人一端又推本于守皆探本之論歷代成敗著為大驗近或謂法治之國君德人材在所不論誠不知在彼國之何如若就睹記所及言之則誠萬不得一者也

又按古人釋經第明訓詁而經中奥旨則令覽者自得之至宋人而後意內言外尚折衷赴此曾文正謂于古人所得為多者也書道政事此章所陳尤為賅貫蔡傳此章亦精深奥美為前此注家所未及不復能更加推繹矣

六三德至柔克　墨子有言甘瓜苦蒂物無全美故質之美者必矯以異己之善古人所以重韋絃也皋陶九德每事必參以對待之理所謂相反適相成者此耳剛克柔克亦即其意如恃其質美而縱任焉將有偏而不舉者矣

惟辟作福至僭忒　戴鈞衡曰皇極言君道三德言臣道辟邪辟也惟邪辟之人作威福侈玉食為人臣者慎無然也臣而威福玉食家國受其害人民染其汙矣

謹按此章向來注者皆以辟為君殊謬人臣不能威福玉食而君獨能之豈所謂君臣一德

乎。王者威福。一秉至公。刑賞大端。惟衷於理。豈可自己作哉。且洪範禹之所作。禹菲飲食。見之論語。此最可信者。而乃言惟君玉食。亦大悖菲飲食之旨矣。

又戴氏書未見。說本方柏堂補傳所引。

七稽　卜筮之理。備于十翼。物生而後有象。象而後有滋。滋而後有數。參兩倚數。利用前民。聖人之所以極深研幾也。泰西遠隔重洋。聲教不通。制度不襲。而決疑數術。用意乃與易彷彿。可知天地自然之理。非人為所能與矣。

八庶徵　朱蓉生先生曰。漢儒言洪範。皆詳災異。其用意至為深遠。為人上者。他無可懼。惟此足以戒之。推衍繁密。乃多附會之詞。末流之失耳。聖人作春秋。書日食。書災變。以天正王。以王正諸侯。後世知王正諸侯之義。不知以天正王之義。上益驕。下益諂。以致民隱不上達。民隱不上達。豈國之福乎。天下大矣。而治亂則繫乎人君之寸心。所施至博。所操至約。心存寅畏。則對越在天。上帝臨汝。一切用人行政。自刻刻不敢苟且。漢儒有言。應天以實不以文。果能震動恪恭。自有旋至立應之效。後世其學日微。人心日即于縱肆。反藉災異之說而言符瑞。以售其粉飾欺罔之弊。于洪範庶徵之義。不亦遠乎。

九五福　五福所陳。壽富康寧。人莫不知欣而羨之。而攸好德之義。人或未知為福而欣羨之。

書曰。作德心逸日休。作偽心勞日拙。修德之士。遵理之所當行。心之所安。仰不愧。俯不怍。天君泰然。而人恆愛敬。蓋較富貴壽考。其樂尤大焉。此五福攸好德之義。知道者尤當熟玩而力體之也。

六極

六極之說。殿之以弱。陳氏大猷釋之曰。雖欲為善而不能自強者。弱也。其義尤精。近世泰西法律。以侵人權利為大禁。而以人之自縱其權利為大惡。其刑律以剝奪權利為至重。夫權利者。天之所與也。天之所與而人不能守而自棄之。是謂棄天。棄天者天亦棄之。其禍豈有極乎。夫天之於人。有五行以利其用。有八政以厚其生。紀之以日星。建之以皇極。申之以三德。稽之以卜筮。警之以庶徵。其愛民甚矣。有是大法不能用。泄泄沓沓。日玩月愒。散無友紀而不能自振。可不為大哀乎。孟子曰。彊為善而已矣。仲舒曰。勉強學問則日進於高明。人亦何不自強而甘於積弱也哉。洪範六極。殿之以弱。其義不亦彰明較著耶。

曾子固曰。人君之於五行。始之以五事。修其性於己。次之以八政。推其用於人。次之以五紀。協其時於事。次之以皇極。謹其常以應天下之故。而率天下之民。次之以三德。治其中不中。以適天下之變。次之以稽疑。以審於人神。次之以庶徵。以考其得失於天。終之以福極。以考其得失於民。其始終先後。與夫粗精小大之際。可謂盡矣。

金縢　蔡傳云武王有疾。周公以王室未安。殷民未服。根本易搖。故請命三王。欲以身代武王之死。史錄其册祝之文。并敘其事之始末。合為一篇。以其藏於金縢之匱。因以金縢名篇。

既克商至戚我先王　鄭曰戚憂也。未可憂怖我先王也。周公既內知武王有九齡之命。又有文王曰吾與爾三之期。今必瘳不以此終。故止二公之卜。

謹案偽孔傳戚近也。言二公分疏。未可近我先王也。義較長。蔡傳二公穆卜。則上下喧騰。王船山已駁之矣。据史記武王是年六十有二。

公乃自至代某之身　鄭曰丕讀曰不。愛子孫曰子。元孫遇疾。若汝不救。是將有不愛子孫之過。為天所責。欲使為之請命也。

歸俟爾命　馬云待汝命。武王當愈。我當死也。

啟籥至乃瘳　馬曰籥藏卜兆書管。鄭曰滕束也。

謹案劉氏集解云。武王遘疾甚危。公精誠卜禱。一日而瘳。易緯所謂陽感天不旋日也。

武王既喪至于孺子　集解云不言崩而言既喪。鄭以為三年喪畢服除是也。周公時為太宰。武王喪畢。成王年已及壯。百官仍總己以聽于周公。管蔡因之啟商甚閒王室。曰流言者不知其主名也。

我之弗辟至斯得　魯世家云我之所以弗辟而攝行政者。恐天下畔周無以告我先王。於是卒相成王。而使伯禽就封於魯。管蔡武庚果反。周公乃奉成王命興師東伐。誅二叔武庚。

謹案說此節者。墨子下至馬鄭偽孔。諸說謬亂不可勝辨。惟魯世家之說最為得之。

公乃為詩至大熟　詩鴟鴞序云。周公救亂也。鴟鴞巧鳥也。既取我子喻管蔡。鄭曰、泣者傷周公忠孝如是而無知之者。新迎改先時之心。更自新以迎周公于東與之歸尊任之。

謹案金縢一篇。自其迹而觀之。幾疑成王之於周公。君臣疑間。其知之明。信之篤。曾漢昭劉禪之不如。而周公之所以自許。乃霍子孟諸葛武侯之不若矣。及偏攷秦漢尚書家言。乃知舍馬鄭而從史記。參以逸周書伏生大傳白虎通之說。而後周公之心。成王之事。始大白於後世。善乎魏默深之言曰。昔舜辟堯之子矣。禹辟舜之子矣。益辟禹之子矣。而伊周不敢辟者。太甲成王之賢且長不如啟。而天下懷明德又未若禹之世。周公之不有天下。猶益之于禹。伊尹之于殷也。使成王果疑周公。蹈太甲之故轍。周公必用居桐故事。使其自怨自艾。處仁遷義而後已。豈有貴戚之卿。反不如異姓之卿乎。昔者武王欲兄弟相後。固薦公于天而公不受矣。見度邑解禱身請代。仁智材藝自任而不疑。公之能自必于天審矣。公羊子曰。周公東征而西國怨。西征而東國怨。周公何以不之魯。欲天下之一乎周也。

白虎通義略同聖人所在。朝覲謳歌訟獄皆歸焉。周公以大聖叔父之尊且親。主少國疑。一旦先去以為民望。公出而二叔入。二公不以疏間親。武庚得以外應內。人心其尚歸沖人乎。不歸沖人。則必歸公。西周治日敝。東魯化日行。天下方習于殷人弟及之舊。而震於周人傳子之新。朝覲謳歌訟獄者。不之武王之子而之公。其若以身告三王之初心何。故僩然以身任天下而不敢辟。曰我之弗辟。我無以告我先王。弗辟而流言不行。三叔遂畔矣。畔而成王命公東征二年。罪人斯得。天下復大定矣。不曰東征而曰居東。不曰管蔡武庚皆誅而曰罪人斯得者。史臣緣周公心所不認而渾其詞耳。東山詩但曰我心西悲。何嘗明言其事哉。然東土已集。周公歸報成王。復貽鴟鴞之詩。而成王未敢信從詩意者。乃誚史記作訓、訃之誤、訃古字信三監已平。東土已集。嘉禾之天休已至。區區淮奄。自可不勞而定。何至有拮据卒瘏之苦。翛翹漂搖嘵音之戚。此成王所未敢信者一也。曰予未有室家。曰予室翹翹。皆志在遷都作雒。夫舍文武豐鎬之安。而為勞民動衆之舉。非有盤庚圮河之迫。而同大王遷岐之事。此成王之未敢信者二也。徹彼桑土。綢繆牖戶。則志在制禮作樂。以為億萬年苞桑之固。夫三后創基于前。予小子正當守成于後。不沿襲而創造。後人能勝前人乎。謙讓未遑。以聖王之事為非已所及。此成王之未敢信者三也。未信從殷頑未革之說。將日後未信從作雒遷都之說。將日佚。其尚可進於耿光大烈乎。聖人之于天道。賢人有所不知。即二公殆未之深喻。吾於君奭不說見之矣。史記周公告二公曰。三王之憂勞天下久矣。於今而後成。我所以攝政者。將以成周。書大傳曰。周公將作禮樂。優游三年。不能作。將大作。恐天下不我知。將小作。恐不能揚文祖德業。乃先營洛以觀天下之心。鴟鴞之詩。正優游三年不能作之心事也。衆人以不得天下。為墜天之降寶命。聖人以不獲堯舜其君民。為墜天之降寶命。鴟鴞與七月同列於豳風。與樂逸同謫于成王。無非動其敬天命畏民碞。而易其逸豫晏安之志。何暇追計于小腆之蜻。流言之寢。徒以鴟鴞作武庚乎。成王生于深宮之中。未嘗知哀。未嘗知憂。未嘗知懼。執詩不悟。而執書始泣。天變懼其外。金縢啓其內。始知二聖人之畏天命憂天下。若是其岌岌也。始知太王以來。多難興邦。至今日其未艾也。予小子偎然不知。猶有疑心。何怪公之嘵嘵其音乎。自新以迎天意。郊天以謝上帝。翻然求祖。以親周公之誨。以躬踐奄平淮遷蒲姑之勞。營洛遣使。獻圖告卜。以仰繼三后在天之志。蓋至是而成王與周公咸有一德矣。夫孰知其憂勞拮据綢繆一至此乎。夫孰知其使成王自怨自艾。處仁遷義。乃至此乎。辟嫌賢者所不為。諸儒未達賢人之心。而欲論聖人之志。或謂公辟流言。或謂判朝廷不知。烏乎。千載而下尚不知是謫。而況於當日之沖人乎。

大誥　書序武王崩三監及淮夷叛周公相成王將黜殷作大誥鄭曰三監管叔蔡叔[illegible]人為武庚監於殷國者也

謹案自古國家創業之初人心未靖每有叛亂之事秦漢之下固然無足怪矣而周之立國其患為尤鉅迹夫當時武王新崩成王以沖弱嗣臨其上武丁盤庚之澤未絕勝國之後民之思之也尤深加以武庚方存由析尚在三監并作肺腑先離故一倡百和内外之難俱作周之為周蓋亦危矣使是時周公或以流言之故引嫌思避吾不知宗社存亡果何如也知此則周公之忠固非後世所及而其心之任尤非後世所及也雖然使處以猜疑之主則身且不保何國之能為是知未敢誚公成王處此亦正未易易耳

弗造哲迪民康至天命　武庚之叛與後世亂臣賊子之叛君父者名義懸殊以亡國遺孫志求恢復亦情理所當然而征討之際大誥天下欲中其叛逆之罪則不足以服人心而無名之舉尤不足以堅士氣故但曰弗造哲迪民康人曰知我國有疵引咎於不言之隱尤辭命之難者也

若涉淵水　自古多難之際惟知懼可以弭之懼則上下和睦而猜防逸豫之心無自而入此強國之本也越棲會稽卒以沼吳秦敗崤函遂成伯業易曰其亡其亡繫於苞桑堯誡曰人

莫躋于山而躋於垤是故　憂者啓聖之資也彼夫大亂之機往往伏於累治重熙上舞下歌之一日而艱難創業者則未聞焉謂非有國者之永鑒哉

寧王遺我大寶龜　朕卜并吉　予得吉卜　左氏述城濮之戰晉侯夢與楚子搏楚子伏己而盬其腦子犯釋之曰楚伏其罪吾且柔之矣遂克之衛追鄭師而卜曰有夫出征而喪其雄定姜釋之曰征者喪雄禦寇之利遂克之子犯定姜非以夢卜為然而以己之解為中乎夢卜之理也特以不如是不足堅我軍之心而惑敵人之志耳當武庚之亂以興復之舉名正言順內有管蔡之輔外有遺民之助其勝敗所在懷觀望者尤未可卒數也夫殷人尚鬼故一再取決卜筮之吉因其所素信而堅其信莫便於此者此周公之深謀非後世兵家之所能測也不然卜戰龜焦周公所親見而顧曰寧王惟卜用何耶

知我國有疵民不康　孟子曰家必自毀而後人毀之國必自伐而後人伐之枚叔曰福生有基禍生有胎納其基絕其胎禍自何來諒哉言乎武庚雖先代之裔然侯服於周者曰年於茲矣使無管蔡固亦蓑苴追琢白馬賓王之選也蓋必有懿親煽之而後破斧缺斨幾於毀室毀子傳曰人無釁焉妖不自作是以晉有八王之亂而中原鼎沸唐有敬塘之禍而燕雲淪陷彼夫懷一己之私積不得逞不恤附異類以亡宗國馴至四分五裂永為臣僕猶不自

不自悔乃欲攀附鱗翼以求容媚不亦悖哉

爾惟舊人　肆予大化誘我友邦君　安朱子曰。大誥大意。不過說周家辛苦做得這基業在此。我後人不可不有以成就之而已。其後又專歸在卜上。意思緩而不切。殊不可曉。按此正以見周公之大也。夫周之代殷。在周人言之。固以為恭承天命。拯民水火矣。而自殷人視之。則固為臣僕之志。亦大義凜然也。夫以伯夷叔齊就養西伯。而叩馬采薇。尚有以暴易暴之歎。況故國宗社遺民。麥秀黍離之感。尤有淪於肌骨者乎。故周公此時。惟有任用心腹之舊人。如庶士御事。友邦民獻。躬與甯王矛鉞之勤。共守累世堂構之業。足以同甘苦而扞災患耳。觀乎一篇之中。惟以周家基業為言。而仁暴順逆之說。絕不一及。亦以見聖人立辭之誠而臨事之審矣

朱子曰。當初紂之暴虐。天下之人胥怨。及武王既奉天下之心以誅紂。於是天下之怨皆解。而歸德於周矣。然商之遺民。及與紂同事之臣。一旦見宗社為墟。甯不動心。茲固叛心之所由生也。蓋始於苦紂之暴而欲其亡。固人之心。及怨已解。而人心復有所不忍。亦事勢人情之必然者。又況商之流風善政。畢竟尚有在人心者。及其頑民感商恩意之深。此其所以叛也。後來樂毅伐齊亦是如此。

謹案觀朱子此論。足見周公處此之艱。而辭氣之間。反復丕基之難。旁稽卜筮之用。亦有故矣。夫黥布陳豨。身受漢帝茅土之賜。猶欲畫地指天。窺竊神器。至使人主親率六師躬冒矢石。僅乃克之。況武庚挾故太子之尊。兼之管蔡之助。命辭致討。豈易易哉。

補洪範講義脫字

皇建其至保極　蔡傳曰。極猶北極之極。至極之義。標準之名。中立而四方所取正焉者也。極者福之本。福者極之效。極之所建。福之所集也。人君集福於上。非厚其身而已。用敷其福

康誥酒誥梓材　序云。成王既伐管叔蔡叔。以殷餘民封康叔。作康誥酒誥梓材。

謹案衛世家索隱引宋忠注云。康叔從康徙封衛。漢志云。周公誅三監。盡以其地封康叔。據此則封康叔於衛者。實為成王。與左傳祝融對萇宏之語合。蔡傳以為武王非也。

惟三月至洪大誥治　書大傳曰。周公營洛以觀天下之心。於是四方諸侯率其群黨各攻位於其庭。周公曰。示之以力役且猶至。況導之以禮樂乎。然後敢作禮樂。

謹案此四十八字。宋儒以為非康誥之文。當在洛誥周公拜手稽首之上。竊謂梓材篇末一節與此相為起結。似不必移易經文也。

王若曰孟侯至在茲東土　周公稱成王命。言王使我命其弟封也。明德慎罰一篇之綱領也。不敢侮鰥寡以下。文王明德慎罰也。女念哉以下。欲康叔明德也。敬明乃罰以下。欲康叔慎罰也。爽惟民以下。欲其以德行罰也。封敬哉以下。欲其不用罰而用德也。終則以天命殷民結之。

女念哉至作新民　集解云。宏覆如天。君道也。不廢王命。侯度也。周公以三王之道授之康叔。兄弟兼師友矣。左氏言大姒之子。惟周公康叔為相睦也。

謹案民者國之命脈也。曰用保乂民。曰用康保民。曰民情大可見。曰乃其乂民。曰應保殷

民曰作新民。反復申重。祇以養民教民為急。所為明德慎罰者。正為此也。古人無事不為

民謀。何待民之嘵嘵然向國家而爭其權利哉。

敬明乃罰至不可殺　後案云。式爾者。故用如此。適爾者。適然如此。所以殺不殺異。

謹案此怙終之刑也。堯典鄭注意同。今律所謂謀故過誤之别者即此。

非女封至劓刵人　鄭曰。刵。臣從君坐之刑。蔡傳刵截耳也。

謹案此從坐之刑也。

已女惟至罔弗憝　集解云。孟子說為不待教而誅。趙注凡民無不得殺之。不待君之教令。

謹案此寇攘之刑也。若今律格殺勿論。登時殺死勿論矣。

元惡大憝至無赦　集解云。言子弟不孝不友。父兄亦不得自罪之。必於政人得罪。且親親得相容隱。與寇攘殺奪者異也。

謹案此不孝不友之刑也。刑茲無赦。猶今之論倫紀重案矣。

不率至率殺　集解云。民有大譽者。弗以告。而以勿庸用病其君。是所引進者皆非善類矣。乃我之所大惡也。由義律而殺之可也。

謹案此蔽賢之刑也。古者進賢受上賞。蔽賢受顯戮。今則此義不復講矣。

亦惟君至用乂　集解云。康叔為孟侯。其所屬之侯伯。有不能以道治其家人。或專殺大夫。大夫士相殺而不能禁止。是大廢王命。非德教可治。當以九伐之法正之也。

謹案此諸侯廢命之刑也。康叔為方伯。職所當問者。

予惟不可至于天　王伯申云。言告女德之說與罰之道也。于猶越也。與也。行道也。

謹案此以民之不靜天之降殃責之於躬。以終明德慎罰之旨也。

酒誥　蔡傳云。商受酗酒。天下化之。妹土商之都邑。染惡尤甚。故封康叔誥教之。

嗣爾股肱至王家　胡氏士行曰。開飲酒之門。不過三事。祭祀用酒。父母慶用酒。養老用酒。三者皆適情之中。有養性之術。

汝劼毖至于酒　此言自遠而近。自卑而高。無不當戒于酒也。等而上之。則欲其自康叔之身始。以是為治。孰能禦之。而況毖于酒德也哉。

厥或告曰至其殺　金履祥曰。此防殷民之亂也。古者群飲惟蜡惟鄉飲射。則聚眾而飲。皆有司治之。無故而忽群飲。非姦宄即叛亂可知。

又惟殷至教之　董氏鼎曰。殷諸臣湎酒者勿殺。而姑教之。以其染惡深而被化淺也。

梓材　稗疏梓材一編。朱子疑其都不成文。蔡氏摘今王惟曰以下為臣下進戒之詞。疑他書之脫簡。今反覆諷誦。文義固有可通者。

汝若恆至戕敗人宥　稗疏曰、汝既君矣。乃且以私恩貸其大家。而不念庶民之荼毒。若常作是言曰。我有此一國之衆也。有此司徒司馬司空尹旅也。予可不市之恩。而顧行威以殺其股肱耶。亦惟是以禮敬之。以恩勞之。彼亦莫不敬我勞我。故彼往姦宄殺人厲人而亦赦之。亦有假借公事以顯為之名而戕敗人者。亦咸赦之。則是以私恩寵其臣與大家。而縱之殃民。下無以達小民之隱。上無以敷天子之教矣。王啟監之意。其如是哉。

謹案殺人者死。傷人抵罪。律之定例也。姦宄殺人戕敗人而可宥。則非前篇慎罰之旨矣。蔡傳寬刑之語殆非也。王說深得之。而以下節戕虐為高明害煢獨。義尤長。蓋殷之末造。朋家作仇。脅權相滅。故無辜籲天。以訖大命。周初餘風未殄。使君其土而為監者。一以重典整亂國。而後王可勤德以和懌之。康誥之義殺。酒誥之盡拘。皆此意也。

又案自今王惟曰以下。乃周公因誥康叔而並戒成王之詞。與康誥敘首相為起結。實三篇之大約束也。言先王用德以懷庶邦。故能格於皇天。有人有土。今王亦當以德和民。以終先王所受命也。其時侯甸男邦采衛百工播民和。見士于周。故舉先王之時庶邦丕享兄弟方來以勸之。見庶邦之來。不自今日始也。

召誥　書序成王在豐。欲宅洛邑。使召公先相宅。作召誥。疏曰。周公攝政至此七年。將歸政成王。召公恐王惰于政事。故因相宅以作誥。

謹案周室創業之初。周公召公太公。實同夾輔。功在史籍。顧太公之兵法。周公之典章。後世多有其書。學者得籍此得窺二公之德業。而召公之書。謹召誥一篇而已。夫成王之德。未必如漢惠唐高之所為。而懈怠苟且之念。則中材以下不能免也。故召公進說。歷數夏商之墜命以為鑒。累言天命之無恆以為戒。反覆乎天位之艱。而歸于敬德。以潛消其懈怠苟且之心。然後知周室攸久之業。召公周公之力居多。而召公此篇。其用意尤為深遠也。昔蕭何為高帝造未央宮。曰天子非壯麗無以示威。夫無道義以薰陶涵養人主之心。而反欲以壯麗宮室。啟其奢侈之漸。以求震天下之耳目。其視召公營洛之訓。不亦遠乎。嗚呼。若召公者真規模宏遠矣。

越三日丁巳至豕一　蔡傳曰。郊祭天地也。故用二牛。社祭用太牢。禮也。

彙纂曰。天地分合。從古聚訟。此經云用牲于郊牛二。注疏謂以后稷配。故牛二。蔡傳則云祭天地。不言合者。天地各攻其位。位成而祭之也。疑此時南郊之名已立。言郊者統天地言之與。周禮大宗伯有蒼璧禮天。黃琮禮地之說。大司樂有圜丘方澤之說。又祭法言燔柴于泰壇。祭天也。瘞埋于泰折。祭地也。用騂犢。此皆天地並言。祭天地異所。王者尊天而親地。未有祭天而不及地者。亦未有言其合也。然則兆于南郊。就陽位也。禮固明言之。而北郊未有明文。此經之偶缺耳。周禮典瑞云。兩圭有邸以祀地。注疏皆謂祀于北郊。又牧人言陽祀陰祀。注疏亦謂陰祀祭地北郊。又如禮記泰壇泰折之文。疏云。此經論祭于南郊地亦于北郊也。此皆北郊之說。鑿鑿可據者。（中略）又社于新邑。謂此乃所以祭社者。非也。祭天地之禮。貴簡貴誠。只用繭犢。此人鬼之祭。故曰牛一羊一豕一。郊特牲所謂社稷太牢。而蔡傳引之者也。若以此社為祭地。則王制所云祭天地社稷。地與社豈重累而舉之乎。

謹案。此節蔡氏南北二郊社祭之說。先儒辯者極衆。茲擇　御纂之說。為之折衷。以聚訟之惑云。

無疆惟休至惟恤　晉文公返國。問郭偃曰。始也吾以治國為易。今也難。對曰。君以為易。其難也將至矣。君以為難。其易也將至矣。夫憂樂之至。互相倚伏。若存修省惕戒之心。則無疆之恤。未始非啟聖之資。反而行之。則無疆惟休。亦為憂之隱兆也。人主可不知所省乎。

嗚呼曷其奈何弗敬　蔡氏曰。此篇專主敬。言敬則誠實無妄。視聽言動。一循乎理。好惡用捨不違乎天。與天同德。故能受天明命也。

謹案。敬之一字。蔡氏之說精矣。敬者心之制。德之則也。心不敬。則內之所操無主。嗜欲乘而侵之。聲色得而惑之。身不敬。則外之所示無威。君子見而輕之。小人瞯而狎之。故虞書歷載堯舜之德。一則曰欽明。再則曰欽哉。下而逮禹湯文武。莫不以此為要。誠人主南面之要術而治天下之大本也。今觀召公開宗所陳。即揭之于篇端。一篇之中。三復于此。觀夫後成王卒能勵精圖治。紹文武之業。召公殆有以啟之矣。

天既遐終至敬德　孔傳曰。言天已遠終殷命。此殷多先智王精神在天。不能救者。以紂不行政故。

謹按太史公曰。殷人以敬。敬之敝。小人以鬼。鬼神之說。浸入殷人之心久矣。故商紂垂危之日。猶引天以為恃。微子歷數殷亡之道。而末歸于攘竊神祇之犧牲。意殷之末季。上而人主。下而卿士。享豐神據之心。罔不恃以為莫大之保障矣。逮周開創之初。流風餘俗。猶有存者。夫鬼神之道。可存之以為敬。而不可親之以為狎。可引之以為戒。而不可恃之以為安。召公深懼成王習殷之遺說。專修黍稷之馨。而怠荒于政典。故立說之初。歷陳殷先哲王精爽在天如此。而無裨于紂之亡於萬一。以見天命祖宗之不足恃。而人心之深可畏也。後世動識三代之人。多惑于神權。觀召公之說。其亦可以爽然失矣。

天亦哀四方民　面稽天若　有能稽謀自天　欲王以小民受天永命　用供王能祈天永

命　古之言天。率本乎民。(說見西伯戡黎)民之所歸。天亦佑之。民之所去。天亦棄之。歷觀召公之所陳。曰面稽天若。曰稽謀自天。夫蒼蒼者天。無聲無臭。孰从而稽之。盖實欲使成王清問下民。考鏡政治。而自知耳。

節性　吴氏澄曰。節。裁抑之也。性。氣質之性。

謹按孟子言性善。荀子言性惡。而孔子則曰性相近也。習相遠也。是孟荀善惡二義。性中均當有之。故宋儒分之為氣質之性。天理之性。言性之說。遂該括無遺義矣。

其惟王勿以小民至有功　蔡傳曰。刑者德之反。疾于敬德。則當緩于用刑。勿以小民過用非法之故。遂敢于殄戮用治之也。惟順而導之。則可以成功。

其惟王位至王顯　蔡傳居天下之上。必有首天下之德。則小民皆儀刑用德于下。于王之德。益以顯矣。

謹按昔孔明治蜀。法尚嚴峻。法正勸其緩刑以慰民望。亮曰。劉璋暗弱。文法羈縻。順之以恩。恩竭則慢。所以致敝。今吾威之以法。法行則知恩。限之以爵。爵加則知榮。後世論者莫不尚武侯之說。夫殷俗之敝。淫用非彝。攘竊逋逃。法之弛也甚矣。而召公之勸成王。惟在導化以德。而德之所先。惟在人王躬行。為小民之儀刑。曾無一語及于峻急之政。而後知聖人心存忠厚。非後世襲申商緒餘者所能幾也。觀夫蜀僅再延。而周過其歷。非開基忠厚之貽耶。

王之讐民百君子至亦顯　傳曰。匹民(讐匹也釋詁文)百君子。治民者非一人。民在下自上匹之。言與匹民百君子。于友愛民者。共安受王之成命明德奉行之。臣下安受王命。則王終有天成命。于王亦昭著。

謹案先儒或謂讐民指殷頑叛者。竊以國君讐匹夫。懼者甚衆。晉文之豎。猶能言之。周家此時大難已定。微子初封。正宜一視同仁。以示無外。若以殷民為讐。諒非所以安反側矣。今從傳。

洛誥書序。名公既相宅。周公往營成周。使來告卜。作洛誥。孔傳曰。名公先相宅卜之。周公自後至。經營作之。遣使以所卜吉兆逆告成王。將致政。

王氏船山曰。論周公之營雒都。或曰。有德易以興。無德易以亡。公欲警子孫使修德。而示天下為公器。有德易以代興。或曰。負大行。面商雒。左成皋。右函谷。襟大河。帶雒水。實天下之奧區也。或曰東西並建。成輔車之勢。以豫定民志。故平王因之弱而不亡。延及赧王。歷過其卜。之三說者。或迂闊而不情。或夸妄而不實。或過慮而無當。後世之以鑿智誣古人。若此類者。眾矣。夫欲警子孫之修德。而寘之易亡之地。是戒溺而姑試之淵也。將公天下而授以易取之地。是寘筍金于通衢。而召貪夫之爭也。故曰迂闊而不情。而山之間。必有水焉。而水之間必有山焉。千里而不得水。千里而不得山者。鮮矣。梁益據隴劍以為山。荊揚攤江海以為水。而隗囂李特公孫述楊難敵譙縱王衍孟昶明玉珍劉表梁元李煜張士誠。或于身而亡。或再傳而滅。曾是三塗嶽鄙。遂足延八百年之緒哉。故曰夸妄而不實。夫犬戎之亂。郟鄏之遷。逆計數百年而為之。是周公之智。儷于桑道茂。而愚于李泌矣。後世踵之而兩部並建別宮綦布。以疲百姓。而走羣工。唐之太宗暨河南。宋之應天大名暨河南。城隍具完。宮闕具治。米粟甲兵具備。迨其離析分崩。莫得一日而措足焉。故曰過慮而無當。過高之論。權術之說。徒用以惑民。奚足知君子之用心哉。

謹按三說之繳。王氏駁之當矣。太史公曰。學者皆稱周伐紂居洛邑。其實不然。武王營之成王使召公卜居之。居九鼎焉。而周復都豐鎬。至犬戎敗幽王。周乃東徙于洛。史遷博極群書又去古未遠。必有據而云。則周公營洛者。實鎮以重器。為朝會諸侯之所。其地為天下之中。朝聘貢賦之所易得。非据之以為保障也。後世學者。求其說而不得。乃鑿私智創過高之論。重誣古人。亦已謬矣。

伻來以圖獻卜　蔡傳曰。圖。洛之地圖也。

謹按。觀此則知地圖之法。由來舊矣。考之周官。遂人掌邦野。以土地之圖。經田野。造縣鄙形體之法。蓋邦內之圖也。邦內親近之地。要害盡悉。故惟載其形體。司險掌九州之圖。以周知其山林川澤之阻。而達其道路。蓋九州之圖也。外邦諸侯。必悉其通阻以為巡狩讓告之計。故曰。達其道路。職方氏掌天下之圖。以掌天下之地。辨其邦國都鄙八蠻七閩九貉五戎六狄之人民。與其財用九穀六畜之數。要周知其利害。蓋天下蠻貉之圖也。戎性不測。地遠難悉。必詳而載之。以為征伐之資。故曰周知利害。此三者。實周公制圖之體也。洛邑近於周畿。其圖當即屬遂人所掌。獻於成王。以為卜宅安鼎之地耳。後世說者。以為地圖之術。起於晉之裴秀。其亦不審也已。

王肇稱殷禮　蔡傳曰。殷。盛也。

王氏曰。殷者與五年再殷祭之殷同。非夏殷之殷也。按先儒多主鄭說。茲擇王氏說為之折衷云。

孺子其朋（至）其絕　傳曰。言朋黨敗俗。事從微至。防之宜以初。

呂氏祖謙曰。論功者成王之初政。周公恐其私心或萌。故嚴厲其辭。所以閑之于始。禁之于未發也。又傅氏元初曰。朋者人臣所大禁。而君亦有朋。一念偏私。即是憧憧朋從之害。悉得教工之效。其可掩乎。

謹案語曰。涓涓之滴。流為江河。毫毛不拔。將成斧柯。人主操執政柄以馭群下。而一顰一笑之間。稍徇左右之私。在人主或以為能寬容大度。而深奸巨猾。早于眉睫之間。探測人主之志意之所在。以豫為逢迎之地。而引群結黨。為患無形。日甚一日。忽不知朝廷之大柄。潛運默轉于其手矣。而人主未必自知也。是何也。夫患起于明顯。人莫不知為之備。而患起于微漸。鮮能豫為之防。武庚之患。固屬周室莫大之禍矣。周公東征三年。破斧缺斨。僅乃克之。而致政之時。顧不引以惕成王之心。而乃諄諄以防微杜漸之說。一再申告。豈不以武庚之禍彰明較著。為成王所易知。而茲患伏于隱微。或成王所未盡察耶。觀後世人主。當于干戈紛亂之際。卒無所患。及天下已定。肘腋之間。往往潛伏孽牙。禍生不測。或身命不保。或大業傾覆。而後知周公此說。為成王計。至深遠矣。

汝其敬識百辟享 至 爽侮　蔡傳曰。此御諸侯之道也。諸侯享上。有誠有偽。惟人君克敬者能識之。諸侯惟不用志于享。則國人化之。亦謂上不必享矣。舉國無享上之誠。則政事安得不差爽僭侮。隳王度而為叛亂哉。

呂氏祖謙曰。王者御諸侯。非用智任術。亦曰敬而已。敬則是心常存。無愛憎之私。故能識享與不享也。所謂不享者。雖庭實任士之物。與他諸侯無異。苟無誠意。則其陞降俯仰之儀。必有不與物相稱者。是以謂之不享。按。惟其有之。是以似之。未有己不敬而能知人之敬肆者也。故必知學者而後能興學。必知兵者而後能治兵。此例至廣。故人君必貴於躬行之也。

乃惟孺子 至 乃命　蔡傳曰。此教養萬民之道也。篤者篤厚而不忘。敘者先後之不紊。

呂氏祖謙曰。周公之于民至矣。然治道有先後之序。蓋亦有不暇為者。故屬成王頒布我所不暇為者于天下。王其聽我教汝于輔助斯民教養之常道。次第而頒之于民可也。篤敘云者。典型具在。誠意不存。亦徒法而已。故行之貴乎篤也。

按誠意不存云云。可正任法不任人之謬。

茲予其明農哉　傳曰。教農人以義。疏曰。伏生書傳。稱禮教于州里大夫。為父師。士為少師。朝夕坐于門塾。而教出入之子弟。是教農人以義也。

謹按。周公勤勞王室。鞠躬盡瘁。至于致政歸老之日。猶欲矜式鄉里。教率子弟。未嘗懷姑息之念。以是知聖人覺世之志苦矣。豈後世老臣致仕。肆意山林。平章風月者。所能逮其萬一哉。

大傳曰。卜洛邑。營成周。改正朔。定宗廟。序祭祀。易犧牲。制禮作樂。一統天下。合和四海。而致諸侯。皆莫不依紳端冕以奉祭祀者。其下莫不自悉以奉其上者。莫不自悉以奉其祭祀者。盡其天下之志而效諸侯之功也。又述孔子之說曰。吾于洛誥也。見周公之德。克明于上下。勤施四方。旁作穆穆。至于海表。莫敢不來服。莫敢不來享。以勤文王之鮮光。以揚武王之大訓。而天下大治。

謹按。周公營洛之事。史臣未能詳載。今讀孔子伏生數語。猶想見當時振興圖勵之規。穆穆皇皇之盛。天下諸侯之賓服。四夷八蠻所拱伏。周監二代。郁郁乎文。誠哉其文章之可觀也。豈不懿與。

多士　蔡氏曰。商民遷洛者。亦有有位之士。故周公洛邑初政。以王命總呼多士而告之。編書因以名篇。又曰。武王已有都洛之志。故周公黜殷之後。以殷民反覆難制。即遷于洛。至是建成周。造廬舍。定疆場。乃告命與之更始焉爾。由是而推。則召誥攻位之庶殷。其已遷洛之民與。不然。則受都。今衛州。洛邑。今西京也。相去四百餘里。召公安得舍近之友民。而役遠之仇民哉。

惟三月周公初于新邑　至王士　蔡傳。此多士之本序也。

謹按。傳言周公營洛而後遷殷。蔡氏之義。據本書為說。似較傳義為優。今錄蔡說。

昊天大降喪于殷　至于帝　馬曰。秋曰昊天。秋氣殺也。方言降喪。故稱昊天也。傳曰。我有周受天佑助之命。

我聞曰上帝　至四方　蔡氏曰。周公反復以夏商為言。蓋夏之亡即殷之亡。湯之興即武王之興也。商民觀是。亦可以自反矣。

謹按。觀此。則殷民之反覆難制可知矣。夫商受之罪。崇逋逃。用婦言。武王數之也。亦彰彰矣。今乃置而不論。第歷數商之興亡。一歸之于天命。而更述乃祖成湯割夏之謀。以示亡殷之舉。非屬我周之創圖。冀殷民稍知自反。以平其不平之氣。安其反側之心。其易姓受命之難可見。而周公措詞之不易。亦可見矣。蘇氏曰。予讀泰誓武成。嘗怪周取殷之易。及讀多士諸篇。又知周安殷之難也。不其然與。雖然。後世若始皇之徒。當其統一天下之時。自以德邁湯武。逮天下已定。而繼之者無其術。一夫大呼。瓦崩土解。近世拿破侖征服歐洲。亦不久崩裂。然後知周公安天下之謀。有不可及者矣。

凡四方小大邦 至 用罰　傳曰。言凡四方小大國喪。無非有辭于天所罰。言皆有闇亂之辭。

非我小國弋取 至 不畀　傳曰。弋。取也。非我敢取殷王命。乃天命。

惟我事不貳適 至 我適　蔡氏曰。言劉殷之事。非有私。一于從帝而無貳適。林之奇曰。王者之治天下。其舉措動作。無非天之事。故其典曰天敘。禮曰天秩。命曰天命。討曰天討。凡所以施乎國家者。非一人之私意所能為也。惟當承天意以從事而已矣。

謹按。自古成大業者。必有所附託。而後足以一人心。元鳥興商。履武誕聖。其迹有不可掩矣。其定也。亦必有所承授。而後足以服衆志。躍魚隕航。休之以燎。猶此志也。夫殷受之稔惡。固足以覆湯之典祀。然周崛起岐豐。西伯斧鉞之賜。羈縻于商久矣。翦商之事。尤不足以服安側之心。而貽頑民以口實。故周公始則陳亡國之由。必有辭于天。繼之謂周之此舉。實天命所畀。而非一己之私所敢干與。以示所承授者。一係于天也。然聖人事天之誠。秉心之公。蓋實有以服眾心者。不然。則後世豫鳴蛇哭之故智耶。何與大業之興替乎。

王曰多士至多遜　王氏鳴盛曰。遜當作愻順也。孔傳誤改作遜。非。又禮緇衣則民有孫心宋本皆作愻。是古愻與孫通。傳曰。昔我來從奄。謂先誅三監。後伐奄淮夷。民命。謂君也。大下汝民命。謂順四國君叛逆。我下其命。乃所以明致天罰。令移徙汝于洛邑。使汝遠于惡俗。比近我宗周。多為順道。

王曰告爾殷多士至有申　傳曰。所以徙汝。是我不欲殺汝。故惟是教命申戒之。

謹按。周自三監離叛。四國之君。誅夷流放。餘威振於殷民耳目。當是時。殷之多士。固多懷二三之志。即猜懼罔測之心。亦何日而忘耶。故周公歷陳四國叛逆之罪。而告其誅滅所由。以釋其疑忌之心。而復遷于洛邑。使之密邇周室。近依左右。則受恩日厚。教化日深。而二三之志亦稍戢。此周室經營之深慮也。後世人主得國之後。往往嫉其民叛逆。而必誅之使無噍類。夫德未下流而虐已普及。亦已謬矣。

爾乃尚有爾土　令爾惟時宅爾邑至爾遷　董氏鼎曰。多士一篇。終之以爾土爾邑。有恆產者有恆心。而非誘之以利也。

謹按。此數語者。乃告殷諸篇之歸宿也。老子有言。民不畏死。奈何以死懼之。畏死云者。田廬妻子之繫其心。倉廩衣食之養其欲也。鼂錯有言飢寒至身不顧廉恥慈母不能保其子君安能有民哉。綜覽一篇之中。通其乃祖之爲。以冀其自反。告之天命所在。以服其心。陳四國之叛逆。以解其疑。然不定以恆產以安其居。則所謂曉諭撫慰者。徒虛語耳。口惠而實不至。施之凡人且不可。況君之於民耶。

又按。古之有天下者。或起於積累。三代是也。或起於崛興。漢唐是也。然皆有其土。則必撫其民。而後足以至治。蓋其興亡者。一姓之興亡而已。故天下已定。煦嫗噢咻。亦唯恐不至。所謂得民全昌失民全亡者也。後世殖民之例興。則常思吞并他國。以爲安置己族之地。所欲得者土地。而此土地之民。未有能恤之者也。非徒不恤而已。蓋又將芟夷蘊崇。以爲彼族吮血嚼膚之計。吾觀近世波蘭越南。何其慘酷而無人理也。此非真古仁而今暴。彼之志固别有在。則其虐之也。亦其宜耳。嗚呼。非我族類。其心必異。古人何所見之早也。特其禍至今而始烈耶。

無逸

無逸　集傳自古有國家者。未有不以勤而興。以逸而廢也。成王初政。周公懼其知逸而不知無逸也。故作是書以訓之。言則古昔必稱商王者。時之近也。必稱先王者。王之親也。舉三宗者。繼世之君也。詳文祖者。耳目之所逮也。上自天命精微。下至畎畝艱難。閭里怨詛。無不具載。豈獨成王之所當知哉。實天下萬世人主之龜鑑也。

周公曰至無聞知　呂氏曰。此非始於憂勤終於逸樂之論也。蓋言先備嘗稼穡之艱難。乃處於安逸。則深知小人之所依。未嘗知稼穡之艱難而遽處安逸。興一宮室。起一力役。視之若易。然而民有不得其死者矣。若以始勤終逸釋之。是乾健之體。有時而息矣。

蔡傳。昔劉裕奮農畝而取江左。子孫見其服用。反笑曰。田舍翁得此亦過矣。此正所謂昔之人無聞知也。使成王非周公之訓。安知不以公劉后稷為田舍翁乎。

謹案乃逸乃諺既誕。此六字說得如繪。蓋惟逸故諺且誕。天下之身居局外。未親嘗其艱苦。而好議論人之短長者。皆此類也。古人不在其位。不謀其政。君子欲納於言而敏於行。正為此耳。馬伏波之誡兄子有旨哉。

昔在殷王至四三年　馬氏森曰。周公既以無逸致壽者為之勸。加人以逸樂損壽者為之戒。使知無逸之必可法。而逸樂之必不可縱。

謹按流水不腐。戶樞不蠹。此憂勤必壽之理也。外國無論何等學堂。皆有普通體操。亦衛生延年之善法也。老莊齊彭殤一死生。則與儒者之道異耳。

厥亦惟我周至五十年　集傳商猶異世也。故又即我周先王告之。言大王王季能自謙抑謹畏者。蓋將論文王之無逸。故先述其源流之深長也。

謹按文王惟不敢盤於游田。故正供之外無多取。周禮人君服用。冢宰以九式制之。西國則監督之以議院。所以上無濫費。而佚游之事。不禁而自止也。

繼自今至酒德哉　真西山曰。紂之惡無所不有。酗酒其最也。薛敬軒曰。人君天下之表儀。一日之耽樂。雖若不至于大害。然作於上即應於下。

謹按耽樂而曰非民攸訓。蓋以身訓者。效速於以言訓。泰西教育家日討國人而訓之。而於君德反略而不講。雖曰政體不同。究非古人格君心之旨也。

我聞曰至叢于厥身　范祖禹曰。明君惟聽正直。故讒慝之言不入於耳。暗君好聽讒佞。故欺誑之言。日至于前。人君當修德以弭怨。不可以刑殺止怨。以刑殺止怨。怨之愈甚。大決所潰不可收拾矣。

謹按此篇凡七更端。每以嗚呼發之。深嗟永歎。其反復於逸豫之戒者深矣。當是時武庚己就戮。河北已乂安。而公之憂盛危明猶如此。假其處今日之時勢。其嘵音瘏口。又不知何如也。夫天下事變亟矣。朝廷銳意更張。而上下之泄沓如故也。孰則日昃不遑暇食者乎。內宮省節服御。而風俗之淫靡日甚也。孰則卑服以即康田者乎。求言之詔屢下。而上書言事者。或勸說以沽名。或排擠以修怨。孰非不知艱難諺誕以侮厥父母者乎。古來亡國之事多端。惟人心之放肆。風俗之淫侈者。禍乃至酷。而不可收拾。讀無逸終篇。不禁為之長太息也。

君奭　集傳召公告老而去。周公留之。史氏錄其告語為篇。亦誥體也。篇中語多未詳。

周公曰至文王受命　此數節皆言天命民心去就無常。而恐召公之去使後嗣子孫遏佚前人光。而弗克嗣前人恭明德也。故公自云在我之道。惟以延長武王之德。使天不容捨文王所受之命。

我聞在昔至周不是孚　陳氏雅言曰。周公叙商六臣之烈。以告召公。召公於此。上比伊尹而無所讓。次比伊陟臣扈巫咸。而有餘。下比巫賢甘盤。而遠過之。今而求去。則殷民反側之未安。成王守成之無助。甯不愧於商之諸臣乎。此周公所以勉留之之意也。

惟文王至丕單稱德　陳氏櫟曰。上言殷先王猶有賴于六臣。此二章言周文武猶有賴於五臣四臣。召公可不鑒之而遽求去乎。留之之意切矣。

今在予小子旦能格　孔沖遠曰。我與汝用心輔弼。同于成王未在位之時。恐其未能嗣先王明德。我當與汝輔之。汝大無非責我之留也。

謹案召公為一身進退之節計。周公為國家安危長短之原計。召公之所執者狹義也。可為持祿戀棧者諷。周公之所論者廣義也。可為公忠體國者法。

君肆其監至往敬用治　此以下皆周公言其當留之義也。受武王之顧命。念文考之舊德。而天命民心。又皆繫於大臣之去留。是以召公默然領受。周公勉以往敬用治也。

謹案大臣之位。百責所萃。震撼擊撞。欲其鎮定。辛甘燥溼。欲其調齊。槃錯紛結。欲其解紓。黯闇污濁。欲其茹納。自非曠度洪量。與夫患失乾沒者。未嘗無翩然舍去之志。況召公親遭大變者乎。然思文武創業之艱難。念成王守成之無助。則義未可去也。

林之奇曰。無逸君奭。皆周公作。為成王言。則謂商周之治。無不在其君之憂勤。為召公言。則謂商周之治。無不在其臣之輔相。言各有所當也。

謹案國之弱。非無武備之謂也。上下偷安之謂弱。國之貧。非無蓄積之謂也。人才消乏之謂貧。觀無逸之勤政。可以知起弱之方。觀君奭之多賢。可以悟救貧之術。

多方　書序。成王歸自奄。在宗周誥庶邦。作多方。傳曰。誥以禍福。

惟五月丁亥至于祀　孔傳曰。周公以王命順大道。告四方殷之諸侯正民者。我大降爾命。謂誅紂也。言天下無不知紂暴虐以取亡。

乃惟成湯克以至非天庸釋有殷　孔傳曰。湯能用汝衆方之賢。大代夏政。為天下民主。慎其施政于民。民乃勸善。言政刑清。自湯至帝乙。皆能成其王道。無不明有德。慎其刑罰。亦能用勸善。察囚情。絶戮衆。衆亦能用勸善。開放無罪之人。必無枉縱。亦能用勸善。今至于汝君。謂紂不能用汝衆方享天之命。故誅滅之。

謹案多士多方二篇。皆周公所以撫殷餘反側之民。而多方之用意。尤深遠也。蓋多士不過為殷之頑民而言。多士之作。則在奄叛之後。蓋奄初誅滅之時。懷反側之心者。益震慴不安于心。則安之術尤非易易。此篇所陳。首告殷民之罪應誅戮。爾宜無不知之。以示非我有周之暴舉。次陳湯之伐夏。以示征伐革命。為歷代之公理。冀以平其心解其意。安其二三之心。嗚呼。亦已難矣。夫以武王之聖。伐紂之惡。其是非之在甚明。以周之仁。易殷之虐。其適合乎天人之心亦甚明。而民心思殷。反覆難安猶如此。則商六七王膏澤所被。抑何其遠也。使非有周公之聖德才藝當之。不亦殆哉。

惟聖罔念作狂至念聽　孔傳曰。惟聖無念于善則為狂人。惟狂人能念于善則為聖人。言桀紂非實狂愚。以不念善。故滅亡。天以湯故。五年須假湯之子孫。冀其改悔。而待大為民主。肆行無道。事無可念。言無可聽。武王服喪三年。還師二年。

謹按。觀此。周公其所以撫反側之術。盡於此矣。夫周人之心。未嘗汲汲懷利商之心。而必亟白之于此何也。蓋亡紂之舉。天下所同忿。使驟舉而易之。則商民亦有不甘者。故周公之為此言。以示亡紂之舉。雖我周之初意。未嘗不遲回鄭重。望其改悔。以至于什一百一千一。卒不可。乃不得已而為此。未嘗利殷之天下。思覆其祀也。雖然。使非聖人誠有心乎生民之心。發于言表。而徒為此言。以冀飾一時之耳目。又烏足以服殷民之心乎。

天惟求爾多方至尹爾多方　鄭注。顧。由視念也。其意言天下災異之威。動天下之心。開其能為天以視念者。中國無堪為之。惟我周能堪之。

蔡氏九峰曰。此章深論天下向者天命未定。眷求民主之時。能者則得之。孰有過汝者。乃無一能當天之眷。今天既命我周而定于一矣。爾猶洶洶不靖。欲何為耶。明指天命而讋服四海姦雄之心。莫切于是。

告爾有方多士至五祀　蔡傳。言商士遷洛。犇走臣服我監。于今五年矣。不曰年而曰祀者。因

商俗而言也

自作不和至和哉　尚書今古文注疏曰。言汝自作不和。今惟和哉。汝室有不和者。亦惟和之。汝邑中有能勉者。汝惟能勤勤乃事。

王氏樵曰。上和哉。欲安靜其心以和其身也。下和哉。欲和順其身以和其家也。

爾尚不忌于凶德至謀介　蔡傳。頑民誠可畏矣。然如上文所言。爾多士庶幾不至畏忌頑民凶德。亦則以穆穆和敬。端處爾位。以潛消其悍逆悖戾之氣。又能簡閱爾邑之賢者。以謀其助。則民之頑者。且革而化矣。

王氏樵曰。善衆而惡寡。治之始乎惡。惡衆而善寡。治之始乎善。當遷殷之初。成王擇殷士之可與者。使比介於周之賢臣。薰陶其德。多士。殷士既從。則又教之以益修其身。治其心。使自身心而達於家邑。無不和順。則凶德庶幾乎不足畏。而可以默奪而潛消。此聖人轉移殷俗之妙機也。

謹按。今觀王氏之論。所謂善人。所謂可與。蓋指服從周人言之也。蓋周公既示之以天命。見此舉之非偶然。告以五年。以見亡殷之非本志。而于此復擇其一二服從之士。授之以位。使之自治所屬。則其梟雄之士。皆有以馴伏其心。而區區之頑民。亦足以潛移默奪于冥冥之中而不自覺。其術可謂密矣。甚矣安天下之難也。

爾乃自時洛邑至爾田　蔡傳。爾乃自時洛邑。庶幾可以保有其業。力畋爾田。

王曰嗚呼多士至爾土　孔傳。若爾乃爲逸豫頗僻。大棄王命。則惟汝衆方取天之威。我則致行天罰。離逺汝土。鄭曰。離逖爾土。分離奪汝土也。

不克敬于和至無怨　孔傳。是惟汝初不能敬于和道。故誅汝無怨我。解所行再三加誅之意。

謹按。觀此數章。周公處殷民者。可謂仁至義盡矣。夫商甫定。而頑民不順。聖人未嘗罪之者。蓋天下未安。君臣之分未定。固不能律以叛逆之罪。奄叛之事。距克商之舉五年于茲矣。五年之間。君臣之分已畧定矣。而猶不寧其心。非自作而何。征而誅之。不亦宜乎。夫天即理也。理即心也。故君子之於刑賞也。一準諸心而已。準諸心而安。即準諸理而宜。夫殷之于周。澤之未加。分之未定。見其不服。而遽聲罪致討。非但名之不順。抑未可安于心焉。殆寵之以介賚之賞。安之以田宅之居。名分已定。而猶自作不和。桀驁不馴。討之誅之。亦有可誅之道。處之以離逖之刑。而君子之心安矣。此所以與後假仁假義之流有以異也。此其所以卒能服殷人之心也。

立政　書序。周公作立政。史遷說。周之官政未次序。于是周公作周官。官別其宜。作立政以便百姓。(按尚書今古文注疏便辨也百姓百官也)百姓說。

周公若曰拜手稽首至鮮哉　孔傳。戒王左右近臣宜得其人。嘆此五者。知憂得其人者少。

謹按。讀立政一書。嘆周公為成王計慮之深遠也。夫秦漢以下之君。其所以防禦外侮以禁姦備亂者。未嘗不至周至備。然卒致土崩瓦解。其禍往往不生于外而生于內。復不必生于內廷戰鬬之武臣。而乃生于左右一二近習之僉人。若秦趙高。漢十常侍。唐之宦官。明之大璫。而此一二人者。又皆人主之所忽畧。嗚呼。可以曉周公之意矣。夫常伯常任準人綴衣虎賁。皆成王左右之人朝夕與共者也。人主跬步之間。不離正人。左右近習。皆正人也。則所以涵養氣質。薰陶德性。而其行一趨于正。苟反其道而親之。則薰蕕同器。亦日與俱臭。而其行漸流于邪。此周公所以于一篇之首。鄭重言之也。其意可謂深矣。

乃有室大競　尚書今古注疏云。有室。猶云有家。謂卿大夫也。競。彊也。

謹按競之云者。立國之大要也。人主以德行任人。而以術潛為鼓倡。則天下之人。皆莫不競于其事。官競于職。士競于學。農競于力。工競于作。而國治矣。若夫後世非不知競。然所競者。詐偽淫求之術。是以愈競而國愈不治。而論者幾以競為大戒。豈知夏商之季。即以競為要術也哉。

乃敢告教厥后曰至茲惟后矣　孔傳曰。宅。居也。居汝事。六卿掌事者。牧。牧民。九州之伯。居内外之官。及平法者。皆得其人。則此惟君矣。

謹按。韓非子曰。酸甘鹹淡。人主不親嘗。而決于宰尹。則庖人輕君而重宰尹矣。此譬言也。夫法家者流。懷猜疑嫉忌之心。以待其臣下。故雖宰尹之微。而人主亦將親自決之。而不假手于人。蓋非但理之所悖。亦勢之所難行也。顧氏炎武曰。後人見周官一書。設官之多。職事之密。以為周之所以致治者如此。不知宅乃事乃準之外。文王罔敢知也。嗚呼。彼人主苟推誠布公。知人善任。雖事事委之臣下。高拱無為可也。苟以術防人。而懷猜忌之心。則事事親決。猶可疑也。觀周公立政之義。顧氏之說。可以爽然自失矣。

嗚呼其在受德至厥政　馬融注。受德。受所為德也。孔傳。惟進用刑與暴德之人。同于其國。並為威虐。乃惟衆習為過德之人。同于其政。

謹按。周公述紂之德而及此何也。夫國家之患。莫大于委靡庸陋之人居乎上。而慘酷暴虐之人輔于下。其禍乃一成而不可救。蓋上無振興之士。則政事之大綱大紀。皆墮于冥冥之中。而忽不自覺。下有嚴酷之臣。則天下之民。皆不獲仰上之澤。而惟虐是聞。故殷之末季。草竊姦宄者遍天下。而牧野陳師之日。離心離德者。且億兆焉。（左傳昭二十四年引）非此之效與。

立政任人至阪尹　蔡傳。自立政至三事。言文武立政三宅之官也。自虎賁至庶府。此待御之官也。自大都至吉士。此都邑之官也。自司徒至亞旅。此諸侯之官也。自夷微至阪尹。此王官之監于諸侯四夷者也。

謹按。立政所立之官。與周官所載不同。故後人每疑周官為偽作。然此成王初政。或仍商舊制。而周禮為周年晚年制作未及行之書。故其名目容有不同也。顧職司所掌。初無或異。豈惟周官。即歷代沿革。亦但更其名而已。觀歷代職官表。可以見矣。

國則罔有立政用憸人　馬融曰。憸利佞人也。蔡傳。自古為國。無有立政用憸利小人者。小人而謂之憸者。形容其沾沾便捷之狀也。

張氏九成曰。憸人者。頗巧辯給之人。詐足飾非。言足拒諫。悅其心。則譽桀紂為堯舜。失其意。則誣伯夷為盜跖。王氏曰。憸人不是容悅小人。孔傳云。憸利小人。正言其才智機鋒能聳發人主。以為必可共功。必能顯世。而不知究竟罔顯也。

謹按。蔡氏張氏之說。何其發之深切著明如是也耶。夫小人之為害于國。其類有二。有但求容悦之人。有傾險奸惡之人。容悦之小人。若侏儒優施鄧通之流。其意但求人主之一盼。中材之主。少不為桀紂者。不過取之以為玩物。未嘗有害于國也。若夫傾險之士。一以委曲變化。從世所好。舉動搖山海。呼吸變霜露。辯給之所至。天下是非。為之倒置。雖舜禹之聖。猶以知人為難也。後之人主。而或不審慎于其間而誤信之。其國未有不傾者也。

嗚呼繼自今至用常人　蔡傳。常人。常德之人也。

呂氏祖謙曰。常人之于國也。蓋猶食之穀粟。衣之布帛。雖無異味異文。而有生者。常用而不可一日易也。然每重遲木訥。不能與小慧新進者。爭長于頰舌之間。故世主迷惑于取舍而治亂分焉。此周公所以慨嘆而深致意于卒章與。

金氏履祥曰。常人憸人。二者相反。凡憸利便捷者。憸人也。凡持重守正者。常人也。憸人常以生事為功。常人常以生物為意。此用人者所當辨也。

謹按。立政一書。周公告戒成王用人致治之書也。一篇之中。丁甯反復。大抵不外乎遠憸人。用吉士二義。而二者所歸宿。又不外乎人主宅心舉善遠惡。可謂得其要矣。然其所稱述。不遠引堯舜禹稷之謨。而惟以湯為法何也。荀子有言。欲觀聖王之迹。則于其粲然者矣。後王是也。夫唐虞之世。距周之初。已數千年矣。若徵引之。或不足動成王之心。故周公舉成王所耳聞目見之善惡。引之以為鑒。其典章法制。昭然可考。非不以堯舜之道待其君也。傳曰。惟大人能格君心之非。若周公者。可謂善格君心矣。

又按、立政用人。有天下之要圖。而王政所必先也。吏考周之初興。放牛歸馬。建都作邑。大封同姓。建侯樹藩。日不暇給。蓋周道未融。而武王崩矣。成王既立。三監首亂。三年、辟管叔平殷。四年、東伐淮夷。五年、遷奄之君。于是作多方以安反側。飄搖風雨。綢繆戶牖。一統若斯之難也。夫戰戰栗栗。日甚一日。人莫躓于山。而躓于垤。外盜內憂。自古相為倚伏。故至是而無逸立政作焉。聖人憂盛危明。防微杜漸。蓋如此。

顧命　東晉古文分王出在應門以下。為康王之誥。

呂氏曰。成王力疾。臨廟朝而命之二公受遺。率諸侯而輔之。所以公天位而嚴大寶也。

惟四月　至王几　林之奇曰。論語朝服拖紳。孔子不敢以褻服見其君。成王不敢以褻服臨其臣。君臣之禮。豈可以疾而廢之哉。

乃同召　至御事　林之奇曰。此紀述一時所命之人。而周家命官之意。見於此者有四。以六卿兼主三公之事。一也。諸侯入為公卿。二也。公卿皆同姓之邦。三也。三公九卿各以其職任為尊卑。不以爵秩高下。四也。

王曰嗚呼　至于非幾　呂氏曰。周公精微之傳。成王得之。將終方以示羣臣。孔子精微之傳曾子得之。將終方以示孟敬子。皆近在于威儀容貌顏色辭氣之際。然則周孔豈惟同道。其用工之次第品目。亦莫不同也。

太保命　至側階　陳氏經曰。自設黼扆至此。典章文物之備。豈為華侈之具哉。一以象前王平生所坐所寶所乘所御。以起嗣王之追慕。而盡誠紹述也。一以昭前王委重投艱之意。使嗣王肅敬以祇承也。一以起羣臣諸侯之尊敬。想慕前王。而繫心於嗣王也。一以表人主之崇高富貴。尊無二上。而傳授之正如此。以絕天下覬覦之萌也。

王麻冕至廟門俟　孔穎達曰。告以為法之道。令率循之。明所循者法也。故以天下為大法。

王出至寡命　蔡傳曰公此言。若導王以尚威武者。然守成之世。多溺晏安而無立志。苟不詰爾戎兵。奮揚武烈。則廢弛怠惰。而陵遲之漸見矣。成康之時。病正在是。故周公於立政亦懇懇言之。

王若曰至鞠子羞　吳氏澄曰。言先王之有臣以保乂王家。所以勵羣臣也。言先王之建侯以藩屏後人。所以勵諸侯也。呂氏曰。康王以天子臨諸侯。獨戒以無遺我稚子之羞。退託謙沖。以不以威力要束天下。感人心之至者也。

謹案康王釋喪服而被袞冕。宋儒孫覺蘇軾以為非禮。朱子則曰。天子諸侯之禮。與士庶人不同。漢唐新主即位。皆行冊禮。君臣亦皆吉服。追述先帝之命。以告嗣王。蓋易世傳授。國之大事。當嚴其禮。而王侯以國為家。雖先君之喪。猶以為己私服也。竊謂朱子之說。與董江都白虎通何劭公諸家之說均合。夫嗣王受冊命以為天地宗廟社稷主。易毳冕黼裳即祭主位。告祭之禮。視朝夕饋奠有變。遂出畢門以見諸侯。於朝覲之禮亦有變。事畢而反凶服。上體先王敬奉天祖俯合臣民之義。蓋周公制文家法變古之質。為百世通行者也。孫氏蘇氏殆未深致耳。

呂刑　書序。呂命。穆王訓夏贖刑。作呂刑。孔傳。呂侯見命為天子司寇。以穆王命作書。訓暢夏禹贖刑之法。更從輕以布告天下。

若古有訓至無辜　鄭曰。苗民謂九黎之君也。孔傳曰。三苗之君。習蚩尤之惡。不用善化民。而制以重刑。惟為五虐之刑。自謂得法。以殺戮無罪。

陳氏櫟曰。呂氏謂古未有五刑。自苗民制之。聖人始不得已而用之。非也。蓋五刑其來久矣。豈有苗民始作五刑。舜乃效尤用之之理。鄭殺鄧析而用其竹刑。傳猶譏之。孰謂舜以三苗虐威而竄其身。乃效其虐威而用其法乎。

謹按。陳氏之說非也。五刑之制。實始于蚩尤。後世以蚩尤强暴。疑聖人未必因其法。故以為非。然蚩尤作兵。而兵實後世一日不可弭之物。桀作瓦屋。而今之瓦屋徧天下。夫上古之世。法制未備。雖聖人嘗制作于其間。而凶惡桀驁之才。其制法之善者。未嘗不為聖人所因。為富不仁之言。孟子尚有取于陽虎。安見舜不有取于蚩尤哉。

伯夷降典折民惟刑　孔傳。伯夷下典禮。教民而斷以法。

非時伯夷播刑之迪　蔡傳。捨皋陶而言伯夷者。探本之論也。

謹按。夫出于禮。入于刑。刑之與禮。互相為用者也。古之聖人。其治天下。一導之以禮。有放于禮法之外者。斯入于刑。周道之衰。莊列老文氏作。導天下以猖狂。而先王之大經大防。遂掃地無餘。商鞅李斯。見其放然于禮法之外者。不察其所至。遽汲汲以申韓之檄帚而抹其後。而天下之廉恥。蕩然矣。嗚呼。德之涼也。治之下也。豈一朝一夕之致哉。

典獄非訖于威至其身　蔡傳。威。權勢也。富。賄賂也。

呂氏祖謙曰。典獄不得行其公者。非為威脅。則為利誘。欲威不能屈。富不能淫。惟在敬忌無擇言在身而已。

謹按。後世人心多詐。往往外託不畏強禦之名。而内行其貪汙苟賤之實。漢孝景之世。文網蓋密。而楊僕杜周之流。吏多以權富。家貲累數巨萬。不取之富而誰取乎。然則穆王之言。所見亦遠矣。

惟敬五刑以成三德　陳氏經曰。成三德者。時乎用中典。則正直之德成。時乎用重典。則剛德成。時乎用輕典。則柔德成。

謹按。莊子有言。人心排上而進下。夫人之性。其剛柔正直之分。一視乎國政之寬嚴為範者也。其政肅者其民剛。商世是也。其政寬者其民柔。周世是也。介乎剛柔之閒。而民之性。乃無所偏畸。堯舜之世是也。聖人深知民心之剛柔係于政。故制為五刑之典。策其性所偏畸。而天和。酌乎人情輕重之宜以齊之。而成剛柔正直之德。近日人謂夫刑罰當以之為教人。不可以危人。猶此意也。後世慘礉寡恩之君。乃籍刑以為暴虐之資。以法把持天下。其去先王成德之意亦已謬矣。乃近世矯之者。欲為輕刑。遂有倡廢死刑之說。是又徵羹吹齏。固噎食廢食。所謂齊則失矣。楚亦未為得也。要以呂刑刑以成德之言為得其平耳。

兩造具備師聽五辭　蔡傳。師。衆也。

謹按周禮小司寇有三訊之法。三曰訊萬民。王制曰。疑獄汎與衆共之。近西人有陪訊官之法。或商或民。皆可充選。示期進訊。陪訊官與司刑官同鞫其辭。今東西咸遵其法。說者稱為公允。其法與呂刑所論。脗合無間矣。

其罪為均　馬融曰。此五過出罪。與犯法者等。

謹按。大清律與受同科。即此意也。

大辟之罰其屬二百

謹按。中國自古有死刑。漢法殺人者死。其義最為公允。近世歐洲有倡廢死刑之說者。日本岡田博士駁之曰。夫死罪所以治大惡不治者。世不能無大惡不治之人。即不能無死刑。其說甚允。足破輕刑之謬。

上刑適輕下服至上服　蔡傳。事在上刑而情適輕。則服下刑。事在下刑而情適重。則服上刑。

謹按。大清律誤殺過失殺。依律收贖。此上刑適輕下服也。書吏幕賓舞弊。及完贓減免又犯贓。依勢而犯者。皆加等。此下刑適重上服也。

又按近世日人著刑法通論云。若小兒初生。無權利義務之能力。使咬斷母乳而母死。此小兒應治以罪乎。法律中因此有責任年齡之條。未至十二歲。雖犯罪不科刑。十二歲以後。始隨其年齡之漸長而遞加其責任。此即上刑適輕下服之意也。岡田博士云。夫死刑祇當視其死視犯之重否。不當以殺人名目定之。如殺人者。為父母報仇。此大惡而猶可治者。（按復仇義見公羊。今中國律無此文。蓋父母為人殺。祇當告官求理。不得自行私殺。致起亂端。）宥之亦不為縱。竊盜屢犯。不能再使之自新。此小惡而不可治者。即處以死刑不為苛。當以大惡不治為標準。又云。例如甲受乙僱。約丙復仇。或以書信約之。或託他人代約之。後丙殺乙。丙之處分固不必論。而甲當如何處分。此須視甲之所以表示其意思者如何。若表示者有乞其殺人之意。則當坐以殺人之罪。此即下刑適重上服也。意也。

刑罰世輕世重　孔傳。刑罰隨世輕重。刑新國用輕典。（按今越南臺灣法與日本皆以重法繩之。此乃欲滅人種族之計。與古人立法有仁暴之殊矣。）刑亂國用重典。刑平國用中典。

養其人。

惟時上帝至文王　史遷。惟。作維。王。作武。

亦惟先正　鄭注。先正。先臣。謂公卿大夫也。

嗚呼有績至在位　史遷。績。作纘。尚書今古文註疏云。歎言予遭叔帶出犇失位。有纘令予一人久安在位者。文公也。言老成賢俊既少。我則不能勝任。謂我祖禰有靈。當收恤我身也。

用賚爾秬鬯一卣至四匹　尚書今古文注疏釋詁云。賚。賜也。秬鬯者。說文云。秬。黑黍也。一稃二米以釀也。或作秠。鬯。以秬釀鬱草芬芳攸服以降神也。彤弓者。詩傳云。彤弓。朱弓也。荀子大略篇。天子雕弓。諸侯彤弓。大夫黑弓。盧。一作旅。馬四匹。一乘也。

父往哉至顯德　鄭注。都。國也。鄙。邊邑也。言都不言鄙。由近以及遠也。

謹按。此篇史遷謂襄王命晉文侯重耳之書。今從之。蓋平王與于殺父。當誅絕之罪。故平王之詩。降而為風。春秋以魯紀年。所以絕之不得為天子也。若平王之書。夫子必不取之矣。或者曰。孟子言仲尼之徒。無道桓文之事者。今以此書為晉文。然則孟子非與。曰。孟子此言為政事法制而言。非事迹也。軌里連鄉之制。被盧三行之典。弟子不學。為治弗用也。斯為不道桓文而已。若二霸之事迹。闕二百年之興衰。固不得而沒也。孟子又曰。其事則齊桓晉文。此之謂也。

又按。春秋之世。秦有西都之地。代周之勢已成。而足以制秦之東略者。晉也。足以存周之禮樂者。魯也。故三晉分而後秦帝。而魯之禮樂。且延之漢代矣。書終于晉魯秦三國。豈無微旨哉。

費誓秦誓　呂氏曰。費誓秦誓。皆侯國之事。而繫於帝王書末者。猶詩之錄商頌魯頌也。

書序。魯侯伯禽宅曲阜。徐夷並興東郊不開作費誓秦穆公伐鄭晉襄公帥師敗諸崤還歸。

作秦誓。

呂氏曰。伯禽撫封於魯。夷戎妄意其未更事。乘其新造之隙。而伯禽應之者甚整暇有序。先治戎備。次之以除道路。又次之以嚴部伍。又次之以立期會。先後之序。皆不可紊。

公曰嗟　至無敢不善　陸氏曰。仁義之師。制梃可撻堅利。然善戰者常為不可勝。以待敵之可勝。不得不於此凜凜。器械嚴整。則士氣精明也。

今惟　至常刑　蔡傳云。此令軍所在之居民也。蓋除道路之事。

馬牛　至常刑　蔡傳云。此嚴部伍之事。

甲戌　至大刑　蔡傳云軍以期會芻糧為急。故皆服大刑。

薛季宣曰。伯禽當徐夷之難。所以用其民已至矣。以戰則兵甲精練。以居則營廐嚴肅。以動則軍無侵掠。戰守則糧餉備具。城築則楨幹畢集。以甲戌征。以甲戌築。二役並起。使敵不知所向。奪其地利。攻其腹心。制勝以奇。未始不由於正。兵法之善。固無加於此者。

秦誓　李氏杞曰。春秋敗崤之後。復有彭衙濟河之師。徒悔不改。穆公所以僅為穆公也。夫子於書。取其一念之悔。而於春秋責其遂非之失。一寬一嚴。意各有主。

公曰嗟至艱哉　姚氏舜牧曰。人情多自是。故難於知過。多自遂。故難於改過。穆公以己不受人言。致喪師辱國。故有味乎此言。深用以自悔耳。

我心至罔所愆　孔沖遠曰。古之謀人。當謂忠賢之臣若蹇叔等。今之謀人。勸穆公使伐鄭者。蓋謂杞子之類。

番番至多有之　呂氏曰。尊老貴德之心。欲保養之而不復替也。喜功生事之習。欲防閑之而不復萌也。憸邪讒佞之徒。欲絕其本根而不復殖也。

昧昧至一人之慶　孔穎達曰。言國家用賢則榮。背賢則危。穆公自誓。將改前過。用賢人也。

黄氏度曰。書終于二誓何也。費誓見周初牧伯職業。秦誓春秋霸國爭雄。盛衰之變也。

謹案孔子序書百篇。皆三代廢興大政。侯國之書。惟取費誓秦誓何哉。魯迫近戎夷。春秋時。齊晉强則依以立。齊晉衰則依於吳楚。其勢然也。序費誓者。志荊蠻猾夏之萌。以卜其終滅於楚也。春秋書晉人及姜戎敗秦於殽。公羊子曰。謂之秦。夷狄之也。穀梁子曰。徒亂人子女之教。無男女之別。秦之為狄。自殽之戰始也。然則序書何取焉。取其悔過之意。深美閔約。將以霸繼王也。秦以狄道代周。以霸統繼帝王。變之極也。此春秋所以作也。

古文　孔安國尚書序曰。魯共王好治宮室。壞孔子舊宅。以廣其居。于壁中得先人所藏古文虞夏商周之書。及傳論語孝經。皆科斗文字。王又升孔子堂。聞金石絲竹之音。乃不壞宅。悉以書還孔氏。科斗書廢已久。時人無能知者。以所聞伏生之書。考論文義。定其可知者。為隸古定。更以竹簡寫之。增多伏生二十五篇。

謹按。古文自明梅鷟。始發難端。（難古文者多引朱子。然朱子竝未深斥古文。故今以梅鷟為斷。）逮閻氏古文疏證出。掊擊瑕纇。身無完膚。幾于南山可移。此案不可動矣。然古文中至理名言。層見疊出。其精粹深切。謂非出于聖人不能。今特擇其要者著于篇。而諸家評釋亦附見焉。

濬哲文明。溫恭允塞。（舜典）　蔡傳。濬。深。哲。智也。溫。和粹也。塞。實也。言深沈而有智。文理而光明。和粹而恭敬。誠信而篤實。

謹按。此二十八字。乃姚方興于大航頭所得。攻古文者。多以此為根據。然其理固極粹無疵矣。

后克艱厥后至敏德（大禹謨）　蔡傳。禹言君而不敢易其為君之道。臣而不敢易其為臣之職。夙夜祇懼。各務盡其所當為者。則其政事乃能脩治而無邪慝。下民自然觀感速化于善。而有不容已者矣。

書經講義　山東高等學堂

嘉言罔攸伏至困窮止仝　蔡傳。舜然禹之言。以為信能如此。則必有以廣延衆論。悉致羣賢。而天下之民。咸被其澤。無不得其所矣。然非忘私順理。愛民好士之至。無以及此。

程子曰。舍己從人。最為難事。己者我之所有。雖痛舍之。猶懼守己者固。而從人者輕也。

儆戒無虞至來王上仝　孔傳。虞。度也。無億度。謂無形。戒于無形。備深秉法守度。言有恆。淫過也。遊逸過樂。敗德之原。富貴所忽。故特以為戒。一意任賢。果于去邪。疑則勿行。道義所存于心。日以廣矣。干求也。失道求名。古人賤之。咈戾也。專欲難成。犯衆興禍。故戒之。天子常戒慎無怠荒廢。則四夷歸往之。

蔡氏曰。今按益言八者。亦有次第。蓋人君能守法。不縱逸樂。則心正身脩。義理昭著。方寸之間。光輝明白。而于天下之事。孰為道義之正而不可違。孰為民心之公而不可咈。皆有以處之而不失其理。而毫髮私意不入于其間。此其懲戒之深旨。所以推廣大禹克艱惠迪之謨也。

德惟善政至惟和上仝　蔡傳。德非徒法而已。惟當有以善其政。政非徒法而已。在乎有以養其民。

謹按。稽于憲。立憲政體也。四夷來王。屬地政策也。六府三事。農工商實業也。三者列強之要政。而其義已備于禹謨矣。

刑期于無刑上仝　蔡傳。其始雖不免于用刑。而實所以期至于無刑之地。

謹按。此用刑之宗旨也。左氏有言。夫火烈。民望而畏之。故鮮死焉。夫刑者。勢猶火也。用刑者因民性之所畏者。用之以制其淫僻之行。而弼之于中道。期至于無刑之地。斯不失制刑之旨矣。若或嚴之為慘酷之資。或寬之以干百姓之譽。均非持平之論也。抑聖人之用刑也。本諸心而已。苟心期無刑之心。則寬嚴之用。自不失措施之宜。而民自協于中道。若有意于矯正而不存愍惻哀矜之心。亦未有能持平者也。

人心惟危至厥中上仝　蔡傳。心者。人之知覺主於中而應于外者也。指其發于形氣者而言。則謂之人心。指其發于義理者而言。則謂之道心。人心易私而難公。故危。道心難明而易昧。故微。惟能精以察之。而不雜形氣之私。一以守之。而純乎義理之正。道心常為之主。而人心聽命焉。則危者安。微者著。動靜云為。自無過不及之差。而信能執其中矣。

謹按。此章之義。為宋儒理學所本。蔡傳推闡。可謂精密而無餘蘊矣。朱子序中庸。其義實本于此。或以謂本諸荀子。然荀子實無此精密也。

民惟邦本至邦寧五子之歌　蔡傳。民者國之本。本固而後國安。本既不固。則雖强如秦。富如隋。終亦滅亡而已矣。

亂其紀綱乃底滅亡上仝　蔡傳。大者為綱。小者為紀。紊亂其紀綱。以致滅亡也。

謹按。何為紀綱。禮義是也。夫國之將亡。必先失其禮。而後天下之大綱大紀皆紊亂而無緒。上無道揆。下無法守。國亦隨之隕矣。嗚呼。可無戒與。

威克厥愛至罔功（胤征） 蔡傳。威者。嚴明之謂。愛者。姑息之謂。

惟天生民有欲至時乂（仲虺之誥） 蔡傳。言民生有耳目口鼻愛惡之欲。無主則爭且亂矣。天生聰明。所以為之主。而治其爭亂者也。

謹按。近世赫胥黎天演論曰。自營甚者。必侈于自由。自由侈則侵。侵則爭。爭則羣渙。羣渙則人道所恃以為存者去。故自營大行。羣道息而人種滅也。然而天地之性。物之最能為羣者。又莫人若。如是則其所受于天。必有以制此自營者。夫而後有羣之效。即此意也。

兼弱攻昧取亂侮亡至其昌（仝上） 孔傳。弱則兼之。闇則攻之。亂則取之。有亡形則侮之。有亡道則推而亡之。有存道則輔而固之。

謹按。此與近世物競天擇之義合。

以義制事以禮制心（仝上） 蔡傳。義者。心之裁制。禮者。理之節文。以義制事。則事得其宜。以禮制心。則心得其正。内外合德。而中道立矣。

謂人莫若己者亡（仝上） 孔傳。謂人莫己若。自多足。人莫之益。亡之道也。

慎乃儉德至永圖太甲　蔡傳。謹其儉約之德。惟懷永久之謀。以約失之者鮮矣。

欲敗度縱敗禮仝上　蔡傳。多慾。則興作而亂法度。縱肆。則放蕩而隳禮儀。

惟治亂在庶官至惟其賢說命　孔傳。官得人。則治。失人則亂。惟能是官非賢不爵。

非知之艱行之惟艱仝上　蔡傳。得于耳者非難。行于身者為難。

不役耳目百度惟貞旅獒　蔡傳。貞。正也。不役于耳目之所好。百為之度。惟其正而已。

玩人喪德至以道接仝上　蔡傳。德者。己之所得。志者。心之所之。道。所當由之理也。己之志以道而寧。則不至于妄發。人之言以道而接。則不至于妄受。存乎中者。所以應乎外。制乎外者。所以養其中。古昔聖賢相授心法也。

不惟其官惟其人周官　蔡傳。不惟其官之多。惟其得人而已。

以公滅私民其允懷仝上　蔡傳。以天下之公理。滅一己之私情。則令行而民莫不敬信懷服矣。

左右前後之士至非心冏命　蔡傳。匡。輔助也。繩。直。糾。正。非心。非僻之心也。

朱子曰。漢儒以伏生之書為今文。而謂安國之書為古文。以今考之。則今文多艱澀。而古文反平易。或者以為今文自伏生女子口授。鼂錯時失之。則先秦古書所引之文。皆已如此。或者以為記錄之實語難工。而潤色之雅詞易好。則暗誦者。不應偏得所難。而考文反專得其所易。是皆不可知者。讀者姑務沈潛反乎其所易。而不必穿鑿傅會于其所難者云。（梁章鉅云近儒閻百詩古文尚書疏證即本此而推闡之然朱子之言實公平正大之論蓋古文可疑朱第存疑而已合于聖人闕疑之義至古文如禹謨伊訓太甲說命旅獒君陳畢命等文實皆古聖賢所以修齊治平之要道故欲使讀者姑務沈潛反復乎其所易而不必穿鑿傅于其難不與朱子之言刺謬乎

陳氏第曰。孔安國古文二十五篇。至東晉始顯。唐人疏之。始大行于世。未有議其偽者。宋吳才老始曰。安國所增多之書。皆文從字順。非若伏生之書。詰曲聱牙。至有不可讀。吳草廬因之曰。二十五篇。采輯補綴。無一字無所本。而平緩卑弱。殊不類秦漢以前之文。愚竊以為過也。今文自盤庚周誥外。若堯典、臯謨、甘誓、湯誓、高宗肜日、西伯戡黎、牧誓、洪範、無逸、顧命。何嘗不文從字順乎。左國禮記諸書。稱引二十五篇。彬彬具在。今謂作古文者。采綴為之。是倒置本末。而以枝葉作根幹矣。且其紀綱道德。經緯人事。深沉而切至。高朗而矯健。又安見其平緩卑弱乎。

陸稼書曰。漢儒如劉歆班固馬融鄭康成之徒。以至晉杜元凱。皆不曾見古文尚書之全。又雜以偽泰誓。直至東晉。此書方出。是以朱子嘗疑之。然命蔡沈作書傳。卒主古文尚書。又嘗

謂門人輔廣曰。書有易曉。恐是當時做底文字。或是經修飾潤色。其難曉者。恐只是當時說話。當時人自曉得。後人乃以為難曉耳。則是朱子于古文尚書。固終信之而不敢以張霸之徒例之也。學者毋以其晚出而疑之哉。

謹按今古文之辨。說者紛紛。要之古文中精語微言。多與洙泗契合。何可廢也。故宋學諸家。多重古文。朱子尤重之。世之攻古文者。每引朱子為言。是但截取其中一二語。而未知朱子固以為宜沈潛反復乎其易也。學者讀書但取其有益身心者讀之。若真偽之分。欽定傳說彙纂。已今古並列。學者可無庸置辨矣。

国立山东大学文史丛刊第一期

（民国二十三年排印本）

國立山東大學

文史叢刊

第一期

中華民國二十三年五月發行

國立山東大學文史叢刊 第一期

記北宋本的六祖壇經

(跋日本京都堀川興聖寺藏北宋惠昕本壇經影印本)

胡　適

去年十月我過日本橫濱，會見鈴木大拙先生，他說及日本有新發現的北宋本六祖壇經。後來我囘到北平，不久就收到鈴木先生寄贈的京都堀川興聖寺藏的六祖壇經的影印本一部。此本爲昭和八年安宅彌吉所印行，共印二百五十部，附有鈴木大拙先生的「解說」一小册。

興聖寺本爲翻刻宋本，已改原來每半頁七行之摺帖式爲每全頁廿一行之方册本。但原本之欵式完全保存，不過合併三個半頁爲一全頁而已。每行二十二字。全書分二卷，上卷六門，下卷五門，共十一門。

末頁有興聖寺僧了然墨筆兩行跋，第一跋云：

慶長四年五月上中旬初拜誦此經伺南宗奧義了次爲新學加朱點而已　了然誌之

第二跋云：

慶長八年三月朔日至八日一遍拜讀之次加和點了　記者同前

鈴木先生說，慶長四年到今年(去年)，已有三百三十四年了。

此本前面有手鈔「六祖壇經序」，看其筆跡，似是了然所補鈔。序文二十七行半，不分段，首行云：

依真小師邕刕羅秀山惠進禪院沙門惠昕述。

而序末題云：

紹興二十三年六月二十日右奉議郎權通判蘄州軍州事晁子健記。

細分析之，這裏本是兩篇序，了然誤合爲一。

第一篇爲惠昕序，共一百六十一字：

原夫真如佛性，本在人心。心正則諸境難侵，心邪則衆塵易染。能止心念，衆惡自亡。衆惡既亡，諸善皆備。諸善要備，非假外求。悟法之人，自心如日，遍照世間，一切無礙。見性之人，雖處人倫，其心自在，无所惑亂矣。故我六祖大師廣爲學徒直說見性法門，總令自悟成佛，目曰壇經，流傳後學。古本文繁，披覽之徒，初忻後厭。余以太歲丁卯，月在蕤賓，二十三日辛亥，於思迎塔院分為兩卷，凡十一門。貴接後來，同見佛性云。

第二篇是晁子健的後記，共二百八十二字：

子健被旨入蜀，回至荊南，於族叔公祠位見七世祖文元公所觀寫本六祖壇經，其後題云：「時年八十一，第十六次看過。」以至點句標題，手澤具存。公歷事太宗真宗仁宗三朝，引年七十，累章求解禁職，以太子少保致仕，享年八十四。道德文章具載國史。冠歲過道士劉惟一，訪以生死之事。劉曰：「人常不死。」公駭之。劉曰，「形死性不死。」公始寤其說。自是留意禪觀，老而愈篤。公生平所學，三教俱通。文集外，著昭德編三卷，法藏碎金十卷，道院集十五卷，耄智餘書三卷，皆明理性。晚年尙看壇經孜孜如此。子健來佐蘄春郡，遇太守高公世叟，篤信好佛，一日語及先文元公所觀壇經，欣然曰，「此乃六祖傳衣之地，是經安可闕乎？」乃用其句讀，鏤版刊行，以廣其傳。壇經曰，「後人得遇壇經，如親承吾教。若看壇經，必當見性。」咸願衆生，同證此道。

據此兩序，可知此本的底本是惠昕所改定的兩卷十一門的本子。惠昕自記改定此書的年月爲「太歲丁卯，月在蕤賓，二十三日辛亥。」鈴木先生推想此「丁卯」應是宋太祖乾德五年（西曆九六七），但他不能證實此說。按蕤賓爲五月；二十三日辛亥，則此月朔爲己丑。我檢查陳垣的廿史朔閏表，只有宋太祖乾德五年丁卯有五月己丑朔，故可斷定惠昕改定二卷十一門是乾德丁卯的事（九六七）。此本的祖本是十世紀的寫本，距離那敦煌寫本應該不很遠了。

晁子健序中所說「七世祖文元公」，卽是晁公武（字子止）郡齋讀書志自序中「公武家自文元公來以翰墨爲業者七世」的文元公，卽是晁迥，是北宋前期的大文家，他死後謚「文元」，宋史（卷三〇五）有傳。宋史所記與晁子健所述略同（耄智餘書，宋史耄作耆）。宋史所記也有可供此本考證的。本傳說：

> 天聖中，迥年八十一，召宴大清樓。……
>
> 子宗愨爲知制誥，侍從，同預宴。

據畢沅續通鑑卷三十八，晁宗愨知制誥是在天聖九年（一〇三一）正月；太清樓賜宴在同年閏十月。據此可知他八十一歲正是天聖九年。此本的原寫本有晁迥自題「時年八十一，第十六次看過」的話，題字之年（一〇三一）和惠昕改訂之年（九六七）

相隔只有六十四年，也可以說是十世紀的寫本。

我們現在可以稱此本的原刻本爲南宋紹興二十三年（一一五三）蘄州刻本；刻本所據的寫本爲北宋天聖九年（一〇三一）晁迥八十一歲時第十六次看過的十世紀寫本；而其祖本爲北宋乾德五年（九六七）惠昕改訂爲兩卷十一門的寫本。

❀　❀　❀

這個惠昕改訂爲兩卷十一門的本子，是晁迥看過又題過的，是晁子健刻的。刻的年代是紹興二十三年。最可注意的是，在此本刻印的前兩年——紹興二十一年（一一五一）——晁迥的另一個七世孫，晁子健的堂弟兄，晁公武正寫成他的郡齋讀書志的自序。在郡齋讀書志的衢州本的卷十六，有這樣的記載：

六祖壇經三卷（王先謙校：三，袁州本作二。）

右唐僧惠昕撰。記僧盧慧能學佛本末。慧能號六祖。凡十六門。周希復有序。

馬端臨文獻通考的經籍考五十四，轉錄此條如下：

六祖壇經三卷。

晁氏曰，唐僧惠昕撰，記僧盧慧能學佛本末。慧能號六祖。凡十六門。周希後有序。

通考之惠昕是惠昕之譌，周希後是周希復之譌。但最可注意的是「三卷」「十六門」兩項，可證衢州本讀書志所記不誤。依此看來，在蘄州刻的惠昕二卷十一門本之前，早已有一部三卷十六門的惠昕本在社會上流通了。讀書志成於紹興二十一年以前，所以晁子止沒有看見他的從堂弟兄刻印的他的七世祖文元公句讀題記的兩卷十一門的惠昕真本。

晁公武的記載使我們知道一件重要事實，就是：在一〇三一年到一一五一年，在這一百二十年之間，惠昕的二卷十一門壇經，已被人改換過了，已改成三卷十六門了。

那部三卷十六門的惠昕本，我們沒有見過，不能下確定的推論。但我們可以推測那個本子也許是北宋至和三年(一〇五六)契嵩和尚的改本。契嵩的鐔津文集裏有郎侍郎的六祖法寶記敘，——此序當然是契嵩自己作的，——說契嵩得了一部「曹溪古本」，用來校改俗本壇經，勒成三卷。契嵩的「曹溪古本」，我在前幾年已證明即是「

曹溪大師別傳」。（胡適壇經考，武漢大學文哲季刊第一卷第一期。）他所用的「俗本」也許就是惠昕的二卷十一門本，他改定之後，仍用惠昕之名。幸有晁逈句讀本保存到十二世紀中葉，被晁子健刻出來，流傳到日本，保留到如今；使我們知道惠昕的原本是只有十一門分兩卷的。

壇經的普通傳本都是契嵩以後又經後人增改過的。現今只有兩個本子是契嵩以前的古本：

（1）敦煌的不分卷寫本。

（2）北宋初年惠昕改訂二卷十一門本。

這個惠昕真本是人間第二最古的壇經。

✽ ✽ ✽

我在壇經考裏，曾指出敦煌本慧能臨終的「懸記」被契嵩用曹溪大師別傳的懸記來改換了。今檢此惠昕本的臨終懸記，與敦煌本還相同。今抄此本的懸記，而校註敦煌本異文如下：

法海上座問曰（敦煌本作『上座法海向前言』）：

「和尙(敦煌本作『大師，大師』)去後，衣法當付何人？」師曰：「吾於大梵寺說法，直至今日，抄錄流行，名法寶壇經記，汝等守護，度諸衆生，但依此說，是真正法。」(此段話，凡三十七字，敦煌本無。)師言：「法海向前。(敦煌本無此六字；此處重提法海，可見添插的痕跡。敦煌本在下文懸記之前，有「法卽付了，汝不須問」八字)吾滅度後二十年間，邪法撩亂，惑我正宗(敦煌本「年間」作「餘年」，「正宗」作「宗旨」。)有一人出來，不惜身命，定於佛法，(敦煌本作「第佛教是非」)豎立宗旨，卽是吾(此下敦煌本有「正」字)法，弘於河洛，此教大行。若非此人，(以上十二字，敦煌本無。)衣不合傳。」

此條懸記，明指神會獨力攻擊北宗，豎立南宗宗旨的故事。(看胡適荷澤大師神會傳，頁一三一—一三三，又頁六一—七二)此本添「弘於河洛，此教大行」，原意更明顯了。契嵩不知道此段重要歷史，妄依曹溪大師別傳，改作如下的懸記：

吾去七十年，有二菩薩從東方來，一出家，一在家，同時興化，建立吾宗，締緝伽藍，昌隆法嗣。(依明藏本，今本又都删去此條懸記了。)

此惠昕本還保存那明指神會的懸記，可證此本和敦煌本最接近，是未經契嵩妄改的古本。

試再舉一個證據。敦煌本法海問：

此頓教法傳受，從上以來，至今幾代？

六祖答詞，列舉七佛以來四十代傳法世系。今將敦煌本，惠昕此本，及明藏本的傳法世系表示如下：

敦煌本	惠昕本	明藏本	附唐僧宗密所記世系
六佛	六佛	六佛	
7 釋迦牟尼 第七	釋迦 第七	釋迦文佛	
8 大迦葉	迦葉	(1)迦葉	(1)迦葉
9 阿難	阿難	(2)阿難	(2)阿難
10 末田地	末田地		
11 商那和修	商那和修	(3)商那和修	(3)商那和修
12 優婆掬多	優婆掬多	(4)優波毱多	(4)優波毱多
13 提多迦	提多迦	(5)提多迦	(5)提多迦

		(6)彌遮迦	(6)彌遮迦
		(7)婆須蜜多	
14佛陀難提	佛陀難提	(8)佛馱難提	(7)佛陀難提
15佛陀蜜多	佛陀蜜多	(9)伏馱蜜多	(8)佛陀蜜多
16脅比丘	脅比丘	(10)脅比丘	(9)脅比丘
17富那奢	富那奢	(11)富那夜奢	(10)富那奢
18馬鳴	馬鳴	(12)馬鳴	(11)馬鳴
19毗羅長者	毗羅尊者	(13)迦毗摩羅	(12)毗羅尊者
20龍樹	龍樹	(14)龍樹	(13)龍樹
21迦那提婆	迦那提多	(15)迦那提婆	(14)迦那提婆
22羅睺羅	羅睺羅多	(16)羅睺羅多	(15)羅睺羅
23僧伽那提	僧伽那提	(17)僧伽難提	(16)僧伽難提
24僧伽耶舍	僧伽耶舍	(18)伽耶舍多	(17)僧伽耶舍

25 鳩摩羅馱	鳩摩羅馱	(19)鳩摩羅多	(18)鳩摩羅多
26 闍耶多	闍夜多	(20)闍夜多	(19)闍夜多
27 婆修盤多	婆修槃頭	(21)婆修槃頭	(20)婆修槃陀
28 摩拏羅	摩拏羅	(22)摩拏羅	(21)摩奴羅
29 鶴勒那	鶴勒那	(23)鶴勒那	(22)鶴勒那夜遮
30 師子比丘	師子比丘	(24)師子比丘	(23)師子比丘
31 舍那婆斯	婆舍斯多	(25)婆舍斯多	(24)舍那婆斯
32 優婆掘	優波掘多	(26)不如蜜多	(25)優婆掘
33 僧迦羅(叉)	婆須蜜多	(27)般若多羅	(26)婆修密
34 須婆蜜多	僧迦羅叉		(27)僧伽羅叉
35 菩提達摩	菩提達摩	(28)菩提達摩	(28)達摩多羅
36 惠可	同	(29)同	(29)同
37 僧璨	同	(30)同	(30)同

38 道信	同	(31)同	(31)同
39 弘忍	同	(32)同	(32)同
40 惠能	同	(33)同	(33)同

此表最可注意的是敦煌本的印度諸祖與惠昕本全同，所不同者只有兩點：

（1）敦煌本的舍那婆斯（31），此本作婆舍斯多。

（2）煌敦本僧迦羅义（33）與婆須蜜多（34），此本兩人的次第互倒。證以宗密所記，敦煌本是誤倒的。此本不誤。

此可證此本尚未經契嵩的改竄。契嵩作傳法正宗記，傳法正宗論，及傳法正宗定祖圖，於嘉祐六年（一〇六一）進上；次年（一〇六二），奉仁宗旨，收入藏經內。他的重要改定，是

（1）改舊世系的第三十三人婆須蜜多為第七祖。

（2）刪去舊世系的第三十二人優波掘多，因為他知道優波掘多即是前面的第十二代優婆掬多。

(3)删去舊世系的第三十四人僧迦羅叉，因爲僧迦羅叉(卽僧伽羅剎)的年代太分明了，不容易接上菩提達摩。契嵩自稱根據僧祐的出三藏記所收的薩婆多部世系，而僧祐所記僧伽羅叉在第二十九，而弗若蜜多(契嵩的不若蜜多)在第四十九。所以他不能不删去僧伽羅叉了。(僧伽羅叉的年代，我曾考定爲西曆紀元二世紀的人；看胡適文存三集頁四一一以下。)

(4)他删去了師子下面的四個人，改定爲三人：

婆舍斯多(此是依惠昕本改的)

不如蜜多(此卽出三藏記的弗若蜜多)

般若多羅(此卽出三藏記的不若多羅)

(5)敦煌本與惠昕本皆無彌遮迦一人，而中唐宗密所傳世系已有此名，大概唐人所傳世系，或有末田地而無彌遮迦，或有彌遮迦而無末田地，不是契嵩添入的。

我從前疑心舍那婆斯之改爲婆舍斯多，也是契嵩幹的事。今見惠昕本已這樣改了。舍那婆斯卽是商那和修，他在僧祐出三藏記的薩婆多部世系表裏，列在第四，在末田地之下，優婆掬多之上，正當舊表之商那和修。故惠昕本已改為婆舍斯多。此名不見于唐人所傳各表中，亦不見于日本所存各表中，大概是惠昕捏造的，而契嵩沿用此名。這更可証我上文說的契嵩所用「俗本」即是惠昕的二卷十一門本。

惠昕本雖已改換了舍那婆斯一名，但其餘各祖都與敦煌本相同，這又可見此本之近古了。

✿　✿　✿

但用此本與敦煌本比較，我們可以看出惠昕已有很大的改動，已有很多的增添了。上文引慧能臨終的懸記，已可見惠昕增添了許多字句。惠昕自序說：

古本文繁；披覽之徒，初忻後厭。

可見他不滿意於古本。但他不曾說明他如何改動。看了「古本文繁」一句話，好像他的改定是刪繁為簡。試比較敦煌本與此本，便知此本比古本更繁，已有了後來添入的文字。但此本所增添的還不很多，不過兩千字罷了。今試表壇經各本的字數，作一個比較：

(1)敦煌本　一二・〇〇〇字

(2)惠昕本　一四・〇〇〇字

(3)明藏本　二一・〇〇〇字

這可見惠昕加了不過二千字，而明藏本比敦煌本竟增加九千字了。這個比較表雖是約略的計算，已可見禪宗和尚妄改古書的大胆真可令人駭怪了。

我們試取一段，用這三本的文字作一個對勘表：

敦煌本	惠昕本	明藏本
大師欲更共議，見左右在傍邊，大師更不言，遂發遣惠能，令隨衆作務。	大師更欲共惠能久語，且見徒衆總在身邊，乃令隨衆作務。惠能啓和尚言：「弟子自心常生智慧，不離自性，卽是福田。未審和尚教作何務？」五祖言：「這獦獠	五祖更欲與語，且見徒衆總在左右，乃令隨衆作務。惠能曰：「惠能啓和尚：弟子自心常生智慧，不離自性，卽是福田。未審和尚教作何務？」祖云「這獦獠根性

	時有一行者遂差惠能於碓坊踏碓，八個餘月。
根性大利。汝更勿言，且去後院。」	有一行者差惠能破柴踏碓，八個餘月。五祖一日忽見惠能，言：「吾思汝之見可用。恐有惡人害汝，遂不與汝言。知之否？」惠能言：「弟子亦知師意，不敢行至堂前，令人不覺。」
大利。汝更勿言。著槽廠去。」惠能退至後院。	有一行者差惠能破柴踏碓，經八月餘。祖一日忽見惠能曰：「吾思汝之見可用，恐有惡人害汝，遂不與汝言。汝知之否？」惠能曰：「弟子亦知師意，不敢行至堂前，令人不覺。」

我們看這種對勘，可知惠昕增添了許多很淺薄的禪宗濫調，而契嵩以後多沿用他的

改本。(明藏本卽是契嵩改本，畧有元朝和尙宗寶增入的部分。我另有考。)倘使我們不見敦煌古本與惠昕本，這種後世增改的痕跡就不容易考出了。

惠昕改動的地方，大致都是這樣「添枝添葉」的增加。但他也有刪節原本的地方，也有改換原本各部分的次第的地方。

惠昕增添的地方都是很不高明的；但他刪去的地方都比原本好的多。如惠能的心偈，敦煌本有兩首，惠昕本刪併爲一首。又如敦煌本惠能臨終時，誦「先代五祖傳衣付法頌」，自達摩至惠能，六人各有一頌，又續作二頌，共八頌，都是很惡劣的偈頌。惠昕本只存達摩一頌，惠能一頌，共刪去了六頌。這些地方，雖然都是改變古本面目，在文字技術上却是一進步。

他改變原本各部分的次第，是在惠能說法的部分。他論坐禪兩段之後的各部分，此本與敦煌本的次第不同，比較如下：

敦煌本	惠昕本
(1)說自性三身佛	(1)增添「傳自性五分法身香」一段，凡二百十一字，爲敦煌本所無。
(2)發四弘誓願	

(3)說無相懺悔
(4)說無相三歸依戒

---

(2)無相懺悔
(3)四弘誓願
(4)無相三歸依戒
(5)一體三身自性佛

這種改動，大概是因爲惠昕添入了「傳香」一大段，故移「懺悔」一段到前面去，又改移其他各段落，先傳香，次懺悔，次發願，次傳無相戒，次說自性三身佛。這個順序確是稍勝于原來的次第。後來各本都依惠昕改本。此又可證契嵩改本所用的本子是惠昕的改本。

❀　❀　❀　❀

最後，我們要指出惠昕本與敦煌本的跋尾的異同。敦煌本跋尾云：

此壇經，法海上座集。上座无常，付同學道際；道際无常，付門人悟真。悟真在嶺南漕溪山法興寺，見今傳受此法。如付山法，須德(得)上根知，心信佛法，立大悲，持此經以爲衣(依)承，於今不絕。

惠昕本跋尾云：

洎乎法海上座無常，以此經付囑志道，志道付彼岸，彼岸付悟真，悟真付圓會，遞代相傳付囑。一切萬法不離自性中現。也

兩本的傳授如下表：

(敦煌本)　法海
　　　　　　↓
　　　　　道際→悟真

(惠昕本)　法海→志道→彼岸→悟真→圓會

我們看了這兩個不同的跋尾，可以作怎麼樣的解釋呢？我想，我們可以得這樣的結論：第一，敦煌本的祖本是很古的。這個祖本大概成於神會和尚未死之前。神會在滑臺大雲寺開始攻擊神秀門下的大師，宣傳慧能的「頓宗」教義，豎立「南宗」宗旨，是在慧能死(七一三)後二十餘年內的事。此經內有此事的預言，故其製作至早當在開元(七一三—七四一)晚年，或天寶(七四二—七五五)初年。我們假定此經作於天寶年間神會在東京(洛陽)最活動的時代(神會在東京當天寶四年至十二年，七四五—七五三)，約當西曆七四五年。此經大概是神會做的(詳考見胡適的荷澤大師神會傳，頁七三—九〇)，他自己不便出名，只好假托於一個已死了的同學法海；又說

此本由法海傳給同學道際，道際付門人悟真，「悟真在嶺南漕溪山法興寺，見今傳受此法」。這就是說，當此祖本傳寫時，悟真還活着。法海與道際爲同學，爲慧能下一代；悟真爲第二代。慧能死在七一三年，神會死在七六〇年。神會活了九十三歲，他儘可以和他的師姪悟真同時，——假定真有法海道際悟眞三個和尚的話。敦煌本所記此本的傳授不過兩代三人，可見此本的祖本傳寫時還在神會的時代，可以算是最古本了。

第二，惠昕本所記傳授，也有悟真，但排在第四；悟真之下還有一個圓會；悟真之上兩個傳人與敦煌本不同；這一點應該如何解釋呢？我想，這也許是因爲惠昕本的壇經傳授世系也是惠昕妄改的。此本的跋尾之前，提到王維的碑銘，又提到「元和十一年（八一六）詔追謚曰大鑒禪師，事具劉禹錫碑」。這些事實都不是壇經最古本所能有的。王維作能禪師碑銘（全唐文卷三二七）是神會托他做的，碑文中有云：

弟子曰神會，遇師于晚景，聞道于中年。……雖末後供，樂最上乘。先師所明，有類獻珠之願；世人未識，猶多抱玉之悲。謂余知道，以頌見托。……

「猶多抱玉之悲」一句，可證此碑作在神會被御史盧弈彈劾，或已被貶逐的時候（天寶十二年，七五三，）他已是八十多歲的老人了。此碑作于壇經已寫成之後，所以敦煌本只說「韶州刺史韋據立碑，至今供養」，——其實並無此碑——而不曾提到王維的碑文：這是一證。王維碑內提起印宗法師講涅槃經，慧能和他辨論，而壇經敦煌本不提此事：這是二證。碑文中說「則天太后孝和皇帝並敕書勸諭，徵赴京城」，敦煌本也不提此事：這是三證。但惠昕改本却不但用了王維的碑文，並且提到劉禹錫的碑文了，元和追謚已在慧能死後一百零幾年，所以舊本裏的兩代三個壇經傳人是不夠的了。所以慧昕改了這個傳經世系，從兩代三人改為五代五人，可以夠一百零幾年了。我們可以推斷惠昕所見的原本，其跋尾的傳經人也只是法海道際悟真三個，悟真一名還可以保存他當時增改的痕跡。

總之，惠昕本雖然有了不少的增改，但不失為「去古未遠」之本，我們因此可以考見今本壇經的那些部分是北宋初年增改的，那些部分是契嵩和契嵩以後的人增改的。

二十三，四，五夜改定稿。

辨殷商

丁山

商，何以名殷？又何以名殷商？殷與商誼又何別？自來史家，未嘗有明碻之解答。今按詩：

『摯氏仲任，自彼殷商，來嫁于周，曰嬪于京，乃及王季，維德之行。……
……有命自天，命此文王，于周于京，纘女維莘，長子維行，篤生武王，保右命爾，燮伐大商。』（大雅，大明。）

『文王曰，咨！咨女殷商！人亦有言，顛沛之揭，枝葉未有害，本實先撥；殷鑒不遠，在夏后之世。』（大雅，蕩。）

大明既稱殷商，復稱大商；蕩既稱殷商，復稱殷；而詩復有商與殷並見于一章者：

『穆穆文王，於緝熙敬止。假哉天命，有商孫子。商之孫子，其麗不億，上帝既命，侯于周服。侯服于周，天命靡常，殷士膚敏，祼將于京。……』（大雅，文王。）

『天命玄鳥，降而生商，宅殷土芒芒。古帝命武湯，正域彼四方。……商之先后，受命不殆，在武丁孫子。……殷受命咸宜，百祿是何！』商頌，玄鳥。

其在周書，亦曰，『非天庸釋有殷，乃惟爾商後王逸厥逸，圖厥政。』多方何爲殷？何爲商？顧亦無由辨也，惟殷虛所見卜辭云：

甲戌卜，㱿貞，今六月，王入于商。殷虛書契前編卷二，葉一。後簡稱前編。

□午卜，我貞，今[illegible]，我入商。殷虛書契後編下，葉四。後簡稱後編。

貞至于商。前編二，葉二。

貞不至于商。同上。

貞勿歸于商。戩壽堂所藏殷虛文字葉九。

乙酉貞王自商□亡巛。龜甲獸骨文字二，葉廿六。

庚子卜貞其令[illegible]乂商。同上書卷一，葉廿六。

□申□乎[illegible]方于商。後編下，葉四一。

在商，弗其逐。鐵雲藏龜百卅八葉。

甲辰卜，出貞，商受年。藏龜之餘葉八。

曰在商，乂商，入于商，至于商，歸于商，商受年，商皆地名，非有國之號。卜辭又曰：

乙丑卜，貞，在獄天邑商公宮，衣，茲月亡咎，寧，在九月。卜辭通纂七七五片。

□午卜貞，在□天邑商□宮，衣．茲□亡咎，寧。龜甲獸骨文字一葉廿七。

己酉卜貞，余征三丰方，叀𦅫令邑，弗每。不□□□在大邑商，王乩曰，大吉！在九月，遘上甲，𠦪五牛。後編上，葉十八。

甲午，王卜貞，乍余酒，朕𠦪酒。余步，以侯喜征人方。三𣪊示，□受右，不曾𢦏咎，告于大邑商，亡𡆥，在咎。王乩曰，吉！在九月，遘上甲，隹王十祀。通纂五九二片。

或曰『大邑商，』或曰『天邑商。』書多士，『非我小國敢翼殷命，……予一人惟聽用德，予敢求爾天邑商。』鄭玄注，『天邑商者，亦本天之所建，』不知天大古字通，天邑商卽大邑商。多士『今朕作大邑于茲雒，』周書作雒則云，『乃作大邑成周于土中。』莊廿八年左傳，『凡邑有宗廟先君之主曰都，無曰邑，』爾雅釋地，『邑，國都也，』周以雒邑爲東都，故謂之大邑成周。以周例商，則大邑商亦其國都之名。立政，『亦越成湯……克用三宅三俊，其在商邑，用協于厥邑，』酒誥『辜在商邑，越殷國滅無羅，』于商則邑之，于殷則國之。召誥，『皇天上帝，改厥元子大國殷之命，惟王受命，無疆惟休，亦無疆惟恤。……天旣遐終大邦殷之命，茲殷多先哲王，……』一則曰『大國殷』再則曰『大邦殷，』與周之自稱小國者，謙尊相對；考之周初文獻，而知殷者殷人有國之號也。周頌武曰，『於皇武王，亡競維烈。允文文王，克開厥後，嗣武受之，勝殷遏劉，耆定爾功，』周初詩人稱殷不稱商，南宮盂鼎銘，『我聞殷墜命，唯殷邊候田雩殷正百辟，率疑于酒，故喪師，』小臣謎𣪘銘，『𠭯東夷大反，伯懋父以殷八師征東夷，』卽周初彝器刻辭，亦鮮有稱殷爲商者。有之，則惟小臣單觶銘云，『王後坂，克商，在成師』而已。頗疑周書中以商爲國號者，如，『乃惟爾商後王，』（多方）『式商受命……自古商人，』（立政）商或殷之傳誤。猶大邦殷，漢人避高祖諱，易邦爲國，召誥既稱大邦殷，又稱『大國殷』也。

殷爲國號，見于詩書及周初金文，顧徧檢卜辭，不見殷字。王國維殷禮徵文，據卜辭『辛巳卜貞，王賓上甲权至于多后，衣。』（前編二，葉二十五。）『甲辰卜貞，且乙，且丁，且甲，康且丁，武乙，衣，亡尤，』（後編上，葉廿。）所見祭名之衣，謂皆殷之借字云，『衣爲祭名，未見古書，惟濰縣陳氏所藏大豐𣪘云。王衣祀于王丕顯考文王，衣祀疑卽殷祀。殷本㐆聲，讀與衣同，故康誥殪戎殷，中庸作壹戎衣。鄭注，齊人言殷聲如衣，呂氏春秋愼大覽，親郼如夏，高注，郼讀如衣，今兗州人謂殷氏皆曰衣。」是殷衣古字通用。郭沫若卜辭通纂序因謂卜辭所見：

辛巳卜在𦎫，貞，王田率衣，亡𡿧。前編二，葉四十三。

甲辰卜貞翌日乙，壬其賓𠭯于𦎫，衣，遘雨。後編上，葉二十。

辛酉卜，在𦎫貞，王田衣，逐亡𡿧。前編二，葉十五。

戊午卜，在𡉚貞，王田衣，逐亡𡿧。同上葉。

衣卽是殷云，『新出沈子也𣪘，念自先王先公迺妹克衣，亦正以衣爲殷。』今按，鄭玄注禮記壹戎衣而有天下云，『衣讀如殷，聲之誤也。齊人言殷聲如衣。虞，夏，商，周，氏者多矣，今姓有衣者，殷之胄歟？』則疑殷當作衣者，不自郭君始；而殷本作衣，又不獨中庸沈子也𣪘足徵也。書紀周公誥康叔曰，『今民將在，祗遹乃文考，紹聞衣德言，往敷求于殷先哲王，用保乂民，』紹聞衣德言，與盂鼎銘『我聞殷墜命，』語意相反，語法則一，可知『衣德言，』卽殷先德之言，非如僞孔傳訓衣爲服，亦非如孫星衍讀爲不學博依也。尚書今古文注疏卷十三。以文字孳乳程序言，古人質樸，文字簡略，一字輒當數字之用，後世事繁，借意過多，恐其無別也，乃別之以偏旁。偏旁者，後人所從也。故求形聲字于先秦古文而不得，則舍其所從之形，而取其聲。依字從人，衣聲，不學博依，依在先秦，字但作衣而已。則易益『六四，中行告，公從，利用爲依遷國，』國語，『凡黃帝之子二十五宗，其得姓者十四人，姬，酉，祁，己，滕，箴，任，荀，僖，姞，儇，依，』二書依字，亦當爲衣，讀如殷。所謂『利用爲依遷國，』蓋即書序所稱『周公遷殷頑民，作雒邑，』（多士）召誥之『太保以庶殷攻位于洛汭，』周公卜營成周之辭。黃帝之後姓依，蓋即鄭君所疑衣爲殷冑。凡此改易未盡之文，得卜辭證明，而晦意立顯；卜辭所紀故事，得易書舊文而愈可徵信。王君謂衣爲殷之借字者，由易書證之，適得其反矣。

殷，字本作衣，後世所以稱商者，宋故也。周初封微子啓于宋，春秋時則或謂之商。如顧氏日知錄引左氏傳，『孝惠娶于商，』（哀廿四年，）『天之棄商久矣，』（僖廿二年，）『利以伐姜，不利子商，』（哀九年。）固足以證宋之得爲商。王國維復申之曰，『昭八年，大蒐于紅，自根牟至于商衛，革車千乘，』商衛，謂宋衛也。吳語，闕爲深溝，通于商魯之間，謂宋魯之間也。樂記，師乙謂子貢曰，商者五帝之遺音也，商人識之，故謂之商；齊者三王之遺音也，齊人識之，故謂之齊。』子貢之時，有齊人，無商人，商人卽宋人也。』觀堂集林卷十二，說商。宋之所稱商者，以其都商邱也。商周以上，國無定號，都之所在，國號因之，另詳拙著三代國號。契都商邱，後人因謂之商，商頌，天命玄鳥，降而生商，商卽契也。湯都于亳，時人謂之薄君，薄卽亳之聲譌。周書殷祝，以薄之君，濟氏之殘，何更君爲？盤庚以後都殷，周人稱之曰『大邦殷，』微子復居商邱，其後故又稱商。左氏昭十七年傳，既謂『宋爲大辰之虛矣，』昭元年傳又謂，『后帝不臧，遷閼伯于商邱、主辰，商人是因，故辰爲商星，』襄九年傳謂『陶唐氏之火正閼伯居商邱，祀大火而火紀時焉，相土因之，故商主大火。』商星爲辰，辰虛爲宋，宋都商邱，而不稱殷；是知先秦書所稱之商，僅限于商邱一隅；卜辭之大邑商，亦謂商邱，不得與河北之殷溷也。殷所在地，尚書正義引束晳說，『尚書序，盤庚五遷，將治亳殷，舊說以爲居亳，亳殷在河南，孔子壁中尚書云，將始宅殷，是與古文不同也。漢書項羽傳，洹水南，殷虛上，今安陽西有殷，』證以汲冢古文云，『盤庚自奄遷于殷，殷在鄴南三十里。』尚書正義引。又証之卜辭出土皆在洹水南。則束晳說是也。郭沫若君由卜辭證噩衣盂雝四地相近，又由噩雝所在地證衣在今沁陽境云，『水經沁水下，朱溝自枝渠東南逕州城南，又東逕懷城南，又東逕殷城北，「注引竹書紀年，秦師伐鄭，次于懷，城殷」，謂即是城，以證殷名之古。……知衣即殷城，卜田于此之辭極多，蓋殷人設有離宮別苑于此，故其國號本自稱商，而周人稱之爲衣，後又轉變爲殷也。』卜辭通纂序。是說也，尤可證殷在河北。定四年左傳，『分康叔以殷民七族，陶氏，施氏，繁氏，錡氏，樊氏，饑氏，終葵氏，封畛土略，自武父以南，至圃田之北境；取于有閻之土，以供王職；取于相土之東都，以會王之東蒐；聃季授土，陶叔授民，命以康誥而封于殷虛，皆啓以商政，彊以周索，』是殷虛即周之衛都也；而史記衛世家則曰，『武王崩，武庚祿父作亂，周公旦興師伐殷，殺武庚祿父，以武庚殷餘民，封康叔爲衛君，居河淇間故商墟。』商在河南，史記殷本紀誤爲亳殷；殷在河北，史記譌爲殷墟，然則商殷之溷而不別也，自漢人始。詩曰，『燮伐大商』，傳曰，『啓以商政』，晚周之際，似已不辨商爲都邑，殷爲國號。若大明詩曰，『自彼殷商，來嫁于周』，蕩詩曰，『咨女殷商，非上帝不時，殷不用舊』，直並都邑國號爲一辭，此殷商所以互亂歟！

廿三年三月中旬，寫于青島。

漢書佚注敘例

彭仲鐸

漢書之有注本，始於東晉，其第一注本卽蔡謨所作集解是也。至唐初顏師古復注漢書，如是又有顏注本，顏注漢書旣行，蔡謨集解遂廢。所可惜者，據顏注敍例稱蔡謨全取臣瓚集解音義，散入漢書，是東晉以前之漢書舊注，蔡謨集解全載之；又據司馬貞史記索隱後序謂蔡謨集解爲於理無遺，於文無滯，是東晉以前之漢書舊注，亦至爲美富。不意顏注本行，舊注乃十亡五六；第觀史記集解所引服虔應劭張晏孟康之說，卽太半不存於今本漢書；使史記亦括囊西京二百四十年之事，則集解之所引與舊注之可考者，均將數倍於此，可斷言也。奈史公卒於太初，史記終於孝武何哉！自世號師古爲功臣，如是刊落之舊注，乃無人措意；淸儒雖稍有甄采，而所取又未能盡。予自涉獵漢書，卽欽仰古訓，因惜其散在羣書，從無人爲之掇拾，故發憤搜輯佚注。至今已越十年，所錄居然成帙。謹本致力之方，略陳指例如左：

司馬貞史記索隱後序云：班氏之書，訓詁多門，蔡謨集解之時，已有二十四家之說。據此以考顏師古漢書敍例所列名氏，則自荀悅至蔡謨此二十二家之間，實脫去兩家；（一爲齊恭，見周勃傳注。元和姓纂云，晉有齊恭，注漢書。通志卷二十六同。其一無考。）若並脫者及蔡謨後所綴崔浩一家計之，共有二十五家。劉知幾史通古今正史篇云，始自漢末，迄乎陳氏，爲漢書注解者凡二十五家；監本漢書載景祐二年余靖上言顏師古總先儒注解名姓可見者凡二十五人；皆其證也；今輯佚注，卽以顏氏敍例所列者爲斷，其不與此數者，皆屏不錄。

舊注所以有佚之故，不外二端：一，爲顏師古所删。如今本漢書高紀傷人及盜抵罪下，師古僅列服虔李奇二注，而以應劭張晏韋昭之說（引見集解索隱）爲不足取，可證也。二，爲鈔胥所奪。如文選曹子建七啓注引漢書曰：傅昭儀少爲才人，韋昭曰：才伎人也。案今本漢書外戚傳無此注，而師古於此又未嘗別立一說，則其佚由於鈔胥脫寫所致，無疑矣。今輯佚注，不存是非之見，凡他籍所引者，必備載之，蓋非者固不妨使之並存，而是者則尤不能令其湮沒也。

他籍所載舊注，有其上雖不引漢書正文，而可辨其確爲是書之佚注者。如文選班孟堅西都賦注載漢書音義如淳曰：今隴西俗廝田歲歲糞種爲宿疇也。又東都賦注，鮑明遠樂府詩注並載臣瓚曰：律說勒兵而守曰屯。江文通擬鮑參軍詩注載韋昭曰：豎小也。沈休文齊故安陸昭王碑文注載漢書音義曰：舊刺史所察有六條云云。其上皆不引正文，而翻盡漢書，絕不見有此說，則其爲佚注，尚何疑乎？今以臣瓚注置高后紀發河東上黨騎屯北地下，韋昭注高置紀豎儒下，從文字始見之例也；以如淳注置天文志視封畺田疇之整治下，音義置百官表初置部刺史察州下，便與他注相較也；餘皆準此。

他籍所載舊注，有其上雖引漢書正文，而實則並非是書之佚注者。如文選班孟堅東都賦注引漢書成紀曰：三輔長無共張繇役之勞，張晏曰：張帷帳也。案張注見高紀十二年張飲三十日下，非成紀之佚注也；又張平子西京賦注引漢書曰：賜霍光甲第一區，音義曰：有甲乙次第，故曰第也。案音義孟康說，見高紀十二年賜大第室下，亦非霍光傳之佚注也。此緣李善引漢書，不用顏注，而舊注甚少，故不得不取甲篇之注，移繫乙篇之文，選注之中，此類甚夥。淸儒錢大昭不知其例，見李善所引，往往爲漢書所無，即謂爲小顏不取，誤矣。今輯佚注，力戒此失，每見他籍所引，必將漢書細閱無遺，然後斷其爲存爲佚，不通覽全書者，未可以議予之疏也。

今本漢書所載舊注，以他籍證之，有顯然脫誤者。如賈誼傳上方受釐，應劭曰：釐祭餘肉也。漢儀注祭天地五時，皇帝不自行，祠還致福，釐音僖。案注既釋釐爲祭餘肉，又釋爲福，(祠還致福之福字正釋釐字)豈非岐出？索隱引應注祇祭餘肉也一句，集解引漢儀注以下屬如淳說，是也。又如韓信傳禽夏說閼與，孟康曰：閼與是邑名也，在上黨隰縣。案地理志上黨無隰縣，史記秦紀昭襄王三十八年攻趙閼與，集解引孟注作在上黨埕縣西，是也。(以上二例皆有佐證此不具載)凡若此者，雖非佚注，今亦錄出，並附校證，以資考量。

今本漢書所載顏注，以他籍證之，有實非顏注者。如古今人表帝湯殷商氏注，據殷紀集解乃張晏說：楚元王傳臣聞舜命九官注，據文選宋郊祀歌注永明十一年策秀才文注齊故安陸昭王碑文注乃應劭說；揚雄傳吾恐後人用覆醬瓿也注，據晉書音義卷四十八乃服虔說；外戚傳凡十四等注，據秦紀正義乃晉灼說。清儒嘗譏顏注頗襲舊文，其言雖亦有據；然如此所舉，則疑爲鈔寫者之訛令。仍據他籍錄出，而注今本漢書誤作師古說於下。

予輯是書六七年，始知宜都楊守敬已箸有漢書二十四家古注輯存十二卷；顧至今未刊，不知其稿尙在人間否？附識於此，冀世之君子，幸留意焉。

安定先生年譜

胡鳴盛

安定先生姓胡氏，世居安定。遠祖詢，爲唐兵部尚書。曾祖韜，蜀陵州刺史，蜀平，歸京師，終衛尉卿。祖修己，泰州司寇參軍，卒葬海陵。父納，博學，善屬文，呂夷簡嘗薦其備脩國史。官至寧海軍節度推官。卒，贈太子中允。母隨氏贈京兆縣太君。先生名瑗字翼之。生于泰州官舍，海陵乃先生故址，稱之爲安定先生者，溯其源也。（据宋史儒林胡瑗傳蔡襄太常博士致仕胡君墓誌歐陽修胡安定先生墓表宋元學案文昭胡安定先生瑗傳並其附錄蘇州府志名宦胡瑗傳湖州府志名宦胡瑗傳）

宋太宗淳化四年，癸巳，（西曆九九三）先生一歲。

鳴盛案蔡襄太常博士致仕胡君墓誌云，嘉祐四年六月六日終於杭州，享年六十有七。歐陽墓表與蔡誌同。嘉祐四年，溯至此年，即六十七年。

是年先生友人范仲淹年五歲。（据范文正公年譜）

鳴盛案范仲淹，字希文，吳縣人。生二歲而孤。母適長常朱氏，從其姓，名說。及長，乃辭母去，從戚同文學。舉祥符進士，官至參知政事，遷戶部侍郎穎州刺史。卒贈兵部尚書，諡文正。

孫復年二歲，据古今名人年譜

嗚盛案孫復，字明復，平陽人。舉進士不第，退居泰山，習春秋，著尊王發微十二篇。范仲淹富弼皆言復有經術，除秘書省校書郎，國子監直講。官至殿中丞卒。

淳化五年，甲午，西曆九九四先生二歲。

太宗至道元年，乙未，西曆九九五先生三歲。

是年正月，戊申，朔詔改元。据宋史太宗本紀

至道二年，丙申，西曆九九六先生四歲。

至道三年，丁酉，西曆九九七先生五歲。

是年三月，壬辰太宗不視朝，癸巳，退班于萬歲殿，宣詔，令皇太子恆卽位。是日崩，年五十九，在位二十二年。羣臣上尊諡神功聖德文武皇帝廟號太宗，据宋史太宗本紀

宋眞宗咸平元年，戊戌，西曆九九八先生六歲。

是年正月辛酉朔，詔改元。据宋史眞宗本紀

咸平二年，己亥，西曆九九九先生七歲。

是年先生卽善屬文。据宋元學案卷一

咸平三年，庚子，西曆一〇〇〇先生八歲。

咸平四年，辛丑，西曆一〇〇一先生九歲。

咸平五年，壬寅，西曆一〇〇二先生十歲。

咸平六年，癸卯，西曆一〇〇三先生十一歲。

眞宗景德元年，甲辰，西曆一〇〇四先生十二歲。

是年正月，丙戌朔，詔改元。据宋史眞宗本紀

先生友人石介生。据古今名人年譜卷五。續疑年錄卷二

嗚盛案介石，字守道，奉符人。篤學有志，樂善疾惡，遇事敢爲。舉天聖進士，歷鄆州南京推官。丁憂，躬耕徂徠山下，以易教授。魯人稱徂徠先生。慶曆中，擢太子中允。撰慶曆聖德詩，人多指目，不自安，求出濮州，未赴任而卒。

景德二年，乙巳，西曆一〇〇五先生十三歲。

是年先生已通五經，常以聖賢自期許。鄉父見而異之，謂其父曰，此子乃偉器，非常兒也。据宋元學案卷一

景德三年，丙午，西曆一〇〇六先生十四歲。

景德四年，丁未，西曆一〇〇七先生十五歲。

是年先生友人歐陽修生。据歐陽文忠年譜

鳴盛案歐陽修，字永叔，廬陵人。號醉翁，亦號六一居士，天聖八年舉進士甲科。官至參知政事。以太子少師致仕。卒謚文忠。著有新唐書，新五代史，毛詩本義，集古錄，歸田錄，洛陽牡丹記，文忠集，試筆，居士集，六一詩話，六一詞。

真宗大中祥符元年，戊申，西曆一〇〇八先生十六歲。

是年春正月，戊辰，詔改元。据宋史真宗本紀

大中祥符二年，己酉，西曆一〇〇九先生十七歲。

是年先生友人李覯生。据李覯年譜

鳴盛案李覯，字泰伯，南城人。舉茂材異等親老以教授自資。皇祐初，范仲淹薦爲試太學助教。嘉祐中，歷太學說書，卒。學者稱盱江先生。著有明堂定制圖，周禮制太平論，平土書，禮論，退居類稿，皇祐續錄等書。

大中祥符三年，庚戌，西曆一〇一〇先生十八歲。

大中祥符四年，辛亥，西曆一〇一一先生十九歲。

大中祥符五年，壬子，西曆一〇一二先生二十歲。

大中祥符六年，癸丑，西曆一〇一三先生二十一歲。

是年先生友人蔡襄生。

鳴盛按蔡襄，字君謨，仙遊人。舉天聖八年進士，官至端明殿學士。移守杭州，卒，謚忠惠。歐陽修撰襄墓誌：云公年十八，以農家子爲開封第一。天聖八年，溯至此年，適十八歲。

大中祥符七年，甲寅，西曆一〇一四先生二十二歲。

大中祥符八年，乙卯，西曆一〇一五先生二十三歲。

大中祥符九年，丙〇，西曆一〇一六先生二十四歲。

真宗天禧元年，丁巳，西曆一〇一七先生二十五歲。

是年正月，辛丑朔，詔改元。據宋史眞宗本紀

先生友人陳襄生。據古今名人年譜

嗚盛按陳襄，字述古，侯官人。舉慶歷進士，官至侍讀判尚書都省卒。蒞官所至，務興學校。學者稱古靈先生。有易義，中庸義，古靈集，行世。

天禧二年，戊午，西曆一〇一八先生二十六歲。

天禧三年，己未，西曆一〇一九先生二十七歲。

天禧四年，庚申，西曆一〇二〇先生二十八歲。

天禧五年，辛酉，西曆一〇二一先生二十九歲。

真宗乾興元年，壬戌，西曆一〇二二先生三十歲。

是年正月，辛未朔，詔改元。據宋史眞宗本紀

二月，戊午，真宗疾大漸，詔皇太子禎即位。尊皇后爲皇太后。權處分軍國事。是日眞宗崩于延慶殿，年五十五，在位二十六年。據宋史眞宗本紀

宋仁宗天聖元年，癸亥，西曆一〇二三先生三十一歲，

是年正月，丙寅朔，詔改元。據宋史仁宗本紀

天聖二年，甲子，西曆一〇二四先生三十二歲。

天聖三年，乙丑，西曆一〇二五先生三十三歲。

天聖四年，丙寅，西曆一〇二六先生三十四歲。

天聖五年，丁卯，西曆一〇二七先生三十五歲。

天聖六年，戊辰，西曆一〇二八先生三十六歲。

天聖七年，己巳，西曆一〇二九先生三十七歲。

鳴盛案先生之曾孫滌記云：侍講布衣時，與孫明復石守道同讀書泰山，攻苦食淡，終夜不寢，一坐十年不歸。得家問，見上有平安二字，卽投之澗中，不復展讀。山東通志沂州古蹟類云：上書堂在泰山西麓，投書澗上，宋孫復石介胡瑗講學處。孔貞瑄泰山紀勝云：投書澗，繞院三賢書院東偏。胡安定十年不歸，得家問，見平安二字，輒投澗中。古人勵志精勤堅苦如此，其卓然表見於世非偶。據以上諸說，是先生與孫明復石守道在泰山共讀，事實確鑿，惜均未載其年月。石守道之年，旣少先生十二歲，以理推之

，先生與守道等在泰山讀書，最早應在二十歲以上。與守道等在泰山分散，最遲亦應在石守道成進士前。歐陽修徂徠石先生墓誌謂守道成進士年二十六歲，從先生十二歲數至此歲，卽守道成進士之年，用特識於此。

天聖八年，庚午，西曆一〇三〇先生三十八歲。

天聖九年，辛未，西曆一〇三一先生三十九歲。

仁宗明道元年，壬申，西曆一〇三二先生四十歲。

是年十一月，甲戌，以修內成，詔改元。

明道二年，癸酉，西曆一〇三三先生四十一歲。

是年莊獻明肅劉皇后崩，仁宗始親政。十二月丁巳，詔明年改元。据宋史仁宗本紀

仁宗景祐元年，甲戌，西曆一〇三四先生四十二歲。

是年先生在吳，教授生徒。

嗚盛按宋元學案謂先生以經術教授吳中，范仲淹愛而敬之，聘先生爲蘇州教授。仲淹聘先生爲蘇學教授，旣在景祐二年，則景祐元年，先生在吳授徒，確乎無疑矣。

景祐二年，乙亥，西曆一〇三五先生四十三歲。

是年范仲淹奏請立蘇州郡學。相其地形之勝，莫如南園，高木淸流，交蔭環匯，乃割其巽隅以建學。是時學者纔二十餘人。或言其太廣，仲淹曰：吾恐異日以爲小也。延先生首當師席，英才雜遝，自遠而至。據范文正公年譜引朱長文蘇州學記。〇按先生弟子范純佑等之學行，已詳拙著安定弟子輯傳中，茲譜概不復贅。

夏四月庚午，詔天下有深達鐘律者，在所亟以名聞。仲淹薦先生通知古樂。詔遣詣闕，對崇政殿。先生至自草澤，當召對，例須先就閤門習儀。先生曰：某事父則知事君之義，在鄉里則知朝廷之儀，何以習爲。閤門奏，仁宗令就丹次習之。先生固辭，仁宗亦不之强。登對日，有司因先生倔强，皆謂山野之人，必定失儀。屬目視之，而先生拜舞之容，登降之節，藹然如素宦於朝者，大稱旨意。仁宗謂左右曰：胡瑗進退周旋，舉合古禮。據宋史，續資治通鑑，蔡襄太常博士致仕胡君墓誌，歐陽修胡安定先生墓表，先生之曾孫滌記，范文正年譜。施彥執北窗炙輠錄。

鳴盛案宋史樂志云：景祐二年，詔天下有深達鐘律者，在所亟以名聞。於是蘇州范仲淹言胡瑗通知古樂，詔遣詣闕。范文正公年譜云：景祐二年十月，召還判國子監。時朝廷更定雅樂，詔求知音。公薦白衣胡瑗對崇政殿。兩書所載，既各異辭。而宋史先生本傳，蔡襄譔先生墓誌，又未敍仲淹推薦先生爲何時何地。茲據續資治通鑑，載景祐二年三月，以范仲淹爲禮部員外郎。宋史仁宗本紀載景祐二年四月，詔天下有深達鐘律者，在所亟以名聞。則仲淹還京，實在仁宗下詔訪知古樂前。范文正公年譜之言，較爲可據。

景祐三年，丙子，西曆一〇三六先生四十四歲。

是年七月，詔翰林學士丁度等取先生及鄧保信阮逸等鐘律，定得失可否以聞。據宋史樂志

九月，阮逸言：臣等所造鐘磬，皆本於馮元宋祁。其分方定律，又出於胡瑗算術。據宋史樂志

壬辰，以先生試校書郎。據續通鑑

十月，丁度等言：阮逸胡瑗鐘律法黍尺，其一稱用上黨羊頭山秬黍中者，累廣求尺，制黃鐘之聲。臣等以其大黍百粒，累廣成尺。復將管內二百粒，以黍廣

爲分，再累至二尺。比逸等元尺，一短七黍，一短三黍。蓋逸等元尺，並用一等大黍。其實管之黍，大小不均。遂至差異。又其銅律管十二枚，臣等據楚衍等圍九方分之法，與逸等元尺，及所實龠秬黍，再累成尺者校之，又各不同。又所製銅稱二量，亦皆類此。臣等看詳其鐘磬各一架，雖合典故，而黍尺一差，難以定奪。又言太祖皇帝，嘗詔和峴等用景表尺，典修金石。七十年間，薦之郊廟，稽合唐制，以示詒謀則可，且依景表舊尺，俟天下有妙達鐘律之學者，俾考正之，以從周漢之制。其阮逸胡瑗鄧保信並李照所用太府寺等尺，及阮逸狀進周禮度量法，其說疏舛，不可依用。据宋史樂志

景祐四年，丁丑，西曆一〇三七先生四十五歲。

是年先生在蘇州郡學。

仁宗寶元元年，戊寅，西曆一〇三八先生四十六歲。

是年先生在蘇州郡學。据范仲淹與李覯書與范仲淹書信往反甚密。据范仲淹與先生書

嗚盛案先生與仲淹書，已不得見。據仲淹與先生書云：近改丹徒，併獲雅問，豈君之心不得棄而然耶，其念入朝以來，思報人主，言事太急，貶放

非一。然僕觀大過之象，患守常經。九二以陽處陰，越位救時。則王室有棟隆之吉。九三以陽處陽，固位安時，則天下有棟撓之凶。非如艮止之時，思不出位者也。吾儒之職，去先王之經，則茫乎無從矣。又豈暇學人之巧，失其故步，但惟精惟一，死生以之。又據仲淹與李覯書云：今潤州初建郡學，可能屈節教授，又慮遠來難爲將家。蘇州掌學胡瑗秘閣校理，見明堂圖，亦甚奉仰。或能挈家，必有經畫，請先示音爲幸。可知先生與仲淹書，亦皆討論學問根抵出處大節等事。

十一月，庚戌，詔改元。據宋史仁宗本紀

寶元二年，已卯西曆一〇三九先生四十七歲。

是年先生蘇州郡學。

仁宗康定元年，庚辰，西曆一〇四〇先生四十八歲。

是年二月丙午，詔改元。據宋史仁宗本紀

秋七月，范仲淹爲陝西經略安撫副史，管勾都部署司事，舉先生爲陝西丹州軍事推官。先生在丹州，實與帥府事，建議更陳法，治兵器，開廢地爲營田，募士人爲兵，給錢使自市勁馬，漸以代東兵之不任戰者。雖軍校蕃酋亭障厮役，以事見，輒飲之酒，訪被兵利害，以資帥府。府多武人，初謂先生徒能知古書耳。既觀先生所爲，不以異己，又翕然稱之。先生上書，請興武學，並進武學規矩一卷。其書略云：頃歲吳育已建議興武學，但官非其人，不久而廢，今國子監直講內梅堯臣曾注孫子，大明深義。孫復而下，皆明經旨。臣任邊陲丹州推官，頗知武事。若使堯臣兼涖武學，每日只講論語，使知忠孝仁義之道，講孫吳，使知制勝禦敵之術。於武臣子孫中，選有智略者二三百人教習之，則三十年之間，必有成效。臣已選成武學規矩一卷進呈。未幾，移密州觀察推官，丁父憂歸。（據宋史胡瑗傳，蔡襄太常博士致仕胡君墓誌，歐陽修胡安定先生墓表，朱子名臣言行錄，宋元學案，文昭胡安定先生瑗傳，續資治通鑑，范文正年譜補遺。）

嗚盛案宋史仁宗本紀寶元有二年，康定祇一年，范文正公年譜誤將寶元作一年，康定爲二年。故年譜所載，國號年月，均與宋史不合。

李覯始會先生于錢塘。（據李直講先生年譜）

仁宗慶曆元年，辛巳，（西曆一〇四一）先生四十九歲。

是年先生居父喪。

十一月，丙寅，大赦，改元。據宋史仁宗本紀

慶曆二年，壬午，西曆一〇四二先生五十歲。

是年先生服闋。先是寶元二年，知湖州事滕宗諒表請於朝，建學於州。康定元年，敕書至，錫名州學。學成，重門廣殿，講堂書閣，皆相次。東西序分十八齋。入門而右，爲學官之室。入門而左，有齋舍之館。凡爲屋百二十楹。是年延先生主學，先生乃以保寧節度推官兼教授湖州州學。四方之士，雲集受業。時方尙詞賦，先生獨以三禮儀物，黜其於古，無攷，而益其未見者，圖之講堂。於是人人得窺三代文物之懿。朝夕對之，皆若素習。學中又分經義治事二齋，經義齋，擇疏通有器局者居之。治事齋，擇學者欲明治道者講之於其中。如治兵，治民，水利，算數之類，人各治一事，又兼一事。復立小學於東南隅，童子離經肄業者聚焉。先生旣教人有法，科條纖細具備，以身先之，雖盛暑，必公服坐堂上，嚴師弟之禮。視諸生如其子弟，諸生亦愛信如其父兄。先生以學者只守一鄉，則滯於一曲，隘吝卑陋，必游四方，盡見人情物態，南北風俗，山川氣象，以廣其聞見，則有益於學者矣。一日，自吳興率弟子數人，游關

中。至潼關，路峻隘，捨車而步。既上，至關門，與諸人坐門塾，少憩。回顧黃河抱潼關，委蛇洶湧，而太華中條環擁其前，一覽數萬里，形勢雄張。慨然曰：此可以言山川矣。學者其可不見之哉！（据宋史胡瑗傳，蔡襄太常博士致仕胡君墓誌，歐陽修胡安定先生墓表。張方平新建湖州學記，程氏遺書，呂氏家塾記，王銍默記，劉一止吳興郡學重繪三禮圖記。）

鳴盛案滕宗諒，河南人，字子京。舉大中祥符八年進士，累官至殿中丞，出知湖州涇州。慶曆中，以范仲淹薦擢天章閣待制。坐事，謫守岳州，遷知蘇州卒。

李覯自京師返里，途中寓書先生。（据李直講先生年譜）

慶曆三年，癸未，（西曆一〇四三）先生五十一歲。

是年先生在湖州州學。

慶歷四年，甲申，（西曆一〇四四）先生五十二歲。

是年先生在湖州州學。仁宗開天章閣，與大臣講天下事，始慨然詔州縣皆立學，於是建太學於京師。下湖州，取先生教授弟子之法，以爲太學法，著爲令。（据宋史胡瑗傳，歐陽修胡安定先生墓表，資治通鑑輯覽。）

召先生爲諸王宮教授，以疾辭，不行，復改爲太子中舍，以殿中丞致仕。宋史胡瑗傳

編學政條約一卷成。

鳴盛案先生之學政條約一卷，湖州府志雖已著錄，而未載其脫稿年月。此年仁宗旣詔取先生在湖州教授弟子之法，爲太學法，則學政條約編成自應在此年中。

鳴盛又案先生之景祐樂府奏議一卷，今已佚。陳振孫直齋書錄解題曰：景祐樂府奏議一卷，殿中丞致仕胡瑗翼之撰。稱之爲殿中丞致仕者，大約奏議雖景祐時所撰，其編集成書，則在殿中丞致仕之後。

慶曆五年，乙酉，西曆一〇四五先生五十三歲。

是年先生在湖州州學。

七月石介卒。据歐陽修徂徠先生墓誌

慶曆六年，丙戌，西曆一〇四六先生五十四歲。

是年先生在湖州州學，吳興郡守宴郎簡范說張維劉維慶周守中吳炎六老於南園，酒酣賦詩，先生爲序其事。据齊東野語

李覯與先生書，討論文學。据直講李先生年譜

鳴盛案李覯與先生書，直講李先生年譜載入慶曆五年內。攷直講文集原書畧云：康定初錢塘別後，二年自京師歸，中途曾寓書，今又四年。則李書應在此年，直講年譜誤矣。

先生長子志康成進士。据如皋縣志

鳴盛案如皋縣志卷十選舉類云：胡志康，瑗長子，慶曆丙戌登賈黯榜，官杭州觀察推官。胡志寧志康弟，同榜，授永州知州。據此志康志寧爲同科。蔡襄撰先生墓誌云：君有子三人，志康進士及第，志寧志正皆力學。據此先生捐館之年，志寧尚未成進士。蔡襄與先生同時，其撰墓誌時，若志寧已成進士，當不至誤爲未成進士。如皋縣志所言，不足信也。

鳴盛又案王安石有寄贈先生詩並序。序云：孔孟去世遠矣，其聖且賢者，質諸書焉耳。翼之先生，與予並世，非若孔孟之遠也。聞薦紳先生所稱述，又詳於書，不待見而後知其人也。歎慕之不足，故作是詩。詩云：先生天下豪傑魁，胸臆廣博天所開，文章事業望孔孟，不復睥睨蔡與崔。十年

留滯東南州，飽足藜藿安蒿萊，獨鳴道法驚此民，民之聞者源源來，高冠大帶滿門下，奮如百蟄乘春雷，惡人沮服善者起，昔時蹻跖今騫回，先生不試乃能爾，誠令得志如何哉，吾願聖帝營太平，補葺廊廟枝傾頹，披旒發纊廣耳目，照徹山谷多遺材，先收先生作梁棟，以次構架桷與榱，羣臣面向帝深拱，仰戴堂陛方崔嵬。此詩臨川集未敘明作於何時，但本卷有丙戌五月京師作詩二首，則此詩與序，亦屬丙戌作品，故附載於此。

慶曆七年，丁亥，西曆一〇四七先生五十五歲。

是年先生在湖州州學。

慶曆八年，戊子，西曆一〇四八先生五十六歲。

是年先生在湖州州學。

十二月，乙丑朔，仁宗以霖雨爲災，詔改元。据宋史仁宗本紀

仁宗皇祐元年，己丑，西曆一〇四九先生五十七歲。

是年先生在湖州州學。

皇祐二年，庚寅，西曆一〇五〇先生五十八歲。

是年秋，九月，仁宗既閱雅樂，謂輔臣曰，作樂崇德，薦之上帝，以配祖考。今將有事于明堂，然世鮮知音，其令太常竝加講求。時言者以爲鑄鐘特磬，與古大小未合，音律未協。詔太常禮樂官及脩制官鄧保信阮逸盧昭序別行鑄造。太常言先生素曉音律，乃驛召先生赴大樂所，同保信等依詳經典，歷代制度，用上黨秬黍，制成律呂度量等法物。據宋史樂志，李燾通鑑長編，新樂圖記序。

皇祐三年，辛卯，西曆一〇五一先生五十九歲。

是年以先生爲大理評事，兼太常寺主簿，固辭之。據李燾通鑑長編

二月，仁宗詔兩制，及禮官參稽典制，以定國朝大樂名。中書門下，詳加審閱以聞。初先生請太祖廟，舞用干戚。太宗廟兼用干羽，真宗廟用羽籥，以象三聖功德。然議者謂國朝七廟之舞，名雖不同，而干羽竝用，又廟制與古異。于是止降詔定樂名而已。據宋史樂志

嗚盛案丁寶書安定言行錄敘述此事，引宋史樂志通鑑長編作皇祐四年，茲檢宋史樂志，則係皇祐三年。皇祐三年七月既載有王堯臣等上議國朝樂名宜名大安一奏，又載有仁宗用諸郊廟告於神明曰大且安一詔，均可證明丁

氏所引年月錯誤。

皇祐四年，壬辰，（西曆一〇五二）先生六十歲。

是年五月范仲淹卒。（据范文正公年譜）

冬十月甲戌，以先生爲光祿寺丞，國子監直講，同議大樂。先生初爲直講，有旨專掌一學之政，遂推誠教育多士，甄別人物。故好尙經術者，好談兵者，好文藝者，好尙氣節者，皆使之以類羣居，相與講習。先生亦時召之，使論其學所爲定其理。或自出一義，使人人以對，爲可否之。或取當時政事，俾之折衷。每公私試罷，掌儀率諸生於肯善堂合雅樂，歌詩至夜，乃散。諸齋亦自歌詩奏樂，琴瑟之聲徹于外。故人皆樂從。國學舍至不能容，取旁官舍處之。弟子之衣服容止，往往相類，人遇之，雖不識，亦知爲先生弟子。（据宋史胡瑗傳，通鑑長編，續資治通鑑，宋元學案李廌記。）

嗚盛案朱晦菴作程伊川先生年譜云：皇祐二年，年十八。上書闕下，勸仁宗以王道爲心，生靈爲念，黜世俗之論，期非常之功。且乞召對，面陳所學，不報。間游太學時，海陵胡翼之先生方主教導，嘗以顏子所好何學試諸生，得先生所試，大驚，卽延見，處以學職。攷伊川先生游太學作顏子所好何學論，宋史程頤傳，宋元學案正公程伊川先生頤傳，皆未書年月，據伊川先生年譜，時海陵胡翼之先生方主教導一語，則伊川先生之游太學應在此年。

皇祐五年，癸巳，（西曆一〇五三）先生六十一歲。

是年先生鑄十二鐘成，大小輕重如一，其狀類鐸，爲大環鑄盤龍蹲熊辟邪其上，謂之旋蠡，而平擊之。（据范鎮東齋紀事）

鳴盛按宋史劉羲叟傳云：皇祐五年，日食心時，胡瑗鑄鐘弇而直，聲鬱而不發，又陝西鑄大錢。羲叟曰：此所謂害金再興，與周景王同占，上將感心腹之疾，其後果不豫。夫鐘聲鬱而不發，大錢通行民間，與仁宗身體毫無關係，從何而知其將感心腹之疾，羲叟姑妄言之，偶爾而言中，史臣迷信其偶中之言，大書特書，載諸簡編，愚妄已覺可歎！而宋史樂志至和二年又云：潭州上瀏陽縣所得古鐘，送太常。初李照斥王朴樂音高乃作新樂，下其聲。太常歌工病其太濁，歌不成聲，使賂鑄工，私減銅齊，而聲稍清，歌乃協。然照卒莫之辨，又朴所制編鐘，皆側垂，照瑗皆非之。及照將鑄鐘，給銅於鑄冶務，得古編鐘，一工人不敢毀，乃藏太常。鐘不知其何代所作，叩其聲，與朴夷則清聲合，而其形側垂，瑗後改鑄，正其紐，使下垂，扣之弇鬱而不揚，其鎛鐘又長甬而震掉，聲不和。著作佐郎劉羲叟謂人曰：此與周景王無射鐘無異，上將有眩惑之疾。嘉祐元年正月，帝御大慶殿受朝。前一夕殿廷設仗衛既具，而大雨雪，至壓宮折架，帝於禁中，跣而告天，遂暴風感眩，人以羲叟之言爲驗云。此段所敍，愚妄雖與本傳相同，然事實已不能符合。尤爲可怪者，食貨志下之敍錢幣也。又謂方大錢之行，有劉羲叟者，語人曰，是於周景王所鑄者無異，上其感心腹之疾乎？已而果然。其所記載之事實理由，更爲大相矛盾。令人閱之，不禁噴飯。

先生等上皇祐新樂圖記。据影宋抄本新樂圖記序

先生編皇祐樂府奏議一卷成。据直齋書錄解題

鳴盛案先生等上新樂圖記，與先生編皇祐樂府奏議告竣，各家著錄，均無

年月。郡齋讀書志云：皇祐新樂圖記三卷，胡瑗等撰，皇祐二年下詔曰：國初循用王朴樂，太祖患其聲高，令和峴減下一律，然猶未全。命瑗同阮逸等二十餘人再定。四年樂成，奏之，上御紫宸殿觀焉。陳振孫直齋書錄解題云：皇祐新樂圖記三卷，屯田員外郎阮逸，光祿寺丞胡瑗撰，凡十二篇。皇祐二年數起，經過四年，樂成之年，恰爲是年。宋史樂志是年九月，先生由光祿寺丞，遷大理寺丞。新樂圖記稱先生爲光祿寺丞。則上新樂圖記，應在九月之前，先生旣等已奏上新樂圖記，則樂府奏議亦在此時編成，是用附載於此。

九月，仁宗御崇德殿，召近臣宗室臺諫省府推判官觀新殿，並新作晉鼓，以先生爲大理寺丞，樂逸鄧保信賈宣吉等均進官有差，因制鐘律成，特遷之。據宋史樂志

嗚盛案續資治通鑑載遷官之人，無鄧保信賈宣吉二人。

十二月以先生等所著皇祐新樂圖記，頒之天下。據陳振孫直齋書錄解題

宋仁宗至和元年，甲午，西曆一〇五四先生六十二歲。

是年四月朔，庚辰，詔改元。據宋史仁宗本紀

至和二年，乙未，西曆一〇五五先生六十三歲。

宋仁宗嘉祐元年，丙申，西曆一〇五六先生六十四歲。

是年九月辛卯，詔改元。據宋史仁宗本紀

十二月，遷先生爲太子中允，充天章閣侍講。初先生陳乞外任。趙忭上書曰：臣竊見國子監直講胡瑗，文學德行，足爲人師。在太學誨導諸生，循循不倦，漸劘道藝，有益風化。去年，御史中丞孫忭曾奏舉瑗堪經筵任用，如聞已得指揮。今知瑗陳乞外任，若遂得請，恐非朝廷惜賢尊道，興學育才之意也。臣愚望陛下特賜聖旨，留瑗太學供職，或乞檢會前降指揮，用孫忭經筵之舉，庶可上補聖主聰明，下使善人知勸也。仁宗故有是命。先生侍講，講易專以損上益下，損下益上爲說。讀乾元恆利貞不避諱，仁宗與左右皆失色，先生徐曰：臨文不諱。仁宗之意遂解。其時歐陽修上書曰，臣伏見新除國子監直講胡瑗充天章閣侍講，有以見聖恩獎崇儒學，褒勸經術之臣也。然臣等竊見國家自置太學，十數年間，生徒日盛，常至三四百人。自瑗勾管太學以來，諸學服其德行，遵守規矩，日聞講誦，進德修業，昨來國學開封府幷鎖廳進士，得解人中三百餘人是瑗所教。然則學業有成，非止生徒之幸，庠序之盛，亦自是朝廷美事。今瑗既升講筵，遂去太學，竊恐生徒無依，漸以分散。竊以學校之制，自昔難興。惟唐太宗時，生員最多，史册書之，以爲盛美。其後庠序廢壞，至於今日，始復興起。若一旦分散，誠可惜也。臣等欲聖慈特令胡瑗同勾當國子監，或專勾管太學，所貴生徒不至分散。伏候聖旨。於是仁宗又以先生兼治太學。据宋史胡瑗傳，續資治通鑑，蔡襄太常博士致仕胡君墓誌，歐陽修奏議第十四卷，歐陽修胡安定先生墓表。

嘉祐二年，丁酉，西曆一〇五七先生六十五歲。

是年孫復卒。

鳴盛案宋史孫復傳云，復與胡瑗不合，在太學常相避。黃百家駁之曰，先生之學實與孫明復開伊洛之先，且同學始終友善。其云先生在太學與孫明復避不相見。此邵氏後錄之謬，正與主癰疽寺人之談同也。百家此說，已極精確。且先生上書請興武學，亦曰，孫復而下，皆明經旨。更足證明先生對於明復，推崇敬愛，始終罔替。宋史援引邵說，書於復傳，蓋亦惑於奇異，採抉失當，弗可據也。

嘉祐三年，戊戌，(西曆一〇五八)先生六十六歲。

是年正月先生病不能朝，仁宗遣中貴人就問安否。戊午，拜太常博士致仕，從其子志康杭州節度推官以就養。東歸之日，太學諸生與朝廷賢士大夫，祖餞東門外，路人嗟歎以爲榮。(据宋史胡瑗傳，續資治通鑑蔡襄太常博士致仕胡君墓誌，歐陽修胡安定先生墓表)

嘉祐四年，己亥，(西曆一〇五九)先生六十七歲。

六月六日，先生卒於杭州。及聞，詔謚文昭。賻其家，并官其子一。(据宋史胡瑗傳，永樂大典卷四千八百四十引宋會要，參蔡襄太常博士致仕胡君墓誌，歐陽修胡安定先生墓表，宋元學案，文昭安定先生瑗事略闕里文獻攷胡瑗傳。)集賢校理錢公輔率太學諸生百餘人，卽佛舍爲位哭，又自陳師喪，給假二日。(通鑑長編)

明年十月，志康等葬先生於湖州何山之原。端明殿學士蔡襄誌其墓。其後先生之少子又携先生衣冠歸葬於泰州北。(墓在今如皋縣境內。据蔡襄太常博士致仕胡君墓誌參如皋縣志)

紹興八年三月，詔以先生曾孫滌補下州文學(据永樂大典卷四千八百四十引宋會要。)

明嘉靖九年，從祀孔廟，稱先儒胡子。(据宋元學案，)

離騷「后辛菹醢」解

游國恩

仁和梁曜北玉繩著史記志疑一書，號稱博洽，久爲士林所枕葄；顧其所引据考辯，時失之迂；又或矜奇炫博，憙持異論以相勝。觀其於夏殷三代之事，往往援引屈子離騷天問之文以相質證，而又時時辯其不然，殆慉然以衞道自任者也。

史記周本紀，『武王至紂死所，自射之，三發而後下車；以輕劍擊之，以黃鉞斬紂頭，縣太白之旗。』此本出周書克殷解及世俘解。梁氏不信武王有斬紂之事，故志疑力爲辯之，其說畧曰：

此乃戰國時不經之談，竄入逸書；史公誤信爲實，取入殷周二紀及齊世家。三代以上，無弒君之事，豈聖如武王而躬行大逆乎？世表於『帝辛』下書『弒』，蓋因誤信懸旗一節，故書『弒』字。孟子稱武王誅一夫，未聞弒君，奈何妄加以『弒』哉？論衡恢國篇云：『齊宣王憐釁鐘之牛，楚莊王赦鄭伯之罪，君子惡（原注，疑脫惡字。）不惡其身。紂屍赴于火中，所見悽愴，非徒色之觳觫，袒之暴形也。就斬以鉞，懸乎其首，何其忍哉！』又雷虛篇云：『紂至惡也，武王將誅，哀而憐之；故尚書曰，「予惟率夷憐爾。」此與帷守一端按見賈子連語篇。足明武王之心。由斯而推，則離騷云，『后辛菹醢。』周書世俘解云，『太師負紂，懸首白旗。』荀子正論及解蔽篇云，『紂懸于赤旆。』韓非子忠孝篇云，『湯武人臣，而弒其主，刑其尸。』墨子明鬼下篇云，『武王入宮，萬年梓株，折紂而繫之赤環，載之白旗。』淮南子本經訓云，『武王殺紂于宣室。』諸生補龜策傳云『紂自殺宣室，身死不葬，頭懸車軫，四馬曳行。』歧詞詭說，同爲誣矣。見史記志疑三。

以上皆梁氏說。武王斬紂懸旗，其事之信否，姑勿具論。然梁氏意主矜博，歷引諸子傳記，而不及尸子『武王親射惡來之口，親斫殷紂之頸，手汙於血，不溫而食。』與楚辭天問之『列擊紂躬，叔旦不嘉。』按『列』即『戕』字，殺也。廣韻並『陟輸』切。諸本『列』或誤作『到』，注家多不能明其義而妄說之，惟朱子及丁宴稍得其解。柳子天對亦云，『頸紂黃鉞，旦孰喜之？』即以斬紂懸旗之事爲對，余別有詳說。『武發殺殷，何所悒？』按此亦重申上文『列擊紂躬』之事，余別有說。及吳越春秋句踐陰謀外傳『武王親戮主以爲名』之文，已爲疏於檢覈；乃復誤解騷經之詞，竟指『菹醢』爲即武王斬紂之事，此大謬也。

今按離騷之文曰：『夏桀之常違兮，乃遂焉而逢殃；后辛之菹醢兮，殷宗用而不長。湯禹儼而祗敬兮，周論道而莫差；舉賢而授能兮，循繩墨而不頗。』上四句言夏殷之所以亡，下四句言三代之所以興，詞恉至明，無煩詮釋。故下文卽繼之曰：『皇天無私阿兮，覽民德焉錯輔。夫維怪哲以茂行兮，苟得用此下土。』王叔師章句釋后辛二句云：『言紂爲無道，殺比干，醢梅伯。武王杖黃鉞，行天罰，殷宗遂絕，不得久長也。』其說良是。蓋謂紂以人肉爲菹醢，無道極矣，故卒以身死國亡也；豈紂爲武王所菹醢之謂哉？觀騷經下文卽緊接之曰：『不量鑿而正枘兮，固前修以菹醢。』是屈子之意，本以龍逢比干自喻，其文則與上緊相呼應也。是以天問亦云：『何怪人之一德，卒其異方——梅伯受醢，箕子詳狂？』又云：『受賜茲醢，（按『茲』疑『菹』之形誤，又或以聲近相通。）西伯上告；何親就上帝罰，殷之命以不救。』九章涉江又云：『忠不必用兮，賢不必以；伍子逢殃兮，比干菹醢。』賈誼惜誓云：『梅伯數諫而致醢兮，來革順志而用國。』劉向九歎怨思亦云：『若龍逢之沈首兮，王子比干之逢醢。』凡楚辭之言菹醢多矣，皆指紂之肆虐，殘殺忠良而言，未聞以爲直指紂之見殺者，何竟未之察也？且詳上下文義，亦可斷其必然。何者？夏桀之常違者，謂夏桀之常違於道也。一說，常違，違常道也。乃遂焉而逢殃者，言即以常違而遇放伐之禍也。按朱豐芑以「遂」爲地名。亦猶后辛暴虐無人理，菹醢忠賢，故殷宗是用不長也。蓋常違所以逢殃，逢殃乃因常違；菹醢所以不長，不長實由菹醢，因果判然，未容或混。推而至於上文歷述啓羿浞澆之事，皆此意也。倘解此爲紂之見殺，微論上下詞例不符，且既云后辛見殺，又云殷宗不長，寧非文理疵累之甚者乎？矧周書所稱，但曰射之三發而已，斬紂之頭以懸諸旗而已；射之斬之，又豈菹醢之謂乎？果屈子之意如梁氏者，其措詞之輕重亦斷不若是之慢無權衡也。比干剖心而亦言菹醢者，蓋古之極刑莫甚於支解。彼刳腹剖心而死者，其慘酷與脯醢何以異？要非梟首之比耳。故不得借彼以例此。乃梁氏徒以不信三代有弑君之事，欲廣搜而博辯之，而又慢不之省，妄引騷詞，以與諸子傳記所述同科共論，疏亦甚哉！

嘗考紂以人爲菹醢，匪僅見於楚辭而已，徵之載籍，其說滋多：周書明堂解云：『大維商紂暴虐，脯鬼侯以享諸侯。』戰國策趙策三記魯仲連曰：『昔者鬼侯，鄂侯，文王，紂之三公也。鬼侯有子而好，故入之於紂；紂以爲惡，醢鬼侯。鄂侯爭之急，辨之疾，故脯鄂侯。』史記殷本紀及魯仲連傳鬼侯作九侯。徐廣曰：『鄴縣有九侯城。』「九」，一作「鬼」，「鄂」一作「邘」。而禮記明堂位亦云：『昔殷紂亂天下，脯鬼侯以饗諸侯。』是紂之菹醢者二人矣。呂氏春秋行論篇云：『昔者紂爲無道，殺梅伯而醢之，殺鬼侯而脯之，以禮諸侯於廟。』又過理篇云：『刑鬼侯之女而取其環，殺梅伯而遺文王其醢。』高誘注：『殺鬼侯之女以爲脯，殺梅伯以爲醢。』則鬼侯之女與梅伯並遭脯醢：按楚辭屢言梅伯見醢，引已見前。脯鬼侯之女，又見淮南子及潛夫論，說詳後。是紂之葅醢者又二人矣。楚辭言比干葅醢，引亦見前。韓非子難言篇亦云：『文王說紂，囚之。翼侯炙，鬼侯腊，比干剖，梅伯醢。』是紂之葅醢者又二人矣。徐文靖竹書統箋六云：『翼侯，即鄂侯也。左傳隱五年，曲沃伐翼，翼侯奔隨，晉人納諸鄂。翼與鄂近，是韓子翼侯即鄂侯也。』梁氏人表攷四亦云：『史楚世家，熊渠中子紅爲鄂王。吳越春秋句踐陰謀外傳，號翼侯。蓋地相近。』其史記志疑二亦引左氏隱五年傳文，疑翼侯即鄂侯。果如其說，則紂所葅醢之人，今可考者并下伯邑考凡六人矣。○按左傳之翼在平陽絳邑縣東，似與楚熊渠中子紅所封之鄂無涉。史記殷本紀正義引帝王世紀云：『伯邑考質於殷，爲紂御。紂烹以爲羹，賜文王。謂文王聖人，不當食其子羹。文王得而食之。紂曰，「誰謂西伯聖者？食其子羹尚不知也！」』或以爲此即天問所云受賜茲醢事，是紂之所葅醢者又一人矣。噫嘻！何后辛葅醢人之多也！迨於漢儒，說者尤衆。韓詩外傳十云：『昔殷王紂，殘賊百姓，絕逆天道，至斮朝涉，刳孕婦，脯鬼侯，醢梅伯。』春秋繁露王道篇亦云：『桀殺紂聖賢而剖其心，生燔人聞其臭，剔孕婦見其化，斮朝涉之足察其拇，殺梅伯以爲醢，刑鬼侯之女取其環。』淮南子俶真訓亦云：『逮至夏桀殷紂，燔生人，辜諫者，爲炮烙，鑄金柱，剖賢人之心，析才士之脛，醢鬼侯之女，葅梅伯之骸。』又說林訓云：『紂醢梅伯，文王與諸侯構之。』潛夫論潛歎篇又云：『昔紂好色，九侯聞之，乃獻厥女。紂乃大喜，以爲天下之麗莫若此也，以問妲己。妲己懼進御而奪己愛也，乃僞俯而泣曰，「君王年卽耆邪？明旣衰邪？何貌之若此，而覆謂之好也？紂於是渝而以爲惡。妲己恐天下之愈進美女者，因白「九侯之不道也，乃欲以此惑君王也。王而弗誅，何以革後？」紂則大怒，遂脯厥女，而烹九侯。自此之後，天下之有美女者，皆重室晝閉，唯恐紂之聞也。』綜觀衆說，雖詳略不同，參差互異，或亦展轉相襲，遞有增飾；要之，紂以人爲葅醢，則初非屈子之剏說也。

又考鬼侯之脯也，諸書記皆以爲因進女事，鄂侯則又因鬼侯而致死，與周宣王之殺杜伯左儒略相類。按見墨子明鬼篇。汲冢瑣語及顏之推還冤志引周春秋。若夫梅伯之事，史籍無徵，其致醢之由，說者亦異。王叔師天問章句云：『梅伯，紂諸侯也。按路史國名紀六以爲商之思國。言梅伯忠直而數諫紂，紂怒，乃殺之，葅醢其身。』然則伯亦比干之徒歟？而呂氏春秋行論及過理篇高誘注，並謂梅伯說鬼侯之女美，令紂取之，紂聽妲己之譖，以爲不好，故醢梅伯，脯鬼侯，以其脯燕諸侯於廟中。其注淮南俶真訓同。按俶眞訓注，一曰，紂爲無道，梅數伯諫，故菹其骸也。則又兩歧其說。則梅伯固王子須，費仲，左强，飛廉，惡來之流，逢君之惡者耳。其死也，實自取其咎。然證以惜誓之文，及天問以與箕子並稱，而曰聖人一德，各其異方，則叔師之說爲得其實，按章句說疑卽本惜誓。高氏云云，恐不足據也。不然，獻媚長惡之臣，屈子顧稱之爲聖人乎？惟章句以聖人爲文王則大誤。蓋梅伯以忠諫而菹醢，箕子以遠害而詳狂，卽所謂聖人一德，各其異方，屈子所深致痛惜者。若聖人別有所指，則上下辭義截然兩橛，且幷其所欲致詰者而失之，斯又疏謬之甚者矣。

余意紂之不善，穢德彰聞，其取亡之道正非一端。離騷后辛菹醢之文，特舉其惡之著者言之耳。又其菹醢諸人，無論事之有無，而騷經云云，則不過欲著其亡國之徵，亦不必鑿指爲誰何，拘執乎某事也。觀於涉江言比干菹醢，天問則但云抑沈，是其顯例。善讀書者，惟弗以辭害意可耳。

夫屈子之文，異乎經典者多矣。百國諸侯之寶書，所見異辭，所聞異辭，所傳聞又異辭，則晉之乘，楚之檮杌，魯之春秋，述事記言，寧必若合符節？後世從衡之說，齊東之語，傳述古事，固亦時多造飾。然古人往矣，將誰使定衆說之誠乎？

凡梁氏之論，事事折中於聖人，要不失爲儒者氣象；然觀其浩博貫綜，出入參差，實亦難乎其爲言。余故謂其始欲矜炫，而終不免以迂疎見也。偶因其誤解騷詞而略論之如此。

癸酉季夏寫於青島寓廬

潮州八聲誤讀表說

黃際遇

一 凡例

潮州宅東南海陬，語音多重以濁，去中土絕遠，其民甫出里門，如適異國，視外籍來者，皆尊之如客卿，或外江佬之焉。無他，言語睽違，思惟之交通路絕也。顧其方言土音，悖乎今者輒合乎古，舊音古訓，時獲旁證，論稽茲事，當別爲篇。今代方言至如潮語可云奇特矣，潮語之中種類亦爲不少矣，然無論何等語言，必守一種聲母，無論何等變化，必循其聲母之變化以變化，國人學語識字，並不先學字母而後執筆開口，土著渾渾噩噩，固有終身不識數字者，而何嘗廢其口耳之功用，苟據音母統系理董分析之，其間交錯之故，可坐而致也。

明以言之，則莫如每字必分平仄一事，進而分爲平上去入，又進而分爲清聲之平上去入，與濁聲之平上去入，少則二聲，多亦八聲，自然區分，不思而得，發音讀法，容有彼此之不同，平仄陰陽，斷無爭執之餘地。所可異者，清聲與濁聲二類之字，上聲與去聲二類之字，與韻書不合者，殆四之一。此之云韻書，以廣韻爲準，字音以三十六母之反切爲準，間嘗依番禺陳蘭甫切韻考體例比而次之，附以下例，列爲表二。

表一　聲類切母八聲誤讀表

一廣韻用爲反切母字者，凡四百五十二字，分爲清濁二類。

一清濁二類中各依三十六母聲紐

清	見溪	端透	知徹	幫滂	非敷	精清心	照穿審	影曉		
濁	羣疑	定泥	澄孃	竝明	奉微	從邪	牀禪	喻匣	來	日

分隸之，竝各附其切語。

一每紐之字依照潮州發音，不誤讀者爲一類，誤讀者爲一類。

一發音以際遇家塾傳授之音爲斷，其揭明誤讀，而里人有謂讀之不如是而竝未誤者，則爲個人之誤讀，亦資大雅參考。但本篇專論八聲，至於聲紐之變化，擬別爲篇。

一表終根據誤讀之字，妄以已見歸納所以誤讀之通則如干則。

表二　韻類切母八聲誤讀表

一依陳君所分廣韻韻類表立表，並以廣韻中統領同音之字首橫列之，但未見有誤讀字者不標出。

一誤讀之界限，以每字之發音應淸應濁及平上去入爲限，淸濁有誤者列之，平上去入者有誤者列之，其於聲紐不合者不備及。

一字首誤讀，則及其同音字之誤否(以經見者爲準)，字首不誤讀，而其同音字有誤讀者容有未備。

一潮州方言多于口誦字音不盡相同，凡此類附注于各字之下，以資齊民審音者之芻采，或間附鄙見。

二　聲類切母八聲誤讀表

淸聲二十一類	不誤讀者	誤讀者
端紐七字	多得何　得　德多則　丁當經　都當孤　當都郎　冬都宗	無

知紐九字	張陟良　知陟離　猪陟魚　徵陟陵　中陟弓　追陟隹　陟竹力　卓竹角　竹張六	無
照紐十二字	之止而　止諸市　章諸良　征諸盈　諸章魚　煮章與　支章移　職之翼　正之盛　旨職雉　占職廉　脂旨移	無
徹紐七字	抽丑鳩　癡丑之　楮褚丑呂　丑敕久　恥敕里　敕恥力	無
心紐十七字	蘇素姑　素桑故　速桑谷　桑息郎　相息良　悉息七　思司息茲　斯息移　私息夷　雖息遺　辛息鄰 息相即　須相俞　胥相居　先蘇前　寫息姊	無
見紐十七字	居九魚　九舉有　舉居許　規居隋　吉居質　紀居里　几居履　古公戶　公古紅　過古臥　各古落　格古伯 兼古甜　姑古胡　佳古膎　詭過委	俱舉朱切　誤讀濁平聲
溪紐廿四字	康苦岡　枯苦胡　牽苦堅　空苦紅　謙苦兼　口苦后　楷苦駭　客苦格　恪苦各　苦康杜　去丘據　丘去鳩 墟祛去魚　詰去吉　窺去隨　羌去羊　欽去金　傾去營　起墟里　綺墟彼　豈祛豨　區驅豈俱	無
非紐十四字	方府良　卑府移　封府容　分府文　府甫方矩　鄙方美　必卑吉　彼甫委　兵甫明 筆鄙密　陂彼爲 畀必至　誤濁上	拚府盈。誤濁平。按潮方言，方分等字均讀重唇如邦。
敷紐九字	敷孚芳無　妃芳非　撫芳武　芳敷方　披敷羈　峯敷容　拂敷勿	丕敷悲。誤濁平。府敷等字均讀喉音如虎。

穿紐七字	昌尺良　尺赤昌石　充昌終　處昌與　叱昌栗　春昌脣	無
影紐廿一字	於央居　央於良　憶於力　伊於脂　依衣於希　憂於求　一於悉　乙於筆　握於角　謁於歇　紆憶俱	無
	挹伊入　烏哀都　哀烏開　安烏寒　煙烏前　鷖烏奚　愛烏代	
清紐十四字	倉蒼七岡　親七人　遷七然　取七庾　七親吉　青倉經　采倉宰　醋倉故　麤麁倉胡　千倉先　此雌氏	雌此移誤濁平
透紐八字	他託何　託他各　土吐他魯　通他紅　天他前　湯吐郎	台土來誤濁平
精紐十三字	將即良　子即里　資即夷　卽子力　則子德　借子夜　茲子之　醉將遂　姊將几　遵將倫　祖則古　臧則郎	無
	作則落	
曉紐十六字	呼荒烏　荒呼光　虎呼古　馨呼刑　火呼果　海呼改　呵虎何　香許良　朽許久　羲許羈　休許尤　況許訪	無
	許虛呂　興虛陵　喜虛里　虛朽居	
幫紐八字	邊布玄　布博故　補博古　伯百博陌　北博墨　博補各　巴伯加	無
滂紐四字	普滂古　匹譬吉　譬匹賜	滂普郎誤濁平
審紐十字	山所間　疏疎所葅　沙砂所加　生所庚　色所力　數所矩　所疏舉　史疏士	無

審紐十四字	書舒傷魚傷商陽式施式支失式質矢式視試式吏式識賞職賞書兩詩書之釋施隻　始詩止	無
穿紐八字	初楚居楚創舉創瘡初良測初力叉初牙廁初吏芻測隅	無
照紐七字	莊側羊爭側莖阻側呂鄒側鳩簪側吟側阻力	無

右切語上字清聲二十一類二百四十四字誤讀濁聲者七字

濁聲十九類	不誤讀者	誤讀者
定紐十字	徒同都同徒紅特徒得度徒故杜徒古唐堂徒郎田徒年陀徒何地徒四	無
澄紐十一字	除直魚場直良池直離治持直之遲直尼柱直主丈直兩直除力宅場伯	佇直呂誤清上
牀紐十二字	鋤鉏士魚牀士莊豺士皆崱士力士仕鉏里崇鋤弓查鉏加俟牀史助牀據	雛仕于誤清平
日紐八字	如人諸汝人渚儒人朱人如鄰而如之仍如乘兒汝移	耳而止誤清上方言不誤濁上

喻紐十二字	余 餘 予以諸 夷以脂 羊與章 弋 翼與職 營余傾 移弋支 悅弋雪	以羊己誤清上 與余呂誤清上
喻紐十四字	云 雲王分 王雨方 韋雨非 榮永兵 爲遠支 筠爲贇 （羽 雨 皆王矩切皆誤清上）	于羽俱誤清平 永于憬 有云久 遠雲阮 洧榮美 以上四字俱誤讀清上
明紐十八字	文無分 無 巫武夫 明武兵 彌武移 亡武方 眉武悲 綿武延 莫慕名 慕莫故 模 謨 摸莫胡	美無鄙誤清上 望無放誤清去 武文甫誤清上 靡文彼誤清上 母莫厚誤清上
羣紐十字	渠強魚 強巨良 求巨鳩 巨其呂 具其遇 臼其九 衢其俱 其渠之 奇渠羈	暨具冀誤清去
奉竝紐十六字	房 防符方 縛符钁 平符兵 皮符羈 附符遇 符 苻 扶防無 馮房戎 毗房脂 弼房密 浮縛謀 父扶雨 婢便俾	便房連誤清平
來紐十五字	盧落胡 來落哀 賴落蓋 落 洛盧各 勒盧則 力林直 林力尋 呂力舉 良呂張 離呂支 郎魯當 練郎甸	里良士誤清上 魯郎古誤清上
匣紐七字	胡戶吳 侯戶鉤 戶侯古 下胡雅 黃胡光 何胡歌	乎戶吳誤清平

從紐十四字	才昨哉　在昨宰　前昨先　藏昨郎　酢在各　疾秦悉　秦匠鄰　匠疾亮　慈疾之　自疾二　情疾盈　漸慈染	昨在各誤清上　徂昨胡誤清平
竝紐七字	蒲薄胡　步薄故　裴薄回　薄傍各　白傍陌　傍步光　部蒲口	無
疑紐十五字	魚語居　疑語其　牛語求　宜魚羈　危魚爲　玉魚欲　俄五何　吾五乎　遇牛具　虞愚遇俱	語魚巨誤清上　擬魚紀誤清上　五擬古誤清上方言不誤　研五堅誤清平
泥紐六字	奴乃都　諾奴各　內奴對　妳雙禮　那諾何	乃奴亥誤清上
禪紐十六字	時市之　殊市朱　常嘗市羊　蜀市玉　市時止　植殖寔常職　臣植鄰　承署陵　是氏承紙　成是征	署常恕誤清上　視承矢誤清去
娘紐三字	尼女夷　拏女加	女尼呂誤清上
邪紐十字	徐似魚　祥詳以羊　辭辞似茲　似詳里　旬詳遵　寺祥吏　隨旬爲	夕祥易誤清入
牀紐四字	神食鄰　乘食陵　食乘力　實神質	無

右切語上字濁聲十九類二百八字誤讀清聲者三十三字

通則一　清聲誤讀濁聲者少(百分之三)，濁聲誤讀清聲者多(百分之十六)，除定疑斜紐類外皆有誤讀字。

通則二　濁聲誤讀者三十三字中，入聲最少(一字)，平聲次之(五字)，上去聲獨多(二十七字)。

通則三　清濁在方言不誤，而臨文誦讀反誤(如耳五二字)，方言中濁聲所存較多。

即此觀之，可知

一　濁聲字之發音及其反切均較清音為難，國語大半不能辨上去入之濁音，其厪存者厥祖若宗度嶺踰江，僻在邊陬之孑遺耳。夫語言之傳禪也，賴乎口耳之相承者半，賴乎反切之實證者亦半，反切不但以二字切一音，以下字定四聲，而且以上字定清濁，知此者希，但依照下字約略得其音似，維清與濁，遂如絲棼矣。如羊已切以，而止切耳，不注意切語上字羊也而也之為濁聲，但引申聲紐與下字之已及止綴合，卒誤濁音之以及耳為清聲。

二　因一字之誤讀，致凡其雙聲之字皆從而誤讀，如既誤王矩之羽爲清聲，則必然誤羽俱之于爲清聲，既誤疑古之五爲清聲，則自然誤五堅之研爲清聲也。平入兩聲，居舒緩與急促之兩極端，誤讀清濁之由，既略如上述，讀別字者不必論列，此外有聲紐之一大原因在，舍此三者，不易有四聲之誤讀矣。惟至上聲與去聲也，幷清與濁共有四種，既皆爲仄聲，聲之高低又不甚相懸殊，不習詞賦者又不經用，藉字書者能辨四聲而少能辨清濁，卽能定韻而少能定聲，此上去兩聲乖舛交迕之所以獨多歟，且也清上清去二音，固甚明瞭，濁上濁去二聲，至易使檢韻者惶惑不解，狃乎習者亦安之矣，一旦檢及韻書，但見己所謂上者，韻書則去之，己所謂去者，韻書則又上之，爰作下表，以明其方，雖未足云啓千載之玄秘，儻亦昭一方之故實，遵王之路，擁篲前驅者乎。

三　濁音之存于方言者獨多，臨文誦讀反覺其少，如而止之耳，潮之方言則呼耳如盻(使民盻盻然)之濁上也，如疑古之五，則呼如耦。(君子謂之二五耦，五耦雙聲，蒙誦頗難上口之濁上也，塾中對書咬字，（不足爲咬字，眞是喊字）則必呼耳呼五爲清聲，已非方言本色，其不爾者，且被指爲引車賣漿者言，是非音失而求諸野與。此非孤文隻證也，方言不全爲誤讀之字，下表於附注明之，其中屬于濁去聲者爲多，蓋臨文誦讀，謂宜去其土音之甚者，以貌正音，（俗曰孔子正，意言孔子正音也）學古不成，反失本能耳，茲先最其大略如右。

三 韻類字首（同音者以類從）八聲誤讀表上 附方言

	東第一	董第一	送第一	屋第一
右清聲	穹 去宮音同銅 誤清平	董 多動音同蝀蝀螮蝀虹也誤清去	銃 充仲 誤清上	
			弄 盧貢 誤濁上	
			鳳 馮貢 呼喻紐誤濁上	

洪戶公切同音之訌誤清上

銃充仲反或充仲切 潮州多誤讀上聲清聲

今潮方言用此爲烏銃之銃呼如清去聲之稱

鳳本輕脣潮州無輕脣皆轉重脣或喉音

右濁聲

哄胡貢音同烘閧或誤清上

哄之反切胡貢上字胡爲濁因下字貢清致有誤讀清聲

冬第二　腫第二　宋第二　沃第二

右清聲

綜子宋或誤清平

統他綜誤清上

右濁聲

鵠胡沃呼見紐誤清入

鍾第三　腫第二　用第三　燭第三

右清聲未見誤讀字

右濁聲

隴力踵音同壟誤清上

隴之反切力踵上字力濁聲因踵誤清聲誤切清上

	江第四	講第三	絳第四	覺第四
右濁聲		勇 余隴音同涌甬俑 俑湧均誤 宂 而隴 誤清上	頌 似用音同誦訟 誤濁上 俸 扶用音同縫 俸誤清上	
右清聲 未見誤讀字				
右濁聲	淙 士江又才宗均 濁誤清平			浞 士角音同 誤清入 邈 莫角音同貌眊 誤清上 眊誤清去

支第五	紙第四	寘第五	

頌之反切似用下字爲去韻因似字濁上誤切似用爲濁上

勇等之誤切濁上皆未明反切上字之余定濁聲之故此類最多

俸同音之縫潮方言呼如邦濁去正合

雌 此移音同娄 誤濁平

跬 丘弭音同跬 或誤清平

惴 之睡 誤清上

吹 尺僞鼓吹 誤清上

企 去智音同跂 誤濁上

翅 施智音同施啻 翅或誤讀如寶

右清聲

陴 符支同音埤焚 誤濁平脾裨（一 裨𧬊）不誤又 紕誤清上

蘂 如累音同蕊 誤清上

易 以豉音同貤 誤濁上

爲 于僞 誤濁上

睡 是僞音同瑞 誤濁上

議 宜寄音同誼義 多誤清上義誤 濁上

僞 危睡 誤濁上

翅 潮方言呼魚翅之翅如刺

議 同音之誼有清去或濁去者

右濁聲

至

漬 疾智音同眥觜誤清去

諉 女恚誤讀如委

右清聲

脂第六

綏 息遺音同雖奞

夊 綏誤濁平

丕 敷悲誤濁平

旨第五

癸 居誄誤清去呼如貴

至第六

冀 几利音同覬驥洎穊兟誤濁上

媿 俱位愧同誤濁上

出 尺類出納之客誤讀本音

邃 雖遂

懿 乙冀或誤濁上

痺 必至音同畀庇比(近也)誤濁比

喟 丘愧誤清上

痺 潮方言呼痲痺之痺清去

𫘬 儒佳音同緌誤清平

唯 以水誤清上

牝 扶履　否 符鄙痞仳殍同誤濁上

揆 求癸誤清去

履 力几　壘 力軌音同誄藟誤濁上

惢 如壘誤清上

美 無鄙音同媺誤清上

視 承矢誤清去

洧 榮美音同痏誤清上

肄 羊至音同殔勩肄誤清去遺誤濁上

備 平秘音同奰贔犕誤濁上

臮 具冀音同暨誤清去洎不誤

利 力至音同莅涖痢誤濁上

自 疾二　萃 秦醉顇悴瘁誤濁上

膩 女利誤直上

緻 直利音同稚誤清去稚誤清上

二 而至音同貳誤清上

寐 彌二　郿 明秘音同媚誤濁上

嗜 常利誤清去

兕 徐姊誤清上

遂 徐醉音同彗隧燧㒸穗並誤濁上

利 潮方至狀刀利之利或利息之利皆評如來細之濁去聲

膩 潮方言呼細膩之膩濁去音義並合

潮方言呼彗星之彗禾穗之穗均如反切聲韵皆不誤

右濁聲

悸 其季 誤清去

之第七

止第六

以 羊己音同已苡 誤清上

擬 魚紀音同儗晉 誤清上

耳 而止 誤清上

里 良士音同裏鯉李理俚誤清上俚誤濁平

志第七

異 羊吏音同异食(漢酈食其)誤濁上

侍 時吏音同蒔 誤濁上

忌 渠記音同惎誋 誤濁上

値 直吏 誤濁入

右清聲未見誤讀字

悸 潮方言謂心不安曰心悸呼如縣字之方音聲韻皆合

忌 潮方言謂忌日曰作忌呼忌如反切適合

耳 潮方言呼耳如盻(使民盻盻然)之濁上聲

右濁聲

矣 于紀 誤清上

徵第八　尾第七　未第八

右清聲 未見誤讀字

沂 魚衣

尾 無匪 誤清上

韙 于鬼 偉音同 誤清上

毅 魚既 豙音同 誤濁上甚至誤濁平

右濁聲

魚第九　語第八　御第九

據 居御 倨音同 誤濁上

沂 按應讀如夷今山東沂縣是也俗浴乎沂多誤讀如奇

韙 按煒暐瑋葦韡音皆同

尾 按亹娓梶音同

據 按倨踞鐻鋸音皆同

右清聲

虞第十								
麌第九	語 魚巨誤清上	齟 牀呂誤清上	佇 直呂按竚紵同音誤清上	汝 人渚誤清上	咀 慈呂誤清上	紓 神與按抒杼音同誤清上		女 尼呂誤清上
遇第十	御 牛倨誤濁上俗語不誤	遽 其據按勮音同詎醵誤濁上	慮 良倨誤濁上	洳 人恕按茹音同誤清去	豫 羊洳按預譽歟與澦音同誤濁上	助 牀據誤濁上	署 常恕按薯曙音同誤清上	女 尼據以女妻八也誤清去

右濁聲

語 按魚巨之語論也禦籞圉敔圄衙齬鋙禦同音牛倨之語濁去說也告也

御 潮州諺御街咀(說)白話之御讀濁去

呂 爲盧之濁上膂旅侶同音今讀呂爲濁上不誤而他諸同音字誤清上

署 潮方言讀署缺之署爲濁上仍誤

拄 知庾按拄丨黈同音柱獨誤

數 所矩計也如數其罪誤不與去聲分

數 色句數目也

屨 九遇按句瞿朋音同句不誤餘誤濁上

娶 七句誤清上

右清聲

武 文甫按舞儛嫵侮憮甒鵡膴同音均誤清上

羽 王矩按禹雨字等同音誤清上

乳 而主誤清上

庾 以主按窳愈音同誤清上

遇 牛具按寓腐同音誤濁上

務 亡遇按婺騖鶩同音誤清去惟霧不誤

芋 王遇不誤而同音之雨誤與上聲之雨不分

懼 其遇按具埧同音誤濁上

孺 而遇誤清上

裕 羊戍按諭喻籲等音同誤濁上

拄 同音之柱方音讀如跳之濁上係知母讀爲舌頭端母之故按柱又作直主反

武 爲文甫切文爲濁則文甫切濁聲一誤爲清聲則諸同聲之字皆誤

右濁聲

屢 良遇誤清上

附 符遇誤濁上

住 持遇誤濁上

模第十一

姥第十

暮第十一

右清聲未見誤讀字

姥 莫補按莽媽同音誤清上

五 疑古按午伍仵同音均誤清上

魯 郎古按櫓滷虜擄鹵同音誤清上

暮 莫故誤濁上

捕 薄故按哺步同音誤濁上

護 胡誤按互濩同音誤濁上

誤 五故而同音之寤晤悟誤濁上忤迕遻誤清上

路 洛故按潞鷺璐賂同音誤濁上

步 方言讀濁去

五 方言讀同午時之五濁上不誤

路 與露方言皆讀濁去惟臨文則各讀濁上清去

徂昨胡退同殂同音誤清平

祚昨誤按胙阼同音誤濁上

右濁聲

齊第十二

睽苦圭按奎睽同音誤濁平

薺第十一

霽第十二

霽子計按濟同音誤清上

閉博計誤陽上

媲匹詣按睥濞同音誤清上

右清聲

鼙部迷誤清平

禮盧啓按蠡澧醴同音誤清上

麗郎計按戾隸儷唳診涖丽叕諸同音字皆誤濁上惟去聲之離誤清去

第特計按弟遞髢鬄綈睇禘棣杕遰逮同音多誤濁上惟禘誤清去

媲切匹詣之詣多誤讀旨故誤清上

右濁聲

慧 胡桂 按惠蕙同聲 誤濁上 惟蕙不誤

詣 五計 按羿睨盻霓同音 誤讀如旨

謎 莫計 誤濁上

泥 奴計 按濘同音 誤清

米 莫禮 按眯同音 誤清上

禰 奴禮 按瀰薾同音 誤清上

謎 潮方言謂射覆曰耍（清入）謎讀濁去子母俱不誤

禰 祖禰又楚人呼母曰禰今潮州方言有呼母爲禰者正讀濁去

泥 濘方言狀雨後泥濘音如柰 柰讀清入促聲

祭第十三

毳 此芮 按脆同音 誤清上

綴 陟衞 誤濁上

蔽 必袂 誤濁上

綴 潮方言讀綴衣裳之綴爲濁去不誤

右清聲

衛 于劌按轊槥同音誤濁上

曳 餘制誤濁上 袂 彌弊誤濁上

啜 嘗芮誤清入

滯 徒例誤清去

右濁聲

泰第十四

藹 於蓋按壒靄同音誤清上

右清聲

艾 五蓋按刈同音誤濁上

大 徒蓋誤濁上

衛 潮方言於小兒挨打時保釋之呼如位正讀濁去

艾 潮方言謂艾草之艾如土音之兄濁去韻不誤

大 潮方言讀徒外切濁去不誤

右濁聲

兌 杜外 誤濁上

會 黃外 誤濁上

賴 落蓋 按籟癩瀨同音 誤濁上

酹 郎外 誤清上

蕞 才外 誤清入

眛 莫貝 誤濁上

旆 蒲蓋 誤清去

佳第十三

蟹第十二

卦第十五

懈 古隘 按懈廨同音 誤濁上

隘 烏懈 按阸同音 誤入聲

右清聲

會 同音之繪讀古外切

賴 潮方言讀濁去不誤

旆 同音之狽讀濁去不誤

竈 戶媧 誤淸平

孋 奴蟹妳同乳也

買 莫蟹 誤淸上

邂 胡懈 誤濁上

右濁聲

皆第十四

滙 苦淮又胡罪切 水名

右淸聲

右濁聲

駭第十三

駭 侯楷 或誤濁平

怪第十六

械 胡介按𩗬(俗薤)瀣同音誤濁上

壞 胡怪 誤濁上

聵 五怪 誤濁上

右濁聲

孋 潮方言謂乳曰孋濁上全合

滙 澄海姚文登初學檢韻云字典(康熙)無此字

夬第十七

夬 古賣 或誤決清入

蠆 丑介 誤讀宰清上

右清聲

邁 莫話 按勱講休 同音誤濁上

右濁聲

灰第十五

賄第十四

賄 呼罪 按悔燬同聲 賄誤讀如右濁上

隊第十八

憒 古對 誤濁上

右清聲

摧 昨回 誤清平

賄同音之悔不誤　燬南人呼火也

摧應讀濁平而崔催讀清平不誤

浼 武罪按每同音誤清上

潰 胡對按繢闠同音誤讀見母音上

妹 莫佩按昧眛同音誤濁上

佩 蒲昧按珮邶悖背同音誤濁上

內 奴濁誤對上

右濁聲

咍第十六

海第十五

代第十九

右清聲未見誤讀字

乃 奴亥迺古文鼐同音或誤清上

載 昨代按再同音誤清去

賚 洛代按睞徠同音誤清去

耐 奴代按髵耏同音誤濁上

右濁聲

妹 潮方言呼姊妹之妹爲濁去不誤

佩 同音之邶如邶風或誤濁平

內 潮方言誤讀來紐

廢第二十
右清聲未見誤讀字
刈 魚肺乂同音誤陽上
右濁聲未見誤讀字

真第十七
困 去倫 誤濁平
右清聲

軫第十六
忍 而軫 誤清上
窘 渠殞按菌同音 誤清上

震第二十一
疢 丑刃按趁同音 誤清上
震 章刃按賑娠袗同音誤清上
慎 時刃 誤清上
刃 而振按認韌仞軔物訒同音誤清上
僅 渠遴按覲瑾殣饉廑同音僅誤清上

質第五
肸 羲乙 誤濁入
秩 直一按帙袠姪[illegible]同音誤清入

秩 同音之姪不誤濁入
刃 所同音之字惟認字不誤讀
僅 同音諸字皆誤清去

引 余忍按蚓弞叉靷同音誤清上

牝 毗忍按髕(臏同)同音誤清上

殞 于敏按隕霣音同誤清上

泯 武盡按僶黽同音同音字誤清上

愍 眉殞按憖憫閔敏繁同音皆誤清上

胤 羊晉誤濁上

憖 魚覲傷也誤清入

右濁聲

諄第十八

屯 陟綸按窀迍同音誤濁平

逡 七倫按踆皴墫埈陖夋同音

準第十七

稕第二十二

術第六

右清聲

盾 食尹按吮楯音同誤讀端紐清上

順 食閏誤濁上

牝 同音之髕誤清去

愍 同音之繁海魚仍誤清上

右濁聲

尹 余準，按允狁音同，誤清上

殉 辭閏，按徇侚音同，誤清去

聿 餘律，按遹昳音同，誤讀來紐

聿等字誤聲母不誤韻母，不在本表範圍，因誤讀太甚，故幷及之

文第二十、

吻第十八

問第二十三

醞 於問，按慍緼蕰（俗蘊）音同，誤清上

物第八

醞 同音之慍誤濁上

右清聲

文 無分，音同之蚊誤濁平

汾 符分，誤清平，同音者三十七字，氛翂枌棼棻岎蚡誤清平，墳濆賁讀竝紐

吻 武粉，按刎抆音同，或誤清入

憤 房吻，誤清上

問 亡運，同音之聞誤濁上

郡 渠運，誤濁上

佛 符弗，同音之怫誤清入

右濁聲

殷第二十一	右清聲		右濁聲
隱第十九		听牛謹笑兒俗以爲聽字之省	
焮第二十四　斳居焮明明斤斤之斤音同或誤清入		近巨斳誤濁上	
迄第九			

元第二十二
阮第二十
願第二十五　堰於建誤清上　建居万誤濁上　販方願按傆愿音同誤清上
月第十

建潮方言呼福建之建爲清去

右清聲		右濁聲
	煩 附袁同音三十八中誤清平者番繙燔膰蕃璠旛藩皆以番得聲而誤	
	遠 雲阮 誤清上俗呼不誤 飯 扶晚 餐飯	
願 魚怨 誤濁上	遠 于願 離也 誤濁上 飯 符万 周書黃帝始炊穀爲飯	

願 潮方言還願之願爲濁去

遠 潮方言遠近之遠讀影紐正爲濁上不誤

飯 潮方言呼食飯之飯爲竝紐濁去

		右清聲	
魂第二十三			魂 戶昆 音同之渾誤清平从軍得聲誤
混第二十一			
慁第二十六	頓 都困 誤濁上		慁 胡困並音同之溷誤清上並讀見紐
沒第十一	突 他骨陀骨二切今均讀濁入		

頓 潮方言三餐曰三頓頓清去

右濁聲	懣 模本 誤清上	悶 莫困 誤清去 嫩 奴困 嫩同 誤清去	兀 五忽 按杭音同 誤清入

兀 同音之刖不誤因从月得聲

痕第二十四	很第二十七	恨第二十七
右清聲未見誤讀字		
右濁聲	很 胡墾 誤清上	恨 胡艮 誤濁上

寒第二十五	旱第二十三	翰第二十八	曷第十二
看 苦寒 誤濁上 音同之栞刊不誤			
右清聲			
寒 胡安 音同之邯 誤清中		翰 侯旰 音同之捍扞䮣汗悍瀚閈 並誤清上	曷 胡葛 音同之褐蝎並从曷得聲 誤清入

翰 音同之汗方言呼如寡濁去 不誤

韻	右濁聲		右清聲
桓第二十六			
緩第二十四			緩 胡管誤濁去音同之澣(浣同)誤清上
換第二十九	岸 五旴音同之犴喭並誤濁上 憚 徒案誤濁上		換 胡玩誤清去音同之逭誤清上見紐 玩 五換翫同並音同之翫忨誤清上 段 徒玩誤濁上
末第十三	剌 盧達剌謬也誤剌不必論多不讀入聲	括 古活音同之檜劊誤清去	

段 潮方言讀濁去臨文乃讀濁上

卯盧管誤清上俗不誤　滿莫旱與音同之懣誤清上	
亂郎段誤濁上　叛薄半誤濁上音同之畔誤清去　縵莫半與音同之幔漫墁誤濁上	
右濁聲	

删第二十七		
潸第二十五		赧女版誤清上　阪扶阪誤清上
諫第三十	孿生患亦作孿誤濁平	患胡慣音同宦豢誤濁上　慢謨宴音同鏝謾誤濁上　雁五晏音同贗誤濁上
黠第十四		黠胡八誤見紐清入
	右清聲	右濁聲

卯潮方言呼卯爲泥紐濁上

韻	右清聲未見誤讀字		右濁聲
山第二十八			
產第二十六		棧士限誤清去　眼五限誤清上	
襇第三十一		幻胡辨誤清去　袒丈莧誤清上綻同　瓣蒲莧與辨（辧同）音同瓣誤讀如合之清入辨誤濁上	
鍇第十五			

瓣同音之辨即辦从刀小徐新附从力之辦字潮方言呼買辦之辦濁去

四　韻類字首（同音者以類從）八聲誤讀表下附方言

先第一	
銑第二十七	
霰第三十二	殿都甸堂練練切今呼殿後之殿為濁上誤
屑第十六	

右清聲

前 昨先音同之湔誤清平				姸 五堅
泫 胡畎與音同之鉉誤清上		殄 徒典音同跈均誤照紐之清上		辮 薄泫誤清去同音之扁誤清上
荐 在甸與同音之洊荐均誤清去	見 胡甸(現俗)誤清去	縣 黃絢誤清去	電 堂練與殿同音誤濁上	硯 吾甸
齧 五結音同霓臬齾隉闑誤清上				

右濁聲

見之俗體現潮方言讀濁去不誤

縣潮方言讀如軌之濁去

齧同音之臬闑不誤

仙第二

詮 此緣與音同之銓痊筌荃拴从全得聲者均誤濁平又悛譔音同

獮第二十八

線第三十三

薛第十七

栓 山員誤濁平	右清聲	潺 士連音同孱誤清平；便 房連音同平(平平)㛹(㛹娟)或誤清平
		踐 慈演音同餞誤清上；輭 而兗(軟俗)音同蝡腝誤端紐清上；輦 力展音同璉誤清上；臠 力兗音同孌誤清去；免 亡辨誤清上
譴 去戰誤清上		戀 力卷誤清去；篹 士戀音同饌譔誤濁上；便 婢面 卞 皮變又拚(拚同)汴誤濁上；衍 以淺音同羡涎延誤濁上；瑗 于願音同援媛院誤濁上
		劣 力輟音同埒誤清入

瑗同音之院潮方言讀濁去

趁 尼展 誤清上

彥 魚彥音同唁諺 上 遣（迎也）誤濁

倦 渠卷 誤濁上

輾 女箭同碾 誤清上

右濁聲

蕭第三 篠第二十九 嘯第三十四

右清聲未見誤讀字

迢 徒聊音同條髫跳 迢髫誤清平 跳誤仄

窕 徒了 誤清上

了 盧鳥音同蓼瞭 繚誤清上

奴鳥音同嫋嬝 誤清去

尿 奴弔或作溺

嬲 潮方言謂戲相擾曰嬲清平

尿 潮方言謂小便曰尿而叫切 濁去

右濁聲

屑第四

小第三十

笑第三十五

笑私妙音同肖肖誤濁上

剽匹妙音同漂僄標

右清聲

樵昨焦音同譙誤清平

韶市招軺亦同音誤清平

瓢符霄音同飄誤清平

擾而沼誤清上同音之繞遶誤清去

摽苻少誤清少音同鰾

召直照誤濁上

誚才笑誤清上

饒人要

燿弋照音同曜誤濁上

邵實照音同劭

饒潮方言讓人之饒泥要切濁去

邵潮方言呼邵康節之姓濁去不誤

摽同音之鰾（魚鰾）潮方言呼濁上不誤

眇 亡沼音同渺淼杪秒藐並誤清上

繚 力小音同燎誤清

右濁聲

肴第五	嘲 陟交誤濁平	
巧第三十一		卯 莫飽音同昴誤清上
效第三十六	稍 所教誤清上 罩 都教誤濁上	皃 莫教貌籀文誤濁上 樂 五教誤濁上 棹 直教音同櫂誤濁上
		右清聲

右濁聲

豪第六

晧第三十二

號第三十七

右淸聲未見誤讀字

晧 胡老音同昊皡鎬浩誤淸上灝不誤

老 盧晧音同䝤獠潦均誤淸上

冃 莫報音同瑁冒媢均誤濁上

暴 薄報音同袌誤濁上

導 徒到音同之悼蹈盜均誤濁上纛幬誤淸上

傲 五到音同奡誤濁上

右濁聲

老 潮方言讀濁上不誤

冃 同音之耄誤濁去惟帽不誤濁去

暴 同音之瀑誤淸入

歌第七	右清聲	右濁聲
哿第三十三		我五可誤清上
箇第三十八	佐則箇誤濁上	邏郎佐誤濁平　柰奴箇誤濁上

戈第八 倭烏禾東海中國誤譌渦同音不誤	右清聲
果第三十四	
過第三十九 唾湯臥涶同誤清上	臥吾貨誤濁上

惰 徒臥音同嫷 誤濁上

磨 模臥䃺同

裸 郎果騍䯁羸同 音同瘰羸誤清上

和 胡臥 誤濁上

右濁聲

麻第九　馬第三十五　禡第四十

右清聲未見誤讀字

馬 莫下音同碼 誤清上

乜 彌也

野 羊者音同也冶 誤清上

雅 五下音同疋瓦 誤清上

禡 莫駕誤濁上 同音之罵不誤

迓 吾駕音同訝 誤清去

䃺 潮方言挨䃺濁去不誤

乜 潮方言以爲甚麼之麼讀清入

也 潮方言讀濁去仍誤

闍 視遮 誤清平

乍 鋤駕音同蜡 誤清去

右濁聲

陽第十	養第三十六	漾第四十一	藥第十八
	兩 良獎音同兩魎 誤清上	訪 敷亮 誤清上	謔 虛約 誤濁入
	壤 如兩 誤清上	誑 居況 誤清上竝从影紐	著 直略 誤清入
		亮 力讓音同諒悢 跟量誤濁上	
		仗 直亮 誤濁上	
		讓 人樣 誤濁上	

右清聲

讓去潮方言退讓之讓讀泥紐濁

网 文兩（網同）又罔罔因从罔得聲之同音字惘魍均誤淸上 往 于兩音同暀誤淸上 勥 其兩音同彊誤淸上 仰 魚兩誤淸上	
妄 巫放誤淸上 釀 女亮誤淸上 狀 鋤亮誤濁上 尙 時亮音同上（上下）誤濁上 迋 于放音同旺王誤濁上	

右濁聲

韻目	
唐第十一	
蕩第三十七	
宕第四十二	儻 他浪誤淸上 謗 補曠誤濁上
鐸第十九	

右淸聲

妄 同音之望方言不誤惟朔望之望則又誤濁上

狀 潮方言讀告狀之狀爲濁去

尙 潮方言和尙之尙上下之上均呼濁去

	右濁聲
庚第十二 瞠 丑庚誤清平	傍 步光彷音同或誤爪聲 卬 五剛音同昂誤清平
梗第三十八	晃 胡廣音同幌誤清上 莽 模朗音同蠎蟒漭誤清上 曩 奴朗誤清上
敬第四十三	宕 徒浪誤清入 浪 來宕誤濁上 吭 下浪 傍 蒲浪誤濁上 藏 徂浪音同奘誤濁上
陌第二十	涸 下各音同鶴貉誤清入 昨 在各音同酢怍鑿誤清上

昨 同音之鑿不誤讀酢或誤如佳作或誤如詐

韻	右清聲	右濁聲	
耕第十三	磅 撫庚 小石落聲 今以爲英幣之磅 呼濁去		泓 烏宏 誤濁平
耿第三十九		猛 莫杏 皿 武永 俱誤清上	
諍第四十四		命 莫更 命 眉病 俱誤濁上；詠 爲命(咏同)音同泳 誤清去；競 渠敬 音同誩 誤濁上；迎 魚敬 誤清去	諍 側迸 誤濁上
麥第二十一	柵 測戟 誤濁上；磔 陟格 誤讀桀同音之舴 誤讀乍		

命 潮方言呼濁去不誤

右清聲			
			覈下革音同翮核均誤清入
			賾士革音同嘖均誤清入
右濁聲			

清第十四	靜第四十	勁第四十五	昔第二十二
幷府盈音同屏誤濁平		摒卑政誤清上音同之幷誤濁上	
	頸居郢誤清去	勁居正誤濁上	
右清聲			
	郢以整多誤清上如逞		
	穎餘頃音同頴(考叔)多誤清上如逞		
		淨疾政誤濁上	籍秦昔誤濁上同音之踖瘠誤清入

領 良郢音同嶺 誤清上

令 力政 誤濁上

盛 承正誤濁上同音之晟誤濁平

擲 直炙誤濁上炙亦誤清去

右濁聲

青第十五

扃 古螢音同駉坰 誤濁平

迥第四十一

謦 去挺 誤清去

徑第四十六

錫第二十三

闃 苦鶪 多誤如就之清入

逖 他歷誤濁入同音遏倜趯剔惕 踢不誤

右清聲

迥 戶頮音同泂洞 誤見紐清上

茗 莫迥音同酩 誤清上

脛 胡定 呼見紐誤清去

檄 胡狄 呼見紐誤清入

寂 前歷 誤清入

擲 潮方言呼投物之擲如色清入

闃 潮方言謂寂靜爲闃呼如就之清入

鷁五歷誤清入　甓扶歷讀帮紐誤清入

右濁聲

蒸第十六　拯第四十二　證第四十七　職第二十四

右清聲未見誤讀字

孕以證音同媵誤濁上　乘實證誤濁上

右濁聲

登第十七　等第四十三　嶝第四十八　亙古鄧竟也誤清上　德第二十五

右清聲

	尤第十八	不 甫鳩 誤濁中		
	有第四十四			有 云久與友同誤清上 右不誤；酉 與久音同誘牖槱羑誤清上；湫 在九音同愀誤清上
鄧 徒亙音同蹬縢誤濁上	宥第四十九	簉 初救誤濁上 如造		宥 于救音同又佑祐囿侑誤濁上；溜 力救音同廖霤瘤誤清去；就 疾僦音同鷲誤濁上
劾 胡得呼見紐誤清入				
右濁聲			右清聲	

有 潮方言呼如烏之濁上

溜 同音之廖潮方言呼廖姓濁去

右濁聲

蹂 八九 或誤濁去

授 承呪 誤濁上

驟 鉏祐 誤濁上

岫 似祐 音同袖 誤清去

胄 直祐 音同紂宙 籀懤誤清上

侯第十九

厚第四十五

候第五十

仆 匹候 同踣 音同趠誤清入

右清聲

藕 五口 音同偶(四也)耦梵誤清上

陋 盧候 音同鏤瘻 誤濁上 僂誤清上

偶 五遘 不期也 誤清上

陋 同音之漏屚讀濁去不誤

右濁聲

母莫厚音同牡某拇畝鵡等誤清上

茂莫候音同貿戊楙懋姆曰多誤濁上

茂同音之戊呼濁去不誤

幽第二十　黝第四十六　幼第五十一

右清聲未見誤讀字

謬靡幼音同繆誤定紕濁上

右濁聲

侵第二十一　寑第四十七　沁第五十二　緝第二十六

侵七林音同駸浸等誤濁平

右清聲

廩力稔音同亩懔凜等誤清上

右濁聲

荏 如甚音同任（荏同）稔衽均誤清上

鴆 直禁或誤清平

甚 時鴆誤濁上

姙 汝鴆與同音之紝任除或讀陽平外誤清上任誤濁上又紝或誤平或誤清上

熠 羊入音同耆誤清入

煜 爲立音同曄誤清入

妊 同音之任潮方言呼上任之任濁濁去獨不誤

覃第二十二

感第四十八

勘第五十三

合第二十七

右清聲未見誤讀字

禫 徒感音同𧽯醰窞萏倓禫多誤濁平

	右濁聲
談	
敢	
闞	憾 胡紺音同琀(亦作含)誤濁上
盍	

韻	右清聲	右濁聲
談第二十三		
敢第四十九		啖 徒敢啖啗同音同澹淡嚪或誤敢；覽 盧敢音同擥欖誤清上
闞第五十四	闞 苦濫音同瞰瞰誤清上	濫 盧瞰誤濁上；暫 藏濫蹔同音同鏨誤濁上；憨 下瞰誤清上
盍第二十八		盍 胡臘音同闔嗑蓋今呼見紐誤清入

鹽第二十四		
琰第五十		斂良冉音同瀲誤清上 冉而琰音同苒染誤清上
豔第五十五	閃舒贍音同苫掞閃誤清上	殮力驗音同斂誤清上 贍時豔誤清去
葉第二十九		聶尼輒音同躡鑷誤清入 曄筠輒音同饁燁誤清入
	右清聲	右濁聲
添第二十五		
忝第五十一		
㮇第五十六		
怗第三十	燮蘇協音同屧躞誤清入	

右清聲

念 奴店 誤濁上

右濁聲

咸第二十六

謙第五十二

陷第五十七

洽第三十一

夾 古洽音同筴袷 夾誤濁入

右清聲

右濁聲未見誤讀字

銜第二十七

檻第五十三

鑑第五十八

狎第三十二

右清聲未見誤讀字

檻 胡黤音同艦㺝 誤清去

狎 胡甲音同柙匣 狎誤清入

右濁聲

念 潮方言呼背書曰念書濁去

凡第二十九	范第五十五	梵第六十 俺於劒誤清上	乏第三十四
右清聲			
右濁聲未見誤讀字			

右表清聲音首誤讀者九十五字，濁聲音首誤讀者三百七十三字，都四百六十八字。

通則一　音首之清聲誤讀字與濁聲之誤讀字爲百分之二十與八十之比。

通則二　音首之誤讀者，平聲四十三，上聲一百二十七，去聲二百五十五，入聲四十二，其百分比，百分之九，百分之二十七，百分之五十五，百分之九。

通則三　音讀有誤，方言可比附不全誤者五十三則。

通則四　因不知隨切語上字而清濁而誤，因妄隨切語下字之清濁而誤。

通則　因誤讀音首而誤，因誤隨得聲偏旁字之清濁而誤。

卽此觀之，可知表一之後所推定之通則，及說明之理由，與眞理極相近焉，今再附說曰，

一　濁聲誤讀清聲者，較之清聲誤讀濁聲者，兩表之數，皆爲五倍，則濁聲字之發音及反切之較然可知。

二　平入兩聲，緩促懸殊，上去四種，區分最弱。何謂四聲，天子聖哲，純屬清系，難覓對語，何謂八聲，陳君舉東農董勇送種屋燭八字爲例，際遇慷其有聲無義，忽得生丑旦貼婆(老旦曰婆)淨外末八字而狂喜，然淨之反切爲才性，是濁去也，旋又思得文體之書啓記檄移序傳跋，及聖哲畫像之周孔顧葛韓范鄭陸兩則，已深苦上去四聲嵌綴之艱難，何難乎爾，難在誤讀者多，每字不記反切，雖知其韻，而仍未定清濁也，得此統計，上去聲之切誤讀者，與上入兩聲爲八與二之比而强，不亦彰明較著乎。

三　子雲方言之作，賴存古音，餘杭新方言篇，惠及嶺表，顧存者究得幾

何，罣一於焉漏萬，我既恨不見古人，我尤憾音學大師不諳南蠻鴃舌之語，呼古人於一堂，揖野人而共話，庶其有千載詞人所未悟，一旦豁然而貫通者乎。觀表二附注之例，所謂雅訓舊書往往而合者非邪，此類既不爲甚少，不能以偶然有合一語了之也明甚，故不廢識小之條，以俟大雅之揚榷焉。

四五兩條，因果甚明。

編次既竟，又有說焉，或有以爲古今南朔之不同，變遷遞嬗，何可勝數，更烏能執古人之韻書，繩現代之方語，而不知此表之作，正以觀其變化也，事有可得而改革者，有不可得而改革者，方言之事，口耳相承，雜以域外之言，臨以帝王之尊，可變者其單辭隻字，不可變者其構造體系，竊信此中正多未發之理，深望志乘叢報等書，各以其地其時之音，編製爲表，庶有達者，理而董之。

二十二年六月十六日青島萬年山中成稿

說文四十一聲旁轉數目總表

姜忠奎

表例

四十一聲墨書橫列朱書斜行由斜轉橫其數用墨如影聲入喻其數六六用墨書由橫入斜其數用朱如喻聲入影其數亦六六用朱書同紐不計無轉者闕

四十一聲之分合與旁轉隔轉之別

聲有清有濁有清濁之間有無分清濁者析之則爲四十一併之則爲十有五更併之則五聲而已

影喻爲一聲

曉匣爲一聲　以上喉音

見溪羣爲一聲

疑爲一聲　以上牙音

端透定爲一聲

泥娘爲一聲

說文四十一聲旁轉數目總表　　一三四

知澄徹爲一聲

來爲一聲　　以上舌音

日爲一聲

精從淸爲一聲

心斜爲一聲

照莊穿初牀神爲一聲

審疏禪爲一聲　　以上齒音

幫非滂敷爲一聲

並奉明微爲一聲　　以上脣音

自其分者言之如影入見溪者有之入端定者有之入心斜者有之入並明者有之變動不居無例可循是謂旁轉

自其合者言之如曉入透者亦可通於端入泥者亦可通於娘入照者亦可通於莊入幫者亦可通於滂因此及彼出入淸濁是謂隔轉

唇								齒														
十五類				十四類				十三類			十二類						十一類		十類			九類
徵	明	奉	並	敷	滂	非	幫	禪	疏	審	神	牀	初	穿	莊	照	斜	心	清	從	精	日
	1	1	7			1				11 1					1 1	3	1 4	13 2	1	1		2 2
	1 7	1 1	8		1 1	1	1 10	1 5	3	16 38	4	2 4		1 3	2	12 5	9 25	4 32	7	6 3	2 8	24 5
	1	2	4	1 5	5	1 1	7			4				1		2	3 2	4				
20 7	18 7	11	8		1 3	1 1	6 5	19	3	1 5	2 4	1	1	7 6	3	5 7	4 2	[illegible] 3	3	2	3 8	3 1
1	1 1	4		1			4 1	4 1	1		1		1			4	3	[illegible] 2		1	5	
5 5	5	4	9 14	2	7	3	12 12	9	1 4	2	2		4	7 4		3 3	1 5	[illegible] 15	2 1	1	1	1
9	3 2		3	1 1			1 1	11		1 1				7 1	1	5 1	2	1		1		
2			8	6			1			1 1	1	2	1	3		10		2 4	1 1	4 2	1	3 3
9	1				2 1		3	1	1 4	11 3	1			2 4		2 2	2	6	4 4	6 3	1	16 4
	1 1							14 25	3	4	2 1		2	3 17	7	27 35			8	1 1		
	1	1 1		1		2		11 2	1	1 2	1 1		1		1	6	2	1	3	2		4 1
1					1	1		15 5	2	27	1	8	1	1	3	14 4	2 1	2 3	4	1	10	1
								2	1	1 1	2 1		1		1	3						33 12
							2			2 3				2 1		2 8		3			2	17 15
1			1			1		11		1 1	3			1 8	2	20 11			2 1	1		2
6 1		1						7		8	1	3	1			18 3			2		1 2	3
4 1	1						4	4	2 2	8	2		1	4		5 7	3	4	11	1 3	3	3 1
30 2	8 7	1	4 1		2		2 5	3	2 9	1 3	2	2	2			7	3	4	6 1	2 1	1 3	3
1	10 4					1		1	6	2 4		1		3	1	1 11	2	9	14	7	10	日
						1		2	2 3	3		6 12	11 9		9 28	1	26	12	40 28	71 40	精	
					1	1	2	1	1 1	5 1	2	1 7	9 2		30 17	4 2	0	13	15 32	從		
							1	1	3	5 4		2 7	14 7	2	5 12	3	3	7	清			
3 7	1					1	4	1	14 34	21 2	2	5 7	5 9		5 5	6 4	11	心				
	1								4 2	14 2	2		1	3 1		1	斜					
	1 2			1		1	5 2	25 22	3	9 12	3	3	1	4 6	2	照						
								1				1 5	10 1	1 8	莊							
				1	1			4		4 1	1	1	1	穿								
									2 6	2		2	初									
										2	1	牀										
							1	3	3	3	神											
							4	3 1	5	審												
						1 1	1 1	2	疏													
		1					2	禪														
3 1	9 2	23 13	30 49	16 8	30	27 13	幫															
2	4	21 50	9 49	13 55	21	非																
	2 4	14 1	9	2	滂																	
2	1	10 18	3 7	敷																		
	2	25 16	並																			
1	7 1	奉																				
32 57	明																					
徵																						

喉					牙				舌														
一類			二類		三類			四類	五類			六類		七類			八類	九類	十類			
影	喻	爲	曉	匣	見	溪	羣	疑	端	透	定	泥	娘	知	澄	徹	來	日	精	從	清	·
影	6 6	24	12 2	27 10	79 11	10 1	9 2	1	1 2		11	2	2		1 3	4	3 12	2 2		1	1	2
	喻	6 2	5 2	10 21	22 29	3 8	1 11	8 7	7 6	5 36	11 60	13		4	4 31	5 13	12 22	24 5	2 8	6 3	7	32
		爲	1 28	9 26	15 17	1 13	3	1 3		3	8					6 1	1					4
			曉	30 16	58 25	13 16	10 9	20 20	14	1 6	1 13	3		1 2		18 3	1 27	3 1	3 8	2	3	3
				匣	20 71	8 21	12 5	9 3	3	4 4	4 5	10	1	2		5 3	3 17		5	1		2
					見	29 156	30 113	18 53	2 3	2 4	2 7	6		6 2	2	3 3	19 62	1	1	1	2 1	15
						溪	11 2	9 9	2		1 ·				1	1	2 1			1		1
							羣	2 5	4 1	6	2	7	1	1		1 1	3 2	3 3	1	4 2	1 1	4
								疑	3 4	1 2	2	2	3			6 2	4 23	16 4	1	6 3	4 4	6
									端	12	4 23		3	17 9	5 22	1 1	6 1			1 1	8	
										透	17 21	1		7 1	9 9	1 6	2 3	4 1		2	3	1
											定		2	9 4	14 7	4	18 1	1	10	1	4	3
												泥	3 8	1 1		1		33 12				3
													娘	2 1	1			17 15	2			
														知	6 12	8 5	7	2		1	2 1	
															澄	3 1	7 3	3	1 2		2	
																徹	4	3 1	3	1 3	11	4
																	來	3	1 3	2 1	6 1	4
																		日	10	7	14	0
																			精	71 40	40 28	2
																				從	15 32	3
																					清	7

玉篇原帙卷數部第敘說

張煦

南朝梁大同間顧野王撰玉篇三十卷，傳布行世，數經增損，卽今世所行大廣益會玉篇，文多於前而注損於舊。朱彝尊氏深惜其廣者益衆而玉篇非顧氏之舊，四庫題要據永樂大典兼引顧野王及宋重修玉篇悟爲二書，楊守敬氏望有人出而恢復原帙以爲千載快事。自來此書與說文並重，安可置而不論。余究心有年，冀以微力，劣效馳驅。頗聞國中賢哲，治者相望，遂以成稿，久棄篋笥，幽蘭延佇，庶其惠予。惟空山人杳，但聞語聲，而日人岡井愼吾氏所著「玉篇之研究」一書，頃已印行，巨製裒然，都六百餘頁，其用力不可謂不勤矣。展彼新著，還睇昨篇，戔戔者反覺有發表之需。乃略加改訂，依次付印，願與世之嗜此者共商榷之。

玉篇原帙敘說凡分六部，一曰卷數部第敘說，二曰正文重文敘說，三曰原注敘說，四曰見存原帙殘本校訂敘說，五曰原注引書敘說，六曰餘論。爰次第明之。

欲復原帙，當首明其卷數部第，欲明卷數部第，當首明原帙殘文正字及注之見存者若何。今集所曾睹，彙列於后。

玉篇卷第一

珮　玉部

見日本僧昌住所撰之新撰字鏡卷第六之尾紙，撰時在日本昌泰年間，當中土唐昭宗光化年間(西紀八九八至九百年)。據影印天治元年寫本，當中土北宋徽宗宣和六年(西紀一零二四年)，下同。

玉篇卷第二

业部

見新撰字鏡黄部第百三十八之末。惟注文及重字稍有脫略。

玉篇卷第三

佩　人部

見新撰字鏡卷第六之尾紙。

玉篇卷第六

攢　攪　手部

見新撰字鏡卷第六之尾紙。攬字字鏡訛作擱，凡關於校勘之事別有專篇，例不復出，下同，惟所校與各本篇敍說有不可離者，則附見各本篇。

玉篇卷第八

愇 蕙 悬 惇 恝 悖 心部

右存寫本，愇字闕前分，悖字闕後分。寫本今藏日本久原文庫。和田經四郎訪餘錄第三十五號印本。

玉篇卷第九

誥 言部

右存字，爲今存原帙寫本言部首段殘脫中之字。見新撰字鏡麦部第百五十四之末。

自言部話字至册部册字

右存寫本，其中話字闕正字。又其中号部原僅号號二字，今殘脫号部標題，号字全文，及號字首半行。寫本今藏日本早稻田大學。日本治安元年以前寫，當中土北宋真宗天禧五年以前（西紀一零二一年以前），古逸叢書印本，羅印本，日人某氏印本，東方文化叢書印本。

又右存言部中之詰字全文，亦見新撰鏡麦部第百五十四之末。

自册部嗣字至欠部歘字

寫本今藏日本京都福井氏崇蘭館，鈔寫時代同前條。羅印本。

自欠部歠字至㚘部執字

右存寫本，自㚘部圉字以下，今殘滅。其藏所，鈔寫時代，及印本，俱同前「自言部話字至册部册字」條。

玉篇卷第十

竝部

見新撰字鏡文下一點第百三十五之末。惟注文及重字稍有脱略。

玉篇卷第十七

所　斤部

見新撰字鏡卷第十二之尾紙。

玉篇卷第十八

自放部至方部

右存寫本，爲卷第十八之後分，其前分金部支部全闕。今印本中之車部脫自軷至輯一段，自輥至轉一段，自輶至一轓段，又舟部脫自舸至舷一段，共脫四段。其車部自軷至輯一段，前接車字，車字注文末闕，後接軓字，中插入輿字注文中間數行，此段脫約二十字，最末之輿輒輯三注猶存於原寫本之側面，輯字注恰與印本銜接，惟輿字注雖與印本相連尚闕其首耳。其自輥至轉一段，約三十字，前接轂字，後接軔字，轂字注闕其後分，軔字前之轉字注闕其前分。其自輶至轓一段，前接輗字，後接輣字，輣字前之轓字注全存惟闕正字，此段首之輶轃軧轒輗輦輂輋八字注文尚存於原寫本之裏面，惟輋字注闕其後分，今此段實際殘脫者約三十而弱耳。其舟部自舸至舷一段，殘脫不及四十字，上承艆子，下連艭字，艆字注闕其後分，艭字前之舷字注闕其前分。寫本今藏日本大阪藤田家，日本慶雲四年以前寫，當中土唐中宗景龍元年以前（西紀七百零七年以前）。古逸叢書印本。

玉篇卷第十九

自泠字至洗字　水部

右存寫本，水部之首尾皆殘脱，惟存此中間一百四十四字，泠字前之淦字注尚留後分，洗字注後分及洗前之浴字注後分皆闕。今亦藏日本大阪藤田家。古逸叢書印本。

玉篇卷第二十二

自山部至厽部全卷

寫本今藏日本神宮廳庫。日本延喜四年寫，當中土唐昭宗天祐元年（西紀九零四年）。東貞吉印本，東方文化叢書印本。

玉篇卷第二十四

自鮎字至鮿字　魚部

寫本存魚部中間二十字。今藏日本大光福寺。羅印本。

魱　鯐　鮩　鱟　鮩　魚部

右存寫本斷片，魱字之前分及鱟字鮩字之後分皆闕。留真譜印本。

玉篇卷第二十七

糸部首至繵字　合後條爲全卷

寫本今藏日本高山寺。日本延長六年以前寫，當中土五代時後唐明宗天成三年以前(西紀九二八年以前)。得能良介印本，古逸叢書印本，羅印本，東方文化叢書印本。

又自糸部綏字之後分至絙字，有留真譜印本。

自糸部經字至索部

寫本今藏日本石山寺。抄寫時代同前條。古逸叢書印本，羅印本，東方文化叢書印本。

又其中糸部之綸字全文，亦見新撰字鏡羸部第百五十之末。

玉篇卷第二十八

巾　帋　帉　帨　帶　帔　巾部

見新撰字鏡卷第六之尾紙。

原帙存字既明，當論卷數。載籍所述野王玉篇卷數，異說有三，陳書顧野王傳云，「其所撰著玉篇三十卷」，舊新唐書同，自是原卷帙數如此。據陳書姚察傳，「開皇九年詔授秘書丞別勑成梁陳二史」，又云，「梁陳二史，本多是察之所撰，其中序論及紀傳有所闕者，臨亡之時，仍以體例誡約子思廉博訪撰續」。則是陳書多察所爲，於未及知、始俟其子思廉之博訪而撰續之，讀顧姚二傳，知野王與察，在陳代太建中，皆以才學之美，娛侍東宮，儲君又數令野王與察遞相策問。是野王與察，並世美才，同爲宮僚，又共往還，則察於野王生平撰著，知之不能不詳，必不待其子之博訪而定，足見陳書野王全傳皆察所爲，而非出於其子之撰續。以並世美才同爲宮僚又共往還之友，所述玉篇三十卷者，安可不確然置信。今存大廣益會玉篇亦三十卷，顯仍舊規，未改原轍。證以原帙寫本殘卷載明卷第十八卷第廿二卷第廿七，共爲三處，其內容所及，皆與分爲三十卷之說相合，而不與其餘二異說相合，益徵陳書本傳之卷數爲不可易也。其南史野王傳稱「玉篇二十卷」者，考南史本傳，悉仍陳書原文，第略有損減而無改易，所載野王撰著若干種名目次第及其卷數，皆同陳書，獨此玉篇三十卷作二十卷，則二十云者，必三十之訛文也。又隋書經籍志載「玉篇三十一卷顧野王集十九卷」，持較陳書本傳，於玉篇則多一卷，於集又少一卷，陳書本傳文集二十卷。顯係玉篇序文及總目別爲一卷，夙附文集之中，後之讀者出諸文集以益玉篇，文集遂滅而玉篇特增。則所謂三十一卷者，於玉篇本文之應爲三十卷，了無關涉。日本國見在書目錄及弘決外典抄，皆載玉篇三十一卷，有同隋書，證以寫本殘卷，內容不與相符，已如上述，而中土絳雲樓書目所載大廣益會玉篇，亦作三十一卷，則諸多出一卷者當仍爲序文及總目也。隋書多出一卷之中所包序文，於今可考者有三。世傳大廣益會本首列二序，其一以「昔在庖犧」開首者，中有云「猥承明命」，則是梁書蕭子顯傳所謂「太學博士顧野王奉令撰玉篇」也，又云「預纘過庭」者，則是陳書本傳所謂「父烜以儒術知名」，野王妙齡撰述，實承家學而爲之，用核史實，皆相符合，自當定爲野王之作，此其一也。廣益本又一以「竊聞兩儀俶啓」開首者，中有云「殿下天縱岳峙叡哲淵凝」，嚴可均指爲臨賀王正德，明爲大同中進呈之啓，亦當定爲野王之作，此又其一也。法苑珠林卷第十四，敬佛篇第六之二，載唐僧道宣律師感通記云，「梁顧野王大學之太博也，周訪字源，出沒不定，故玉篇序云『有開春申君墓得其銘文皆是隸字』，檢春申君是周武六國同時隸文則非吞併之日也」，其時上溯成書之歲，才及百載，斯序全文尚在人間，故文中舉以爲證，則感通記所載「有開春申君」以下共十四字，亦野王之序文，此又其一也。此三文者，皆隋書別爲一卷中所列之文，餘莫得而詳矣。由上所述，今定玉篇原帙爲三十卷。

卷數既定，當論部第。日本弘法大師所撰篆隸萬象名義一書，於中正字及其次第，持與原帙殘卷對較相合，由是知篆隸萬象名義，無改玉篇原帙字數及其次第，特大減原帙注文而爲之。弘法大師爲造日本假名伊呂波歌之人，亦卽傳中土文化於日本之功首，留學長安一年又八月，受學於惠果和尚，以唐憲宗元和元年八月去長安，十月至日本，唐文宗太和九年三月在高野山入定。事蹟見拙譯弘法大師傳。其依玉篇原帙以作篆隸萬象名義，以後簡稱名義。至晚當在由唐歸國之後入定之前，卽西紀八零六至八三五年。平生所著書二百數十部，名義其一也。見存寫本，爲日本永久二年書，當中土北宋徽宗政和四年（西紀一一一四年）。今據原帙殘卷部目及其次第，名義部目及其次第，與大益會玉篇部目及其次第相較，用張刻本，以後簡稱廣玉。以定原帙全書部目及其次第。

茲先將原帙殘卷及名義部目之有第數者，檢出列後。

（甲）名義部目之有第數者

一部第一　上部第二　示部第三　以上屬玉篇卷第一

頁部第三十六　頻部第三十七　百部第三十八　首部第三十九

県部第四十　以上屬玉篇卷第四

(乙)原帙殘卷部目之有第數者

言部第九十二　曰部第九十三　乃部第九十四　丂部第九十五

可部第九十六　兮部第九十七　闕　亏部第九十九

云部第一百　音部第一百一　告部第一百二　凵部第一百三

吅部第一百四　品部第一百五　喿部第一百六　龠部第一百七

冊部第一百八　㗊部第一百九　只部第一百十　㕯部第一百十一

欠部第一百十二　食部第一百十三　甘部第一百十四　旨部第一百十五

次部第一百十六　㚔部第一百十七　以上屬玉篇卷第九

金部第二百六十九　闕　放部第二百七十一　丌部第二百七十二

左部第二百七十三　工部第二百七十四　㠭部第二百七十五　巫部第二百七十六

卜部第二百七十七　兆部第二百七十八　用部第二百七十九　爻部第二百八十

叕部第二百八十一　車部第二百八十二　舟部第二百八十三　方部第二百八十四

以上屬玉篇卷第十八

山部第三百四十三　屾部第三百四十四　嵬部第三百四十五　屵部第三百四十六

广部第三百四十七　厂部第三百四十八　高部第三百四十九　危部第三百五十

石部第三百五十一　磬部第三百五十二　自部第三百五十三　阜部第三百五十四

𨺅部第三百五十五　厽部第三百五十六　以上屬玉篇卷第二十二

糸部第四百二十五　系部第四百二十六　素部第四百二十七　絲部第四百二十八

黹部第四百二十九　率部第四百三十　索部第四百三十一　以上屬玉篇卷第二十七

玉篇原帙定爲三十卷，名義冠首之目亦分爲三十卷，雖名義內容自卷第十五以上，別分爲五十卷，而自卷第十五以至終篇卷第三十，皆依共三十卷之第數，名義內容當玉篇卷第十五處，用兩種卷數。既標卷第五十，又復標明卷第十五之上，卷第十五之下。又名義內容之目部諸名義中，附有卷第一至卷第九諸卷目，與名義冠首諸卷目相合，則其內容前半部之別分五十卷者，非玉篇原帙本自如是，益加顯然。則知其前半部分爲五十卷者，自非原帙之卷數也。復以名義部目之有第數者，原帙殘卷部目之有第數者，與廣玉部目第數較，則原帙殘卷卷第九之部第，與廣玉卷第九之部第不同，皆遞降一數。於以知廣玉部目及第數，與原帙不盡同，今

悉分別訂之

(甲)廣玉卷第四自部第卌七目部第卌八之間，名義多出一囟部，此果誰爲原帙之目耶？野王依據說文稍有升降而作玉篇，說文於此爲「旻目眀眉盾自囟鼻」八部相聯，名義亦「鼻自囟目眉眀旻」七部相聯，（名義眉部訛作省部，訂正見後條。）雖次第互易，而部目則同。獨廣玉易眉爲盾之外，更闕失囟部，已足疑其非是。察說文囟部所列文七重二，爲「囟皆魯者𪞶𥏼𣉻百𦣻」諸字，名義囟部所列，悉在其中，毫末增減，卽言字第 亦盡舊觀。足證原帙之本有此部，全襲說文，亦足反証說文囟部之無錯簡也。復考說文囟部所列各字，在廣玉者，僅者字見於老部第百七十中之最末四一字，餘皆音跡杳然。推審其故，以囟部之囟字，隸亦作白，玉篇別有白部，爲西方色白之白，非與鼻自同義作囟之白，世之鈔者，誤以爲二白同出必衍其一，遂刪去作囟之白部，而不知並其中列之文亦去之矣。鈔者但怪無者字，因以附於老部之最末，名義老部，固無此字，其附加之跡，顯然可覩。全部闕損，是則廣益本之大失也。有此一部，往上推至原玉卷第一卷第四中部目之有第數者固合，往下推至原帙殘卷卷第九諸部目之有第數者，更密合無間，原帙如是，㓙部何可廢也。

（乙）廣玉卷第四盾部，名義作省部，二者皆誤，應訂作睂部。察原帙睂部，僅全襲說文睂盾二部之文而成，二部字少相連，且皆於目有關，故野王合之。名義省部共存五字，其省𡮨二字，則說文睂部除睂而外之全文，其盾瞂䁚三字，則說文睂部之全文。復察名義省部省字之下既有一篆文省字，其上又有一篆文省字，則篆文睂字，明明非省字之誤筆，必其本有睂字，已脫其隸，僅留其篆，鈔名義者不察，第見省字當頭，遂誤書爲省部耳。如其不然，何睂字不見於名義他部中也。自應訂名義誤書之省部爲睂部，名義如是，原帙亦如是。廣玉盾部，未加新字，（僅多一瞂字之重文𢧵。）既不稱睂部而遺睂矣，而以睂字附於目部，又不稱省部而遺省矣，而亦以省字附於目部，設不細密推求，恐致轉疑野王之本以盾部襲說文，而以說文睂部併於目部也。則於玉篇分合說文各部之例，必生障蔽。名義之訛在筆誤，其失小，廣玉之訛在妄作，其失大，不可恕也。又廣玉卷第三几部第二十四名義冠首部目作几，其旁注一兀字，廣玉卷第十五㲾部第二百一，名義冠首部目作㲾。此二部者野王皆同說文，鈔名義者不察，皆忽去部首一字，而儿部遂以部中次一字之兀字作首部，又訛爲九，其下擬以儿字近似之反切。毇部遂以部中次一字之糳字作部首。二者皆不可從，與眉部忽去部首，而以部中次一字之省部作部首者，情形正復相同。

(丙)廣玉卷第十二木部第百五十七林部第百五十九之間，有一東部，名義冠首之部目無之。名義內容亦僅標木部，又其內容卷第卌二之下，連標木林巢叒四部目，皆無東部，是原帙實無東部，非名義冠首之部目有筆誤也。必須無東部，然後始能與原帙殘卷卷第十八所存之部第合，卽與殘卷卷第廿二之部第合，則是原帙固當如是。廣玉本以木部字數過多，特別分東部以從說文，自應刪去。

(丁)廣玉卷第十四丰部第百九十來部第百九十一之間，名義冠首部目多一耒部，而廣玉耒部第百九十六，則在卷第十五秝部香部之間。察名義內容卷第十五之下之前一篇，有殘存部目，其中秝部香部之間，亦無耒部，又以名義當於玉篇原帙卷第十四卷第十五之內容考之，則耒部實在丰部來部之間，蓋原帙固如是也。說文耒部在丰部下，與名義合，廣玉亂之非是。

(戊)廣玉卷第十五皿部第二百廿八，名義冠首之部目則爲重部，其內容如之。又卷第十六重部第二百卌，名義冠首之部目則爲皿部，其內容如之。於以知重部皿部，廣玉互易原帙之地位也。說文皿部，在虍部之下第四部，名義部第與之相近，又說文壬部重部臥部三者相連，名義部第更與吻合，而廣玉亂之，失其本矣。

（己）廣玉卷第二十一大部第三百廿一奢部第三百廿二，是大部在奢部上，而名義冠首之部目則奢部在大部上，其內如之，當從名義。

（庚）廣玉卷第二十六習部第四百十一卂部第四百十二非部第四百十三，而名義冠首之部第，則卂部在前，非部次之，習部又次之。又名義內容無習部全部，此必須有習部，始能與原帙殘卷廿七之部第合，則是鈔名義內容者偶遺之也。至其部第，今從廣玉，與說文部第較近。

（辛）廣玉卷第廿七素部第四百廿七絲部第四百廿八，而名義冠首之部目則絲部在素部上。察原帙殘卷，及名義內容，依然素部在前而絲部在後，與廣玉同，則是鈔名義冠首部目者之筆誤也。

（壬）廣玉卷第廿九比部第四百卌七，介居匕部从部之間，而名義冠首部目移比部於本卷巿部出部之間，其內容如之。今從廣玉，與說文部第近，是傳鈔名義者之筆誤也。又廣玉本卷汞部第四百九十五，名義冠首部目則在本卷丿部之上而克部之下，其內容如之。今從名義，說文汞部固在克部之下也。

(癸)廣玉卷第廿九之部第四百六十二，及卷第卅丈部第五百十一，雖名義冠首皆列其目，而名義內容皆闕其文。二部皆在原帙殘卷見存之後，不能持以相勘，意者說文共部五百卌，玉篇共部五百卌二，豈野王原帙本無之部丈部，亦共部五百卌，與說文部數合耶。說文有之部而無丈部，丈字本在十部之中，然廣玉之部共列「之㞢㞷」三字，丈字共列「丈受䠆」三字，說文之部僅出「㞷㞷」二字，除重文外，廣玉之部所列，適符說文，抑野王原帙固有之耶。廣玉之部㞷字注云「古文封字」，他部中無其字，乃在名義卷第廿三山部出有㞷字，亦注云「古封字」，原帙殘卷山部見存，脫㞷字，應據名義補。是其形同，其義復同，豈原帙果無此二部，而廣玉所列之字俱已散見他部中耶。察說文㞷字有二，一在之部云，「㞷，艸木妄生也，从之在土上，讀若皇，」爲戶光切，此廣玉之部之㞷也。一在土部云，「㞷，古文封省，」爲府容切，此名義山部之㞷也。雖其形全同，而其形之所從來則不同，義亦迥異，論聲既匣非有別，論韻復陽鍾各殊，焉可相混。增删廣玉者不識其別，妄去山部𡴀字。而以其義併於之部𡴀字之下，遂使古文封字亦讀若皇矣。則是原帙山部𡴀字之外，當別有一𡴀字。復察廣玉之部「之」字，及文部所列，俱不見於名義他部及原帙殘卷中，可知野玉原帙自有此二部，當爲共部五百卌二，不同說文部數也。

由右十條，玉篇原帙之部目及其次第，可以全定。名義冠首部目各字，有僅涉筆誤者，不復贅。今錄各卷部第之有異廣玉者於左，全同者畧焉。

卷第一　凡八部　全同

卷第二　凡十四部　全同

卷第三　凡十三部　全同

卷第四　凡廿一部　異廣玉者以□識之　下同

頁部第卅六　頻部第卅七　𦣻部第卅八　首部第卅九

県部第卌　面部第卌一　色部第卌二　囟部第卌三

臣部第卌四　亢部第卌五　鼻部第卌六　自部第卌七

囟部第卅八　目部第卅九　眉部第五十　䀠部第五十一
旻部第五十二　見部第五十三　覞部第五十四　首部第五十五
耳部第五十六
第五　凡十部
口部第五十七　谷部第五十八　舌部第五十九　齒部第六十
牙部第六十一　須部第六十二　彡部第六十三　彣部第六十四
文部第六十五　髟部第六十六
卷第六　凡十部
手部第六十七　収部第六十八　𠃨部第六十九　舁部第七十
臼部第七十一　爪部第七十二　丮部第七十三　鬥部第七十四
𠂇部第七十五　又部第七十六
卷第七　凡十一部
足部第七十七　疋部第七十八　坐部第七十九　骨部第八十
血部第八十一　肉部第八十二　筋部第八十三　力部第八十四

玉篇原帙卷數部第敍說　一五四

劦部第八十五　吕部第八十六　𤢺部第八十七

卷第八　凡三部

心部第八十八　思部第八十九　惢部第九十

卷第九　凡廿九部

言部第九十一　誩部第九十二　曰部第九十三　乃部第九十四

丂部第九十五　可部第九十六　兮部第九十七　号部第九十八

亏部第九十九　云部第一百　音部第一百一　告部第一百二

凵部第一百三　吅部第一百四　品部第一百五　喿部第一百六

龠部第一百七　冊部第一百八　㗊部第一百九　只部第一百十

㕯部第一百十一　欠部第一百十二　食部第一百十三　甘部第一百十四

旨部第一百十五　次部第一百十六　㚔部第一百十七　本部第一百十八

亣部第一百十九

卷第十　凡十九部

彳部第一百廿　行部第一百廿一　尢部第一百廿二　夊部第一百廿三

夊部第一百廿四　夂部第一百廿五　舛部第一百廿六　走部第一百廿七
辵部第一百廿八　廴部第一百廿九　癶部第一百卅　步部第一百卅一
止部第一百卅二　處部第一百卅三　立部第一百卅四　竝部第一百卅五
此部第一百卅六　正部第一百卅七　是部第一百卅八

卷第十一　凡十九部

宀部第一百卅九　宮部第一百卌　宁部第一百卌一　門部第一百卌二
戶部第一百卌三　尸部第一百卌四　尾部第一百卌五　尺部第一百卌六
履部第一百卌七　老部第一百卌八　疒部第一百卌九　殸部第一百五十
歹部第一百五十一　死部第一百五十二　冎部第一百五十三　凶部第一百五十四
穴部第一百五十五　丨部第一百五十六　中部第一百五十七

卷第十二　凡四部

木部第一百五十八　林部第一百五十九　巢部第一百六十　叒部第一百六十一

卷第十三　凡一部　仝同

卷第十四　凡卌部

玉篇原帙卷數部第敍說

蓐部第一百六十三　卉部第一百六十四　舜部第一百六十五　竹部第一百六十六
箕部第一百六十七　才部第一百六十八　市部第一百六十九　乇部第一百七十
㐺部第一百七十一　學部第一百七十二　華部第一百七十三　禾部第一百七十四
稽部第一百七十五　桼部第一百七十六　芈部第一百七十七　業部第一百七十八
马部第一百七十九　康部第一百八十　卣部第一百八十一　東部第一百八十二
朮部第一百八十三　𣏟部第一百八十四　麻部第一百八十五　尗部第一百八十六
韭部第一百八十七　瓜部第一百八十八　瓠部第一百八十九　丰部第一百九十
禾部第一百九十一　來部第一百九十二

卷第十五　凡卌八部

麥部第一百九十三　黍部第一百九十四　禾部第一百九十五　秝部第一百九十六
香部第一百九十七　皀部第一百九十八　鬯部第一百九十九　米部第二百
毇部第二百一　臼部第二百二　倉部第二百三　㐭部第二百四
嗇部第二百五　亼部第二百六　會部第二百七　享部第二百八
旱部第二百九　畗部第二百十　入部第二百十一　冂部第二百十二

冃部第二百十三　冃部第二百十四　㒳部第二百十五　㡀部第二百十六
襾部第二百十七　网部第二百十八　丵部第二百十九　冓部第二百廿
厶部第二百廿一　去部第二百廿二　北部第二百廿三　西部第二百廿四
鹵部第二百廿五　鹽部第二百廿六　壬部第二百廿七　重部第二百廿八
臥部第二百廿九　身部第二百卅

卷第十六　凡廿四部

琴部第二百卅一　喜部第二百卅二　壴部第二百卅三　鼓部第二百卅四
豈部第二百卅五　豆部第二百卅六　豊部第二百卅七　豐部第二百卅八
虍部第二百卅九　皿部第二百卌　鼎部第二百卌一　瓦部第二百卌二
缶部第二百卌三　鬲部第二百卌四　鬻部第二百卌五　斗部第二百卌六
勺部第二百卌七　几部第二百卌八　且部第二百卌九　匚部第二百五十
曲部第二百五十一　壺部第二百五十二　㔸部第二百五十三　甾部第二百五十四

卷第十七　凡十四部　全同

卷第十八　凡十六部　全同

卷第十九　凡一部　仝同

卷第廿　凡廿七部　仝同

卷第廿一　凡卅部

冥部第三百十三　夕部第三百十四　多部第三百十五　小部第三百十六

幺部第三百十七　𢆶部第三百十八　玄部第三百十九　丙部第三百廿

奢部第三百廿一　大部第三百廿二　火部第三百廿三　炎部第三百廿四

焱部第三百廿五　炙部第三百廿六　爨部第三百廿七　囪部第三百廿八

黑部第三百廿九　赤部第三百卅　亦部第三百卅一　夨部第三百卅二

夭部第三百卅三　交部第三百卅四　尣部第三百卅五　壹部第三百卅六

叀部第三百卅七　丶部第三百卅八　丹部第三百卅九　青部第三百卌

氏部第三百卌一　氐部第三百卌二

卷第廿二　凡十四部　仝同

卷第廿三　凡廿九部　仝同

卷第廿四　凡十三部　仝同

卷第廿五　凡十部　全同

卷第廿六　凡十六部　全同

卷第廿七　凡七部　全同

卷第廿八　凡十二部　全同

卷第廿九　凡五十二部

長部第四百卌四　𠤎部第四百卌五　匕部第四百卌六　比部第四百卌七

从部第四百卌八　乑部第四百卌九　共部第四百五十　異部第四百五十一

史部第四百五十二　支部第四百五十三　𠬪部第四百五十四　𦘒部第四百五十五

聿部第四百五十六　書部第四百五十七　隶部第四百五十八　臤部第四百五十九

帀部第四百六十　出部第四百六十一　之部第四百六十二　生部第四百六十三

耑部第四百六十四　毌部第四百六十五　束部第四百六十六　㯻部第四百六十七

冂部第四百六十八　㐭部第四百六十九　齊部第四百七十　干部第四百七十一

幵部第四百七十二　片部第四百七十三　𣏟部第四百七十四　毋部第四百七十五

克部第四百七十六　彔部第四百七十七　丿部第四百七十八　厂部第四百七十九

玉篇原帙卷數部第敍說　一六〇

弋部第四百八十　乀部第四百八十一　亅部第四百八十二　句部第四百八十三

丩部第四百八十四　乚部第四百八十五　亡部第四百八十六　匸部第四百八十七

先部第四百八十八　旡部第四百八十九　皃部第四百九十　兜部第四百九十一

先部第四百九十二　禿部第四百九十三　厶部第四百九十四　畢部第四百九十五

卷第卅　凡卅七部　全同

上來論原帙卷數部第竟。

Wenn Ich Heine lese .....

MAO-HSIANG LEE 李茂祥.

Die letzte politische Umwälzung in Deutschland hatte anfangs Schrecken ins Herz aller das Deutschtum liebenden deutschsprechenden Nicht-Deutschen eingejagt, als die Nachricht einlief, dass ausser der gründlichen Ausmerzung jeglichen nicht-deutschen oder undeutschen Elementes und Einflusses auf dem Gebiete der Politik und Wirtschaft auch die deutsche Dichtung, soweit man sie als „undeutsch" oder „nicht-deutsch" betrachtete, von allen ungermanischen oder pseudogermanischen Anstrichen und Einflüssen gesäubert wurde. Mit Besorgnis fragte man sich hier zulande: Spielt man in Deutschland während der Trauung etwa noch Mendelssohn's grandiösen Hochzeitsmarsch? Liest man in dem Lande von Göthe noch Heinrich Heine? oder sind die Dichtungen dieses Düsseldorfer Judensohnes bei dem allgemeinen Autodafe untergegangen? Wie gross und aufrichtig war die Freude aller Freunde des Deutschtums zu erfahren, dass die ersten Nachrichten über alle Massen hinaus übertrieben wurden und nicht auf Wahrheit beruhten.

Wenn ich jetzt Heine lese, so ist's mir als ob ich einem alten Freund begegnete, von dem ich weiss, dass er eines namenlosen Verbrechens bezichtigt, auf Leib und Leben angeklagt und freigesprochen wurde und schliesslich der „spanischen Inquisition" ja dem „Scheiterhaufen" entronnen war. Las man früher Heine, so hatte man dabei nicht gedacht, man läse einen „jüdischen" Dichter oder meinetwegen einen deutschen Dichter jüdischer Herkunft. Seine Napoleon-anbeterei, seinen Stammbaum und seine „sittliche Verworfenheit" hätte jeder Terzianer ausser acht gelassen, auch wenn ihm diese „Tatsachen" eingefallen wären—Tatsachen womit Heine von seinen Gegnern auch so oft stigmatisiert wurde. Las man Heine, so las man einen deutschen Dichter! Man las deutsche Dichtung! Deutsche Prosa!

Heuer liest man Heine mit kritischeren Augen, indem man durch das Gewühl unzähliger Kritiken und Rezensionen, Biographieen und Bibliographieen, einen Weg, beziehungsweise einen Masstab zu finden sucht, womit man den Dichter „der Matratzengruft" unparteiischer und objektiver zu würdigen und zu urteilen vermag.

Seine höchst eigenartige Doppelliebe zu Deutschland und zu Frankreich, seine jüdische Abstammung, seine angebliche Charakterlosigkeit uno Bestechlichkeit, seine sittliche Verworfenheit und sein Hang zur Possenreisserei, dienten von jeher seiner Gegnerschaft als Zielscheibe des Spottes und der Verachtung. Dass er ein Napoleon-anbeter war, ist ihm in Hinsicht auf die zur Zeit herrschenden politischen Verhält-

2

nisse nicht zu verdenken. Schiller, Wieland, Göthe und andere hatten sich ebenso wenig geniert „Franzosenfreund" zu sein. Göthes Kosmopolitismus, seine Hofmacherei und besonders sein Ausspruch: „Schüttelt nur an eure Ketten, der Mann (Napoleon) ist euch zu gross; ihr werdet sie nicht zerbrechen" besagten genug, dass er sich nicht genierte, mit dem grossen Korsikaner höchst „unpatriotisch" zu „poussieren" und dass er sich gern und leicht imponieren und sich gnädige französische Blicke auf sich herabstrahlen liess. Auch das sei nicht zum verwundern; der Napoleon-kult war eben damals die „Mode". Sein Zauber hatte die Vorstellung von ganz Europa mit Beschlag belegt und der Phantasie, ja des Sinnens und Trachtens aller bemächtigt.

Heine ist ein Kind des 18ten und zugleich auch ein Sprössling des 19ten Jahrhunderts. Er ist ein politisch-geistig-religiöser Bastard, ein „filius naturalis" eines zeitlichen liaisons: der Vater—das dekadente, senile und geifernde Ende des vergehenden, und die Mutter—das erste Morgenrot des anbrechenden Jahrhunderts—la belle dame sans mercie—jung und frisch; kapriziös und hoffnungsvoll; frei und verwegen; vom neuen Zeitgeist ergriffen, erschüttert und verbittert. Greifte als „Dritter, als ungern gesehener „Familienfreund", der Hebräismus, noch in die „wilde Ehe" ein, so müsste bei dem seltsamen „ménage à trois" ein seltsames Produkt geben. Sagt Heine doch auch selbst: „Um meine Wiege spielten die letzten Mondlichter des 18ten und das erste Morgenrot des 19ten Jahrhunderts."

„Ich ward ein Zwitter, ein Mittelding,
Das weder Fleisch noch Fisch ist.
Das von den Extremen unsrer Zeit
Ein närrisches Gemisch ist."

Obwohl die Zeilen sich auf einen andern beziehen, können dieselben ebenso gut zu seiner Rolle passen.

Wenn man versucht Heine zu würdigen und über ihn zu urteilen, spart man sich viel Kopfschmerzen wenn man seine guten und schlechten Eigenschaften nicht über einen Kamm schert, sondern den Mann von dem Dichter unterscheidet. In den Augen seiner Feinde war es schon schlimm genug ein Jude geboren zu sein. Auch als „getaufter" Jude hatte er seinen Zeitgenossen wenig oder gar nicht imponiert. Man sagte von ihm, er wäre „ein Talent doch kein Charakter"; er jagte mit den Hunden und rannte mit dem Hasen. In der Polemik hatte Heine, mir nichts dir nichts, jeden ersten besten erbarmungslos angegriffen, ob Christ oder Jude. Campe, Börne, Menzel und Pfizer und besonders die schwäbische „Dichterschul" hatte er separat oder kollektiv nach Strich und Faden mit Dreck beschleudert. „In Schwaben besah ich die Dichterschul . . ." Manche hatte er dichterisch immortalisiert. Selbst die harmlose romantisch veranlagte Madame Wohl hatte er nicht in Ruhe lassen wollen. Den blond-haarigen gutmütigen Komponisten Bellini aus dem Land wo die Zitronen blühen, hatte er aus nichtigem Anlass das süsse Leben verbittert.

Fürwahr hatte der Dichter der „Matratzengruft“ mit seinen „giftigen Pflanzen“ viel Schaden angerichtet. Mit dem Sprühfeuer seines leider zu oft boshaften Witzes hatte er weder Gott noch Religion, weder Land noch König, weder Freund noch Feind verschont. Er nannte Gott den „grossen Tierquäler“; den preussischen Adler einen „hässlichen Vogel“ - - - „Du hässlicher Vogel wirst du einst, mir in die Hände fallen, so rupfe ich dir die Federn aus und haue dir ab die Krallen.“

Nicht nur die Christen beschleuderte er mit Schmutz und Gestank sondern auch seine Glaubensgenossen und seine eigene Religion. In der letzten Strophe von „Disputationen" lässt Heine durch die Königin sagen:

„Welcher Recht hat, weiss ich nicht—
Doch es will mich schier bedünken
Dass der Rabbi und der Mönch,
Dass sie alle beide stinken.“

Durch Finanznöte geplagt, politisch geächtet, aus Deutschland quasi-verbannt, durch eine unheilbare Krankheit gequält, lahm, halbblind und hilflos wie ein Kind und von schachernden Geschäftsfreunden übervorteilt, schrieb dieser tapfere Mann noch in Paris, deutsch, herrliches deutsch, Poesie und Prosa. Lauscht man aufmerksam auf die herrlichen und zuweilen wehmütigen Töne, die aus seiner Dichtung hervorsprudeln, so entdeckt man im Innersten seines Herzens einen komfortabelen „Sitzplatz“ den er für sein schönes Vaterland reserviert hat.

„Ich hatte einst ein schönes Vaterland
Der Eichenbaum
wuchs so hoch, die Veilchen nickten sanft
Es was ein Traum.
Das küsste mich auf deutsch und sprach auf deutsch
(man glaubt es kaum
wie gut es klang) das Wort: „Ich liebe dich.“
Es war ein Traum.

Hat je ein deutscher Dichter solchesgleichen geschrieben? Die stramme deutsche Eiche! Veilchen, die sanft im Schatten nicken! Der deutsche Kuss! Das deutsche „Ich liebe dich!“ Und der deutsche Traum! Ja, ein Traum ist das Gedicht. Ein Schattenbild—wo Gemüt, Wehmut und namenlose Sehnsucht nach Liebe und Liebe fürs Vaterland um die Oberhand ringen, gemischt in einer unnachahmlichen

4

sprachlichen und gedankenlichen Farbenpracht. Der „Traum" erinnert uns an eine Sonate von Beethoven oder eine Stimmungslandschaft von Cornot in weichen schwebenden Formen und silbergrauen Tönen.

Der Pariser Aufenthalt hat nicht nur seine Liebe für sein schönes Vaterland nicht vermindert, sondern auch sein Vertrauen zum Vaterland und seinen Stolz auf die Heimat bewahrt. In dem Gedicht „Deutschland", geschrieben im Sommer 1840, sagt Heine:

„Deutschland ist noch ein kleines Kind,
Doch die Sonne ist seine Amme,
sie säugt es nicht mit stiller Milch,
sie säugt es mit wilder Flamme.

Bei solcher Nahrung wächst man schnell
und kocht das Blut in den Adern.
Ihr Nachbarskinder hütet euch,
mit dem jungen Burschen zu hadern."

Wenn man Heine als Menschen beurteilt, muss man erstens seine Geldnot, zweitens seine Krankheit, und drittens seine Liebe zu Mathilde in Rücksicht nehmen.

Oh Herr! Ich glaub' es wär das beste,
Du liessest mich in dieser Welt;
Heil' nur zuvor mein Leibgebreste
Und sorge auch für etwas Geld.

Gesundheit nur und Geldzulage
Verlang' ich Herr! O lass mich froh
Hinleben noch viel schöne Tage
Bei meiner Frau im statu quo.

Heine hatte nie viel Geld gehabt. In seinen Jugend- und Studenten Jahren lebte er mit Widerwillen in einer ihm unerträglichen finanziellen Abhängigkeit von seinem Oheim. Später als er schon schöpferisch arbeitete, klagte er über seine Übervorteilung durch gewissenlose Geschäftsfreunde. Er klagte, Campe hätte ihn „geneppt": „Während ich nur an die Poesie denke, sind Sie nur auf geldliche Vorteile, ja auf Übervorteilung bedacht.—Ich wünschte Sie glaubten ein bisschen an Gott".

Lahm, halb-blind und paralysiert, brütete er über seine Krankheit und beschäftigte sich mit Gedanken über Gott und Religion; Leben und Tod; Lebenslust und Liebesgier und andere Diege die für seinen körperlichen Zustand nicht gerade heilsam waren. In allen Gedichten, Briefen und Ässerungen prädominierte seine Liebe zu Mathilde, seine Sorge für ihr leibliches Wohl. In dem Gedicht „An die Engel" kommt seine Liebe zur Frau nebst seiner Todesahnung zum Ausdruck.

„Das ist der böse Thanatos,
er kommt auf einem fahlen Ross;
ich hör den Hufschlag, hör den Trab,
der dunkle Reiter holt mich ab—
Er reisst mich fort, Mathilden soll ich lassen
O, den Gedanken kann ich nicht fassen.

Ihr Engel in den Himmelshöhn,
vernehmt mein Schluchzen und mein Flehn;
beschützt, wenn ich im öden Grab, das Weib,
das Weib, das ich geliebet hab;
seid Schild und Vögte eurem Ebenbilde,
beschützt, beschirmt mein armes Kind, Mathilde."

An einer andern Stelle bringt er wieder seine fast väterliche Liebe zu Mathilde zum Ausdruck.

„Ich war, o Lamm, als Hirt bestellt,
Zu hüten dich auf dieser Welt."

Heine hat wahrscheinlich zu viel von Gott und Engeln verlangt. Gesundheit und Geldzulage! Bei seiner Mathilde zu leben im statu quo! Sein Gebet ist unerfüllt und unerwiedert geblieben. Mathilde, die kapriziöse und extravagante Französin, „die Tollste von Tollsten" spendierte viel von seinem „erflehten" Gelde und räumte schliesslich im Herzen ihres „Henri" dem Schattenbild einer Camille Selden den Ehrenplatz ein.

Henri und La Mouche lieben sich und sind unzertrennlich:

„Ich weiss es jetzt. Bei Gott! du bist es,
die ich geliebt. Wie bitter ist es,
Wenn im Momente des Erkennens
die Stunde schlägt des ew'gen Trennens!
Der Willkommen ist zu gleicher Zeit
Ein Lebewohl!"

Halb-lachend, halb-weinend, beklagt er sich über die gezwungene platonische Liebe zweier Liebenden, welchen die liebende Tat nicht mehr möglich ist.

„Worte! Worte! keine Taten!
Niemals Fleisch, geliebte Puppe,
Immer Geist und keinen Braten,
Keine Knödel in der Suppe!"

Als La Mouche ihn warten liess, klagte der Dichter „der Matratzengruft" ungeduldig:

6

„Lass mich mit glühnden Zangen kneipen,
Lass grausam schinden mein Gesicht,
lass mich mit Ruthen peitschen, staeupen—
Nur warten, warten lass mich nicht."

Das grosse mystische Gedicht, wo die Hochzeit des verstorbenen Dichters mit der Marterblume gefeiert wird, ist ein Gedicht der Resignation angesichts des Todes:

„Du warst die Blume, du geliebtes Kind,
An deinen Küssen musst' ich dich erkennen.
So zärtlich keine Blumenlippen sind,
So feurig keine Blumenthränen brennen.
Geschlossen was mein Aug', doch angeblickt
Hat meine Seel' beständig dein Gesichte,
Du sahst mich an, beseeligt und verzückt
Und geisterhaft beglänzt vom Mondenlichte."

Solche Bilder gehören einer unkörperlichen Welt an; der Welt eines Blinden, wo es Küsse gibt, die nicht von sichtbaren Lippen kommen und Thränen, die von unsichtbaren Augen tropfen; einer Welt voller duftenden und geisterhaften Blumen; einer Welt beglänzt durch zauberhaften und silbernen Mondenschein. Dort gibt's keine Wesentlichkeit und Körperlichkeit; dort vernimmt man keine Stimmen:

„Wir sprachen nicht, doch mein Herz vernahm
Was du verschwiegen dachtest im Gemüte—
Das ausgesprochene Wort ist ohne Scham,
Das Schweigen ist der Liebe keusche Blüte."

Sie unterhalten sich geräuschlos, aber was sie sich sagen, das dürfen wir nicht erfahren:

Frag, was er strahlet, den Karfunkelstein,
Frag, was sie duften, Nachtviol' und Rosen—
Doch frage nie, wovon im Mondenschein
Die Marterblume und ihr Todter kosen."

Hier erreicht Heine dieselbe dichterische Höhe wie der englische Dichter Shelly, der sublimest lyrische Dichter moderner Zeit. Bemerken wir den Shellyschen Zug: den sanften, wehmütigen Bogenstrich, klar, geisterhaft und voll; vibrierend und zitternd in einer krankhaften Zärtlichkeit.

Es ist erstaunlich, dass ein Mann wie Heine nicht fähig war, mit seinem Schicksal ins Reine zu kommen und sich mit der schnöden Welt abzufinden. Bis zuallerletzt hat dieser tapfere Mann, dieser „arme unbegrabene Leiche" geschrieben und gedichtet. Er gab nicht nach; er kämpfte bis zum allerletzten Lebenshauch. Im dem Gedichte

„Enfant perdu", stirbt der Dichter, ein Soldat im Kampfe für die Freiheit.

„Ein Posten ist vakant.—Die Wunden klaffen—
Der eine fällt, die andern rücken nach—
Doch fall' ich unbesiegt, und meine Waffen
Sind nicht gebrochen--nur mein Herze brach."

Heine der Dichter, hat mehr Lorbeerkränze geerntet als Heine der Mensch. Seine geniale Technik, mit nur ein paar Strichen uns ein Bild, eine Stimmungslandschaft vor die Augen zu halten, ist unnachahmlich und unvergleichbar. Lesen wir z. B. sein Gedicht „Der Asra' („Täglich ging die wunderschöne") Mit einer unglaublichen Wortknappheit malt Heine uns zuerst den Ort — den Garten mit dem Springbrunnen, wo die „weissen Wasser plätschern". Dann zeigt er uns den Sklaven, der täglich um die Abendzeit am Springbrunnen stand. „Täglich ward er bleich und bleicher." Des Sultan's Tochter trifft den Sklaven auf ihrem Spaziergange und fragt ihn: „Deinen Namen will ich wissen, deine Heimat, deine Sippschaft."

„Und der Sklave sprach: Ich heisse
Mohamet, ich bin aus Jemen,
und mein Stamm sind jene Asra
welche sterben, wenn sie lieben."

Hier müssen wir seine sprachliche Kürze und Leichtigkeit bewundern; seine Fähigkeit, aus der Sprache mit ein paar Meisterhieben nur, ein monumentales Bild heraus zu hauen. Die Ausdrucksweise ist epigrammatisch--- ein ganz moderner Zug. Sein weltberümhntes Gedicht „Lorelei" (Ich weiss nicht was sollt es bedeuten dass ich so traurig bin) ist ein weiteres Beispiel seiner Leichtigkeit in der anschaulichen Vorstellung. Was für eine Masse inniger Gefühle hat Heine ins Gedicht hinein gepackt! Zuerst der persönliche Ausgangspunkt; die unausssprechliche Wehmut und Melancholie des Erzählers und seine Unfähigkeit „das Märchen" aus seinen Gedanken zu verbannen. Dann plötzlich das klare, scharfe Bild der Landschaft:

„Die Luft ist kühl, und es dunkelt,
Und ruhig fliesst der Rhein,
Der Gipfel des Berges funkelt
Im Abendsonnenschein."

Die schönste Jungfrau sitzet
Dort oben wunderbar,
Ihr gold'nes Geschmeide blitzet
Sie kämmt ihr goldenes Haar.

8

Alles ist Farbe und Musik und Handlung. Schatten und Licht in richtiger Proportion. Und dann die Handlung: „Sie kämmt ihr goldenes Haar." Man „sieht" den Abglanz der blitzenden Geschmeide. Man „sieht" wie sie ihr goldenes Haar kämmt. Etwas noch kommt hinzu-- eine dämonische Leidenschaft, welche die früheren „Lorelei" Dichter wie Brentano und Löben nicht imstande waren der Sage beizubringen.

Gibt's irgendwo ein schöneres Gedicht als Heine's „Die Lotusblume ängstigt vor der Sonne Pracht"? Ähnelt die „Handlung" nicht einem kinematographischem Farbenbild? Zuerst sehen wir die Lotusblume auf der Leinwand. Die Sonne. Die Lotusblume ängstigt davor. Sie wartet. Es dunkelt. Der Mond, ihr Buhle, erweckt sie mit seinem Licht. Sie entschleiert ihr Blumengesicht. Dann Liebesweh. Genau so wie in dem Gedichte „Der Asra" lässt Heine den Leser sich vorstellen was er sich vorzustellen vermag. Vom Schicksal des Sklaven sagt er kein Wort. Und das Schicksal der Lotusblume? Na, man kann sich's nur vorstellen.

Goethe zeigt uns in seinen Gedichten wenig Bilder. Er neigt mehr zur Philosophie; er ist tiefer als Heine; er reflektiert, und ist kraftvoller in seinem Ausdruck. Die erste Strophe des Mignonliedes „Kennst du das Land wo die Citronen blühn?" ist eine angenehme Ausnahme. In seinem berühmten Gedicht:

„Freudvoll und leidvoll
Gedankenvoll sein,
langen und bangen
in schwebender Pein,
Himmelhoch jauchzend,
Zum Tode betrübt,
Glüchlich allein
Ist die Seele die liebt."

„sehen" wir gar nichts. Auch in den Worten von Mignon: „Nur wer die Sehnsucht kennt, weiss was ich leide" bekommen wir keine Bilder zu sehen. Aber die folgenden Zeilen hätte Heine nie schreiben können:

„Kanntest jeden Zug in meinem Wesen
Spähtest, wo die reinste Nerve klingt,
Konntest mich mit einem Blicke lesen,
Den so schwer ein sterblich Aug' durchdringt."

„Tropfest Mässigung dem heissen Blute,
Richtetest den wilden, wirren Lauf,
Und in deinen Engelsarmen ruhte
Die zerstörte Brust sich wieder auf."

Das ist Goethe. Das ist sein Ausdruck der gesündesten, vollsten, gegenseitigen Liebe und Sympathie, der Liebe Dankbarkeit und des gegenseitigen Verständnisses.

Vergleichen wir Goethe's Zeilen:

Die heil'gen drei König' sind wohlgesinnt,
Sie suchen die Mutter und das Kind,
Der Joseph sitzt fromm auch dabei,
Der Ochs und Esel liegen auf Streu."

mit Heine's Zeilen über dasselbe Thema:

Die heil'gen drei König' aus Morgenland,
Sie frugen in jedem Städtchen:
Wo geht der Weg nach Bethlehem,
Ihr lieben Buben und Mädchen?

Die Jungen und Alten, sie wussten es nicht,
Die Könige zogen weiter,
Sie folgten einem goldenen Stern,
Der leuchtete lieblich und heiter.

Der Stern blieb stehen über Joseph's Haus,
Da sind sie hineingegangen,
Das Öchslein brüllte, das Kindlein schrie,
Die heil'gen drei Könige sangen."

Hier sieht man wieder, dass Heine's Technik die modernere ist; seine Sprache ist exakter; seine Bilder sind „kinematographisch" und haben schärfere Umrisse. In Goethe's Zeilen „sieht" und „hört" man gar nichts. Wie ein florentisches Bild ist das Gedicht von Heine. Was für eine Symphonie! Der Ochs brüllt! Das Kind schreit! Und die drei müden Staatsoberhäupter lassen ihre Stimmen auch noch miterschallen. Friede und Eintracht. Höchst demokratisch. Man denkt dabei an ein modernes Jazz Konzert.

Heine's Vorliebe für hindustanische Landschaft und Farbenpracht ist häufig kritisiert worden. Sein unübertreffliches Lied: „Auf Flügeln des Gesanges" wäre in Hinsicht sprachlicher Reinheit undeutsch. Die Stimmung und die Farbenmischung wären für das deutsche Vorstellungs-Vermögen unbrauchbar.

„Es hüpfen herbei und lauschen
Die frommen, klugen Gazellen
Und in der Ferne rauschen
Des heiligen Stromes Welln"

10

Heine zieht es immer nach Indien. Kein Wunder. Göthe sehnt sich doch auch stets nach dem Lande wo die Citonen blühn und ist auch schliesslich nach vielem Sehnen eines schönen Morgens in Venedig angelangt, wo er zum ersten Male in seinem Leben das Meer sah. Hein hätte sich eine Vergnügungs- oder eine Erholungsreise nach dem Lande seiner Sehsucht nicht leisten können, dort wo „die Veilchen kichern und kosen" und die Blumen „flüstern und sprechen." Mit der Farbensattheit seiner Phantasie „sieht" er Indien und lässt uns auch das Land „sehen".

„Dort liegt ein rothblühender Garten
Im stillen Mondenschein,
Die Lotusblumen erwarten
Ihr trautes Schwesterlein"

In „Auf Flügeln des Gesanges" bedient sich Heine der Phantasie des reinen romantischen Stiles:

„Dort wollen wir niedersinken
Unter dem Palmenbaum
Und Lieb' und Ruhe trinken
Und träumen seligen Traum"

Was ist denn eigentlich so „undeutsch" in dem Gedichte? Etwa der Palmenbaum? Oder die andauernd auf jemand wartenden Lotusblumen? Ersetzten wir Palmenbaum mit Lindenbaum, Lotusblumen mit Kornblumen, oder Ganges mit dem Rhein oder der Donau, Gazellen mit Rehböcken, so hätten wir schon, zum mindestens was die lokale Färbung anbelangt, ein hundert-prozentig deutsches Gedicht. Ist hier etwa Heine's Phantasie zügellos und unecht? „Dort liegt ein rotblühender Garten im stillen Mondenschein." Kann man etwa einwenden, dass wenn der gute Mond scheint, ein Garten, wenn er auch noch so indisch ist, zwar blühend sein kann aber nie rot aussieht? Uns Nicht-Dichtern fällt es vieleicht schwer das Rot zu sehen aber ein romantisch angehauchter Heine mit seiner mystischen Phantasie-was könnte er nicht „sehen"!

Milton, nächst Shakespeare, vielleicht der größte englische Dichter, sieht mit seinen geistigen Augen sogar die Dunkelheit. Sein Oxymoron „darkness visible" in „Paradise Lost" ist berühmt.

Wenn ich Heine lese, so werde ich traurig, und ich weiss nicht was es bedeuten soll. Mir ist's als ob ich einem alten Freund aus Deutschland begegnete, der mir wieder von dem Rhein erzählt, von dem Wein, der dort an den Hügeln wächst; ich denke dann wieder und gern an die Lorelei und sehe das Rheintal bei St. Goarhausen, Burg Katz und den Loreleifelsen. Ich sehe den ruhig fliessenden Rhein und mir ist's als ob ich leise vor mich hin pfeifen möchte: „Ein rheinisches Mädchen beim rheinischen Wein, das muss ja der Himmel auf Erden sein"

11

Anatole France défiguré

Tchao Chao-ho 趙少候

Le Maître de la littérature française contemporaine s'éteignit le 12 october 1924 à la Béchellerie. Une existence qui a rempli l'espace de quatre-vingts ans et dont l'influence tant littéraire que philosophique s'est reflété sur le monde entier ne peut s'eclipser entourée de silence comme celle d'un simple cordonnier. Aussi a-t-on vu surgir de toutes parts la vive curiosité des gens qui pensent et lisent. On est tout naturellement porté à s'intéresser à tout ce qui touche Anatole France directement ou indirectement. Sa vie intérieure, sa famille, ses amours, ses pensées intimes, ses véritables caractères, enfin sa vraie figure, tout fut objet de commentaires, d'interprétations et même de discussion. On est surtout curieux de connaître quelque chose sur la vie du Maître dans sa vieillesse, la partie la moins connue, puisque dans ses quatre livres (Le livre de mon Ami, le petit Pierre, Pierre Nozière, La Vie en Fleur) qu'on a l'habitude de considérer comme autobiographie, il n'a été question que de son enfance et de sa jeunesse. Heureusement et on peut dire aussi malheureusement, les habitués de la Béchellerie, de la Villa Saïd ainsi que ceux de l'Avenue Hoche sont toujours là pour nous satisfaire largement à ce point de vue, et souvent même plus largement qu'il n'en faut. Après la mort de notre Immortel, on compte au moins vingt ouvrages au sujet d'Anatole France. A les croire, tous ces biographes seraient des amis intimes du Maître, à qui celui-ci, dans ses moments perdus aurait confié ses pensées les plus secrètes et les missions les plus délicates et eux-seuls seraient à même de connaître le vrai France tout nu, tout chétif et tout grelotant. Chose encore plus décevante, ils se contredisent tout le temps, ces auteurs, et tout en faisant prévaloir leur titre plus ou moins justifié de confidents ou de vieux camarades du Mâitre, ils trouvent toutjours moyen de retirer ce même honneur à leurs concurrents. Ainsi on lit fréquemment dans leurs ouvrages que tel écrivain qui se dit ami de France n'était point ou était très rarement vu à la villa Saïd, que tel autre n'était admis dans l'intimité du Maître que grâce au principe de "faire plaisir" de celui-ci, enfin que tel autre n'était arrivé à importuner le Maître de son assiduité que bien tard, à la Béchellerie seulement.

Quant à la vraie figure de France que chacun de ces auteurs prétend connaître à fond et dont chacun se croit le seul initié, c'est un véritable habit d'Arlequin. L'un croit Anatole France pessimiste, l'autre le sent plutôt optimiste. Un autre prétend qu'il est sceptique, l'autre crie immédiatement le contraire, affirmant qu'il ne peut pas

13

Quant au voyage de France dans la République d'Argentine que Brousson a raconté avec un style si pittoresque et des péripéties si intéressantes, nombre d'erreurs ont été déjâ relevées au pied de la lettre par un témoin oculaire du voyage, qui était M. Pierre Calmettes. On sait que le jeune secrétaire a beaucoup brodé sur les relations de France avec la duègne. On sait également par Calmettes qu'il n'a point été rejeté avec sa pauvre valise sur le quai de Buénos-Ayres d'une façon tout à fait romantique dans le genre de Robinson à l'île déserte. Effectivement Il avait rompu avec le Maître plusieurs jours avant le départ de celui-ci pour Montévideo.

Je ne comprends pas non plus quelle nécessité il avait d'entamer si cruellement la sainte mémoire de Mme de Caillavet. Il a décrit avec forces détails les relations de France avec Madame, toujours d'une plume rancunière et hargneuse. Mme. de Caillavet, dans l'histoire de la littérature française devrait être vénérée aussi bien que'une Mme. de Sévigné, une Mme. de Stäel ou une Mme. de Rembouillet. Elle n'a rien écrit, il est vrai, mais elle a fait plus que si elle avait noirci quelques milliers de feuilles de papier. Elle a apprivoisé, élevé, si c'est permis de dire, Anatole France. Sans elle, le Maître d'hier serait peut-être resté sur son "Poême doré" ou tout au plus sur son "Chat Maigre". Aussi est-il bien écoeurant de lire dans l' „Itinéraire" ces deux mordantes lignes, bien qu'il n'ait fait que comme il dise, citer un racontar entre les commères.

"Non, elle s'est fait opérer d'un lipome qu'elle avait sur la nuque. La pauvre vieille s'est imaginé que c'était ça qui l'empêchait d'être aimée. . . ."

D'ailleurs la vérite est que selon J. M. Pouquet, secrétaire de Mme. de Caillavet, celle-ci n'a jamais eu de lipome, elle était morte plutôt de chagrin. Dans l'ambiance d'Anatole France, le jeune secrétaire n'a donc appris rien de bon. Il a plutôt contracté l'habitude de ne rien respecter.

D'autres ouvrages mieux intentionnés sont sur une tout autre voie. Mais ils pèchent pour la plupart par une trop grande admiration pour le Maître qui fait que l'un des quarante Immortels est devenu réellement immortel. En réalité, bien placés qu'ils étaient pour observer, il ne leur était pas impossible de percevoir le vrai Anatole France, puisqu'il suffisait d'envisager toutes les faces de la vie de France, au lieu de se borner, comme la plupart ont fait, à une seule facette entre mille autres.

M. Thibault, avec sa longue expérience de vie et sa philosophie d'indulgence et de „laisser aller" est vraisemblablement un peu de tout ce qu'ont prétendu ses historiographes. Avant tout, il est homme, et par dessus tout le plus homme des hommes. On ne peut pas rester pessimiste ou optimiste tout une vie sans broncher ni sans virer. Donc, M. Thibault est tour à tour ou même simultanément pessimiste, optimiste, sceptique et croyant. Mais dans tout, il sait observer une juste borne et ne va jamais au fanatisme en quoi que ce soit. Il est dès sa première jeunesse, habitué et résigné aux caprices de la destinée, ce qu'on ne trouverait que chez les sages grecs ou chinois. Il est devenu comme une pierre qui, à force de rouler, a perdu ses moindres angles, à laquelle rien ne peut plus s'attacher. Les maux de l'humanité sont pour ainsi dire sans prise sur lui. Aux caprices de la vie, il oppose quelquefois ses caprices à lui, pour voir qui l'emporterait enfin. Sa grande conviction sur la relativité des choses lui fait presque perdre le sens du mal et du bien, de là sa grande indulgence pour soi et pour les autres. La pitié, la bravoure, le dévouement, le sacrifice sont devenus à ses yeux de grands mots vides de sens. Les hommes n'ont pas plus de raison d'être que les pots qui s'entâssemt pêle-mêle dans une poterie. Il n'y a pas là de quoi s'enorgueillir, non, mais il n'y a pas non plus raison de s'attrister.

Son principe de "faire plaisir" était souvent interprêté comme un désir de faire du bien à l'humanité, mais je suis d'avis que c'est plutôt par malignité. C'était plutôt un stratagème pour s'échapper à d'autres exigences plus pressantes, car les demandes, les sollicitations une fois refusées sont comme aiguisées par le refus et n'admettent pas de réplique quand elles reviennent à la charge.

Sentant constamment la nullité et l'absurdité de la vie, il trouve tout à fait inutile d'offenser qui que ce soit. Aussi arrive-t-il à rire, à sourire et même à pleurer quand la convenance et la politesse l'exigent. Et on le voit socialiste avec les syndicalistes et royaliste avec les adhérents de l'Action française, c'est-à-dire hurler avec les loups. Son art à ce sujet est cependant plus fin qu'un autre, il sait se mettre en accord avec tout le monde sans jamais se compromettre.

15

LITERARY CRITICISM OF EDGAR ALLAN POE

SHIH-CHIU LIANG 梁實秋

I.

Poe's reputation as a critic has gained as well as suffered both in his life time and after his death. Henry James said that Poe's criticism "is probably the most exquisite specimen of provincialism ever prepared for the edification of man", and his judgements are "pretentious, spiteful, vulgar".[1] If such an opinion should contain any truth at all, it can only be a half-truth. For the excellence of Poe's criticism undoubtedly rests not merely on his journalistic reviews of writers contemporary to him, but also, and perhaps more, on his writings on aesthetic principles. That Poe was a fearless critic, not disdaining to attack either high or low, is a fact responsible for all the hostile criticisms he received. In fact, Lowell's remark that Poe seemed "sometimes to mistake his phial of prussic-acid for his inkstand"[2] is only just and pertinent. In the last two decades, criticism on Poe has seemed to turn away from harsh and stringent cudgelling, and exhibit more sympathetic appreciation. Although Poe's certain faults are undeniable, he has in his criticism a peculiar mission which merits our attention.

What is Poe's mission in American literature? Briefly stated, it is Aestheticism, or the doctrine of "Art for Art's Sake". Before Poe's entrance into the literary arena narrow provincialism seemed ingrained in American literature at large and it was dominated by Transcendentalism. Above all, Utilitarianism, which was perhaps as old in its origin as Puritanism in America, was also far from being a negligible factor. Among the critics, the national consciousness in literary affairs was no longer in vogue, for, at this time, American literature had seemed to be practically founded. But critics of independent convictions or theories of aesthetic philosophy are still wanting. It is with Poe that American literary criticism has taken a definite turn. Mr. W. M. Payne said that Poe "did American criticism the service of lifting it out of provincialism, of bringing into it impersonal standards based upon a well defined, if a narrow, aesthetic philosophy."[3]

Poe's criticism is well defined, but not well systematized. To organize his criticism into a coherent system is a gigantic task, and in doing so one will be confronted with two difficulties at least:

---

1 Henry James: "Life of Hawthorne".
2 Quoted in Cambridge History of Am. Literature, Vol II p. 64
3 W. M. Payne: "Am. Literary Criticism", p. 17

irst, a great portion of Poe's criticism is extremely journalistic in nature, and hence cannot be taken seriously; secondly, with the exception of a few essays, Poe's criticism about any one topic is often scattered about in various notes and reviews. And in collecting these *disjecta membra,* which often contain conflicting points, one must exercise a considerable amount of discrimination. To avoid possible errors in attaching ideas to Poe's criticism, there is ample room in the following pages for the liberal use of quotation. Sainte-Beuve has well said: "*Avec des citations bien prises on trouverait dans chaque auteur son propre jugement.*"

II.

The most dangerous thing a critic can do is to give a definition of poetry, because "a final definition of poetry is not to be expected now or at any future time" [1], and therefore, any critic who attempts definition is very likely to add confusion, rather than elucidation, to the nature of poetry. Yet, considered from the critic's own point of view, a definition is still the best form of expression, on account of its definiteness. Happily enough, Poe die not fail to give us one. In his famous treatise "The Poetic Principle", he enunciated his definition: "I would define in brief the poetry of words as THE RHYTHMICAL CREATION OF BEAUTY". This short statement embodies at least two important ideas: first, that poetry is concerned with beauty and beauty alone; secondly, that poetry must be creative.

Poe is a fearful enemy of Didacticism and Intellectualism. In the same treatise just mentioned he said:-

> "a heresy too palpably false to be long tolerated . . . . may be said to have accomplished more in the corruption of our Poetical Literature than all its other enemies combined. I allude to the heresy of 'the didactic'."
>
> "The demands of truth are severe . . . . In enforcing a Truth, we need severity, rather than efflorescence of language. We must be simple, precise, terse. We must be cool, calm, unimpassioned. In a word, we must be in that mood which, as nearly as possible, is the exact converse of the poetical."

The human mind, according to Poe, may be divided into three most immediately obvious distinctions, namely, the Pure Intellect, Taste, and the Moral Sense. In poetry, it is Taste which informs us of the beautiful that works. The end of poetry should be to delight, rather than to instruct.

[1] Neilson: "Essentials of Poetry," p.2

In his "Letter to B-" [1], he further expounded:

> "Aristotle with singular assurance has declared poetry the most philosophical of all writings - but it required a Wordsworth to pronounce it the most metaphysical. He seemed to think that the end of poetry is, or should be, instruction-yet it is a truism that the end of our existence is happiness; if so, everyhing connected with our existence should be still happiness. . . . . . ."
>
> "A poem, in my opinion, is opposed to a work of science by having, for its immediate object, pleasure, not truth."

Poe is by nature antipathetic to Science, as exemplified in his sonnet "To Science". For Science "would break down all idols, and leave him disconsolate in a world of dull realities".[2] Anything that is obstructive to or inconsistent with "the realm of chimeras" which he prized as the kingdom of poetry, is to him extremely offensive. It is no wonder that while he censured the poetry of H. W. Longfellow he instantaneously came to the praise of Keats that-

> "He is the sole British poet who has never erred in his themes. Beauty is always his aim."[3]

But what is beauty then, as Poe understood it? It is unfair to suggest that what Poe meant by beauty is limited to the few sensuous images of evening dusk and ghostly raven. Prof. Irving Babbitt said: "Beauty, as conceived by Poe and at times happily achieved in his verse, may be defined as a musical nostalgia".[4] Nostalgia is perhaps the best word to define beauty in Poe's sense, but Poe himself had a somewhat different explanation. In "The Poetic Principle", he remarked:

> "It is no mere appreciation of beauty before us but a wild effort to reach the Beauty above. Inspired by an ecstatic prescience of the glories beyong the grave, we struggle . . . . . . to attain a portion of that loveliness whose very elements perhaps appertain to eternity alone."
>
> "In the contemplation of Beauty, we alone find it possible to attain that pleasurable elevation, or excitement of the soul, which we recognize as the poetic sentiment."

Beauty, then, is what excites our soul. Poe used the word soul in opposition to the word heart. Excitement of heart, he said, results in the intoxication of passion. Poe has never spoken favorably of passion. He regarded it as a means to degradation, rather than elevation. Here is something genuinely platonic, at least in the sense that he, together with Plato, depreciated the element of passion in poetry. But Plato

---

1 Originally prefixed to the Poems of 1831, later printed with revision in the Southern Literary Messenger, July 1836.
2 J. P. Fruit: "Art and Mind of Poe's Poetry" p. 91.
3 Poe's Review of Longfollow's Ballads and Other Poems.
4 Irving Babbitt: "New Laokoon" p. 221

looked upon passion as an undesirable and yet necessary element of poetry, and hence the banishment of the poets from the Republic. Poe, recognizing the evil of passion, justified poetry in other ways. Evidently, Poe has distinguished two kinds of beauty; and the beauty which serves as the essence of poetry must be Supernal Beauty. It excites, yet it elevates. This kind of Supernal Beauty, as Prof. Babbitt characterized it, "becomes a sort of pursuit of the chimera"; and "thus for Poe the highest beauty is the fugitive glance of a woman's eye".[1] In a word, it is the "strangeness added to beauty" that Poe like other Romanticists was trying to preach. It is imperative for us to remember that Poe's preoccupation with Beauty in his conception of poetry is only reactionary; because in his time the moralistic tone among the New England writers was too paramount to be tolerated. And Poe's nature is of such a dreamy kind, that he would very naturally dream of the dream-like beauty. "We can, at any time, double the beauty of an actual landscape by closing our eyes as we look at it."[2] This is just what the Impressionistic School of painters who employ the method of "broken color" is trying to show. So it is not improper to say that Poe's conception of beauty is very much akin to the Impressionists'.

To say that poetry should be creative is only another way of saying that poetry should be imaginative. Anent imagination, Poe said:-

> "That the imagination has not been unjustly ranked as supreme among the mental faculties, appears from the intense consciousness on the part of the imaginative man, that the faculty in question brings his soul often to a glimpse supernal and eternal to the very verge of the great secrets , ... "[3]

It is clear that Poe regarded imagination as the means to attain the highest beauty which he described as supernal. To him, Realism is only "pitiable stuff",-

> "The defenders of this pitiable stuff uphold it on the groune of its truthfulness. Taking the thesis into question, this truthfulness is the one overwhelming defect. . . . . and here are critics absolutely commending the truthfulness with which only the disagreeable is conveyed! In my view, if any artist must paint decayed cheese, his merit will lie in its looking as little like decayed cheese as possible."[4]

Poe hated the idea of imitation, either in the Neo-classical sense or in the Aristotelian sense. He is the high priest of originality, novelty, invention, and imagination. It seems that Poe must have agreed to Count Bielfeld's definition of poetry as *"L'art d'exprimer les pensées par la fiction"*. It is also interesting to note that Poe, in his conception

---

1 "The New Laokoon" p. 221
2 "Marginalia", Works, ed Stone and Kimball, Vol VII p. 226
3 "A Chapter of Suggestions", Works Vol VIII p. 328
4 "Marginalia" Works Vol VII p. 349

of poetry, has much in common with Coleridge. The Coleridgean distinction between art and science, Poe has readily adopted. And Poe's exaltation of imagination is also only another trait of the Coleridgean influence. Poe has an interesting account of how the imagination works:

> "The pure imagination chooses, from either Beauty or Deformity, only the most combinable things hitherto un combined; the compound, as a general rule, partaking in character of beauty or the sublimity in the ratio of the respective beauty or sublimity of the things combined; which are themselves still to be considered as atomic that is to say, as previous combinations. But . . . . the admixture of two elements results in something that has nothing of the qualities of them, or even nothings of the quality of either."

"Thus", he concluded, "the range of imagination is unlimited. Its materials extend throughout the universe."[1] This whole process, in ordinary parlance, may be called the creative imagination. Even the ugly, through imagination, may be transformed into beauty. Poe did not hesitate to define art as "the reproduction of what the senses perceive in nature through the veil of the soul."[2] And this "veil of the soul" is identical with the imaginative faculty in question.

III.

Perhaps the element which Poe emphasized most throughout his criticisms is the necessity of having a unity or totality of impression to be effected by a piece of art. This theory of unity of impression Poe applied with the utmost ingenuity to the art of poetry, the short story, and, to a certain extent, the drama. Let us examine it in its separate applications.

"The Poetic Principle" is a complete utterance of the theory under discussion. "A long poem", it says, "is simply a flat contradiction in terms", for -

> "The value of the poem is in the ratio of this elevating excitement. But all excitements are, through a psychical necessity, transient. The degree of excitement which would entitle a poem to be so called at all, cannot be sustained throughout a composition of any great length. After the lapse of half an hour, at the very utmost, it flags - fails - a revulsion ensues - and then the poem is, in effect, and in fact, no longer such."

Of course, in saying that a poem must not be long, it is presupposed that a poem must necessarily produce a single effect, which a long poem cannot. Poe is of the belief that the function of poetry is to

[1] Quoted in Cody's "Poet: Poet, Man and Creative Thinker" p. 116
[2] "Marginalia" Works Vol VII p. 226

excite, and therefore, in order to effect the greatest excitement, Poe is only consistent with himself in saying that a poem should be short. He did not deny that the long poem contains an amount of "sustained effort", he rather thought it useless in the accomplishment of poetic effect, and he hoped that -

> "common sense, in the time to come, will prefer deciding upon a work of art, rather by the impression it makes, by the effect it produces, than by the time it took to impress the effect, or by the amount of sustained effort which had been found necessary in effecting the impression. The fact is, the perseverence is one thing, and genius quite another."

But can a poem be too brief? To this, Poe replied:

> "It is clear that a poem may be improperly brief. Undue brevity degenerates into mere epigrammatism."

Poe's idea is that a poem must give one single effect, and that effect must be so concentrated and keen that it would be durable. "There must be the steady pressing down of the stamp upon the wax." "Epic mania", he said, is absurd. The excellence of "Paradise Lost" rests in the beauty of its several separate passages, rather than the beauty of the work when taken as a whole. This theory, when carried too far, as is the case with Poe's own work, leads to Lyricism, Emotionalism, and, what is worse, Sensationalism. When the poet is preoccupied with the intention of offering a sensational effect, he is very apt to ignore "the grandeur of generalities" or the classical virtue of "decorum". What Poe pleaded for is the intensity, and not the quality, of poetry. Thus we can easily account for the difference between the theory of unity of impression as initiated by Poe and the theory of unity of impression as we understand it by the Classical virtue.

In a similar manner, Poe summed up his idea of the art of the short story as following -

> "We allude to the short story narrative, requiring from a half-hour to one or two hours in its perusal. The ordinary novel is objectionable. from its length, ... As it cannot be read at one sitting, it deprives itself, of course, of the immense force derivable from totality. Worldly interests intervening during the pauses of the perusal, modify, annui, or counteract, in a greater or less degree, the impression of the book. But simple cessation in reading, would, of itself, be sufficient to destroy the true unity. In the brief tale, however, the author is enabled to carry out the fullness of his intention, be it what it may. During the hour of perusal, the soul of the reader is at the writer's control. There are no external or extrinsic influences - resulting from weariness or interruption." [1]

[1] "Review of Hawthorne's Tales."

The short story as a literary genre is of course quite a recent product. Poe is perhaps the first one to write on the technique and the theory of the short story. He even went so far as to say "that the tale has a point of superiority even over the poem", because—

> "Truth is often and in very great degree the aim of the tale. Some of the finest tales of ratiocination. Thus the field of this species of composition, if not in so elevated a region on the mountain of the mind, is a table land of far vaster extent than the domain of the mere poem." [1]

The writer of the story, according to Poe, should have a central idea, and then proceed to invent incidents in order to carry out the preconceived effect. "Undue brevity is just as exceptionable here as in the poem; but undue length is yet more to be avoided." If there is any shortcoming in this theory of short story, it must be that while it adequately considers the relation of the length of the tale to the peruser, it fails to consider at all the relation between the length of the tale and the necessary duration of the fiction. The fiction, which is the essence of the tale, often demands a certain magnitude in order to be completed, regardless of the weariness it may cause to the reader. But to Poe, a novel of length, like the epic, is objectionable since all art, he fanatically believed, should produce only transient beauty.

Concerning drama, Poe's idea of unity of impression finds its best example in his attack on Mr. Willis' "Tortesa". The play, he said,—

> "is over-clouded-rendered misty-by a world of unnecessary and impertinent intrigue . . . . The common notion seems to be in favor of mere complexity; but a plot, properly understood, is perfect only single incident involved, without destruction to the mass. This we say is the point of perfection." [2]

Here Poe stood for the ultra-elimination of the irrelevancies of minor plots. Speaking of "Antigone", Poe remarked: "Simplicity is a very important feature in all true art-but not the simplicity which we see in the Greek drama." [3] In fact, what Poe wanted to secure in a play is not simplicity, but singleness.

IV.

In dramatic criticism, Poe anticipated the Realistic movement. It is strange indeed that Poe should have adopted the Realists' view, which is so utterly incongruous with his conception of poetry. In his review of Mr. Willis' "Tortesa", Poe said:

---

[1] ibid.
[2] "The American Drama" Works Vol VI p. 209-210
[3] "Marginalia" Works Vol VII p. 264

> "it (the plot) is not an essential. In its intense artificiality it may even be conceived unjurious in a certain degree (unless constructed with consummate skille) to that lifelikeness which is the soul of the drama of character."[1]

It is incredible that the critic, who believed that the only theme of poetry should be supernal beauty, should on another occasion express such an opinion in regard to drama.

Taking "lifelikeness" as the soul of drama, Poe is bitterly against the dramatic usage of the "aside". He criticised "Tortesa":

> "The 'asides' moreover are unjustifiably frequent. The prevalence of this folly (of speaking aside) detracts as much from the acting merit of our drama generally as any other inartisticality. It utterly destroys veri-similitude. People are not in the habit of soliloquizing aloud - at least, not to any positive extent . . ."[2]

And, again he said in "Marginalia":

> "When I call to mind the preposterous 'asides' and 'soliloquies' of the drama among civilized nations, the shifts employed by the Chinese playwrights appear altogether respectable."

Poe was apparently ignorant of the respectability of the Chinese drama, as well as the respectability of the dramatic asides and soliloquies among "civilized nations"!

"A dramatic poem", according to our critic, is again, like "a long poem", a flat contradiction in terms. Thus he lamented over the dramatic poem of Longfellow:[3]

> "At all events, a man of true genius (and such as Mr Longfellow unquestionably is) has no business with these hybrid and paradoxical compositions. Let a poem be a poem only; let a play be a play and nothing more".

The play in question is Longfellow's "The Spanish Student", of which Poe's final judgement is:[4]

> "Whatever may be its merits in a merely poetical view, The Spanish Student could not be endured upon the stage."

Of course, Poe presupposed that the test of the drama is based upon the success on the stage. A play must be acted, otherwise it would cease to be. If this notion is to be admitted, it would not be exasperating to read what Poe said about the "Stage effect":[5]

> " . . . a German optician, conceived the idea of throwing a shadowy figure, by optical means, into the chair of Banquo; and that thing was readily done. Intense effect was produced; and I do not doubt that an American audience might be electrified by the feat. But our managers not only have no invention of their own, but no energy to avail themselves of that of others."

---

1 „The American Drama" Works Vol VI p. 212
2 Ibid. p. 218
3 "The American Drama" Works Vol VII p. 239
4 Ibid. 226
5 "Marginalia" Works Vol VII p. 349

Not to mention the controversy whether Banquo's ghost, as Shakespeare intended it, should be present in the scene or not, the mere fact that Poe was interested in such a "stage effect" may well illustrate his realistic propensity.

In order to promote the art of American drama, Poe said,

> "The first thing necessary is to burn or bury the 'old models', and to forget, as quickly as possible, that ever a play has been penned.... "[1]

Poe was not in sympathy with the Greek plays, as he said in his review of Miss Barrett's "A Drama of Exile":

> "though Aeschylus might have done service as 'a model' to either. Euripides or Sophocles, yet were Sophocles and Euripides in London today, they would, perhaps while granting a certain formless and shadowy grandeur, indulge in a quiet smile at the shallowness and uncouthness of that art, which, in the old amphitheatres, had beguiled them into applause of the 'Oedipus at Colonus' ".[2]

Drama in America, by this time, seemed to be staquant. Poe's suggestion was to innovate rather than to imitate models. The Greek plays are good enough for the Greeks. The present day drama abould be more lifelike.

V.

Let us examine Poe's theory and method of criticism. To begin with, Poe is a firm believer in a vigorous criticism. Mr Payne called him "the enfant terrible of American criticism".[3] The following passage would suffice to illustrate Poe's vigour at its best:

> "Let him mend his pen, get a bottle of visible ink, come out from the Old Manse, cut Mr Alcott, hang (if possible) the editor of the Dial, and throw out of the window to the pigs all his numbers of the 'North America Review'!"[4]

It is strange that such an extreme Romanticist as Poe unquestionably is, should maintain the theory and practice of judicious and dogmatic criticism. In an article on book reviewing in "Graham's Magazine" in 1842, Poe said:

> "Following the highest authority, we would wish, in a word, to limit literary criticism to comment upon art. A book is written-and it is as the book that we subject it to review. With the opinions of the work, itself, the critic really has nothing to do."

And in the "Marginalia":

> "When we attend less to authority and more to principles, when we look less at merit and more at demerit (instead of the converse as some persons suggest) we shall then be better critics than we are.

1 "The American Drama" Works Vol VI p. 203
2 Works Vol VI p. 290-291
3 "American Literary Criticism" p. 14
4 "Review of Hawthorne's Tales" Works Vol VII p. 38

> We must neglect our modes, and study our capabilities. The mad eulogies on what occasionally has in letters been well written, spring from our imperfect comprehension of what it is possible for us to do better."[1]

Poe actually regarded the "enormous multiplication of books in every branch of knowledge" as "one of the greatest evils of this age". He hated the idea of mere bulk.

There is another characteristic of Poe's criticism, that is, the analysis of technical details. Poe was wont to talk of the formation of his own works with a jaunty assurance, and with an air of the prestidigitator who kindly shows the audience how the last trick was done. A recent article on Poe[2] also pointed out this characteristic, but concluded with a misleading assertion. In this article we read:

> "He is, and rightly, technical, but that is not all of criticism. . . . .
>
> "the critic has nothing on which he can rely save his inborn literary instinct. And it is just at this point that Poe most often fails."

It is a fact that Poe never discussed poetry without delving into scansion, without noting bad rhymes, misplaced accents and sometimes grammatical mistakes (as in the case of Longfellow). But on account of this we cannot hastily conclude that Poe is incapable of doing anything else. Poe is a critic of refined taste. He did not believe that analysis is the all in all of criticism. He said:

> "To see distinctly the machinery - the wheels and pinions - of any work of art is, unquestionably, of itself, a pleasure, but which we are able to enjoy only just in proportion as we do not enjoy the legitimate effect designed by the artist . . . ." [3]

And still more clearly:

> "as regards versification, this difficulty is only partial; for though one third of the topic may be considered metaphysical, and this may be mooted at the question of this individual or that. Still the remaining two thirds belong, undeniably, to mathematics."[4]

It is with these mathematical parts only that Poe examined the details of technicalities.

Unlike Arnold who always selected poets and prose-writers for criticism with great care.[5] Poe was in the habit of wasting his critical intelligence in the consideration of undeserving ignoble creatures. "One ought not to use a sixteen-inch gun to shoot sparrows." For his indiscrimination in critical writings, Poe has paid dearly. Much of his criticism was soon forgotten, together with those ephemeral works criticized.

---

1 "Marginalia" Works Vol VII p. 300
2 G. E. De Mille: "Poe as a Critic" in "The American Mercury" April 1925.
3 "Marginalia" Works Vol VII p. 251
4 "Marginalia" Works Vol VII p. 228
5 L. E. Gates: "Three Studies in Literature" p. 151-152

VI.

In the opinion of Prof. Trent, "Poe is an acute but unbalanced critic".[1] If we judge a critic only from the criticism he left us, we may believe that Poe is unbalanced only in so far as he failed to give us a logically consistent system of aesthetic philosophy. On the whole Poe's criticism is deeply saturated with Romanticism. But side by side with the Romantic exaltion of imagination, one may find a passage like this:

> "(true genius) is but the result of genaral large power in a state of absolute proportion, so that no one faculty has undue predominance . . . ."[2]

and he went on to condemn "the abnormal predominance of some one faculty over all others" as the "result of mental disease or rather of organic malformation of mind". It might have needed a thorough classicist to make such a declaration. But such inconsistency may not be fatal to Poe's reputation as a critic, because it is wellnigh impossible to classify any critic absolutely and unconditionally into a definite school. When we say Poe is romantic, we mean he is predominantly romantic.

Poe's influence as a critic is tremendous. It is not limited to his own country alone, but he is perhaps the most influential writer in Europe that America has ever produced. His essay "The Poetic Principle" has been regarded as an important document of aesthetic theories, especially by the followers of the doctrine of "Art for Art's sake". Poe has often been discredited on account of his influence upon the decadent movement both in France and England. But, let us not be blind to the fact that in Poe's own criticism one can scarcely find much of decadent leanings. Prof. Woodberry thought that Poe "was a critic with well-reasoned standards of taste and art."[3] America may have had more than one of these critics with well-reasoned standard of taste and art, but Poe is undisputably the first one.

---

1 W. P. Trent: "American Literature" p. 382
2 "A Chapter of Suggestions" Works Vol VIII p. 339
3 "Appreciation of Literature" p. 200

周树桢（周幹庭）拔贡朱卷

（清光绪刻本）

周樹楨

字幹庭號井樓行一光緒乙亥年正月十八日吉時生山東青州府安邱縣廩生民籍

始祖仲原 原籍昌樂縣堯溝明初遷居安邱縣逢王里

二世祖敬先

三世祖福勝

四世祖信 字義施正統間輸粟助邊敕賜子宣為義民旌表宅里

五世祖宣 字景陽 賜義民貤贈文林郎河南登封縣知縣

一世胞伯祖伯原

二世胞叔祖敬禮

三世胞伯祖福讓

四世胞伯祖俊

五世胞叔祖亮 宏 河南新野縣驛丞 富 宗 歲貢 寘 例貢

六世胞伯叔祖誠 例貢河南許州吏目 詢 [illegible] 詠

六世堂伯叔祖謹 例貢浙江宣平縣主簿 朗 諆 誨

六世從堂伯叔祖諠 敕封修職郎三和縣訓導 讚 例貢陝西鳳翔府知事 詩

履歷

六世祖訓川字彥佩庠生敕贈文林郎河南登封縣知縣

六世祖母劉氏敕贈孺人

六世祖母王氏敕贈孺人

七世祖潮字汝時號中齋嘉靖庚子歲貢河南杞縣縣丞擢登封縣知縣崇祀登封名宦祠載安邱縣志篤行傳崇祀鄉賢祠

七世祖母徐氏敕封孺人諸城縣指揮使徐公女

八世祖三益字虛堂庠生貤贈奉政大夫戶部四川司郎中

詛歲貢

七世胞叔祖沔　涵庠生

七世堂叔伯祖濟　澤例貢河南武安縣主簿　浙　灌　滸

七世從堂叔伯祖浩醫學訓科　滐庠生　守溫嘉靖甲子武舉　守良監生

七世再從叔伯祖瀞歲貢直隸和縣訓導　三涑廩生

八世堂叔伯祖三省庠生　三錫監生候選典史　三事庠生

八世再從叔伯祖一棟庠生盧墓三載載縣志孝義傳　一樸嘉靖辛酉甲子隆慶丁卯三科武舉　一格庠生　一梧庠生　一檟庠生

八世三從叔伯祖有養庠生　一向

八世叔伯祖九錫廩生　我錫庠生

九世胞伯祖若愚字默軒省祭官　若敏字明軒例貢陝西耀州吏目

八世祖母王氏貤贈宜人

九世祖若水字文漪號雲石庠生誥封奉政大夫戶部四川司郎中載府志卓行傳縣志孝義傳著有松濤室詩稿

九世祖母王氏誥贈宜人卽墨訓導應薦公女

九世祖母郭氏誥封宜人處士沆公女

九世庶祖母王氏例封安人

九世庶祖母朱氏例封孺人

九世庶祖母王氏例封孺人

九世從堂伯叔祖燼庠生偖秀監生候選主簿爚庠生[illegible]監生[illegible]秀例貢歸化縣縣丞韞秀庠生

九世三從伯叔祖應炎庠生應燊廩生應燈庠生應煒廩生應炯庠生應燻庠生應燈例封文林郎

九世伯叔祖世楨庠生自檢庠生自植庠生應化庠生宗長庠生

十世胞叔祖祚長字孝錫庠生允長字繩宜武生社長字叔厚例貢圖長字會成增生著有容齋詩稿錄長字倉符歲貢廷試訓導盧墓六載三舉鄉飲大賓載府志孝友傳縣志孝義傳著有青藤居草廓然感畏菴文集畏菴詩稿齡長字夢錫庠生裔長字鼎文順治丁酉武舉派長字濬九順治甲午舉人著有中庸宗旨古槐居存言南遊記程

十世堂伯叔祖遷長武生驪長庠生祜長庠生澤長庠生

二

歷

十世祖歷長字滴熙號汝湄順治丙戌進士戶部江西司主事雲南司員外郎四川司郎中誥授奉政大夫載府志事功傳縣志篤行傳崇祀鄉賢祠著有約齋詩稿

十世祖母王氏誥贈宜人同邑貢生准安府照磨朝恩公曾孫女庠生纍贈中憲大夫三樂公孫女萬歷乙丑進士陜西巡按太僕寺少卿業宏公女

十世祖母李氏誥封宜人高密庠生積公女載縣志烈女傳崇祀節義祠

十一世祖泰生字保思號石樵歲貢

十世再從伯叔祖道明庠生道昌庠生明新廩生明彥廩生兆甲庠生廷璠庠生廷珵武生

十世伯叔祖緒慶庠生善慶庠生歷慶監生文英庠生紹慶庠生大慶崇禎丙子順天舉人載縣志篤行傳崇祀鄉賢祠著有家訓行世咸正庠生大忠歲貢大正監生大伸庠生璨如庠生作聖崇禎庚午副榜玉衡歲貢正衡庠生持衡庠生丕基庠生鳴鳳庠生必振庠生統振崇禎庚午舉人任振庠生琦庠生

十一世胞伯祖濟生字介存號敬齋順治甲午拔貢

十一世堂叔祖觀生監生棠生監生候選吏目莘生坤生履生恆生鄉賢祠奉祀生震生附監生霈生庠生有生賁生臨生歲貢歷城縣司訓遯生巽生隨生艮生

邱縣教諭歷任四川江安縣知縣貴州黔西州知州誥授奉直大夫載府縣志崇祀鄉賢祠

十一世祖母馬氏敕封孺人

晉封宜人

十一世生祖母黃氏

十一世庶祖母王氏

十一世庶祖母李氏

十二世祖樂經字淑耕附監生

十二世祖母李氏同邑康熙丙午舉人臨淸州學正岳嵛公女

十二世祖母王氏

貞生　復生武生　節生議叙八品職銜　升生庠生　晉生監生

十一世從堂伯叔祖直生鄉賢祠奉祀生　恪生庠生鄉飲大賓　濟宏庠生

十一世三從伯叔祖挺生庠生　瑞生庠生　行生武生　培生武生

十一世伯叔祖燃麋遵庠生護生　哲生庠生　佳生庠生　研知庠生　崑生武生

鵔增生　蔭庠生　柔生歲貢正白旗教習　康生庠生　孝生庠生　恕生庠生

新命庠生　新運庠生　儀庠生　體仁武生　申命庠生三舉鄉飲大賓　錫命

庠生　廷彥武生　廷璋庠生　廷綸增生　廷綬康熙甲子副榜　廷兆庠生　廷

瑞庠生　永命庠生　暄庠生　增華武生　潤生庠生

生

十二世胞叔祖樂纘字纘三庠生敕封儒林郎候選州同　樂綏字綏四庠

十二世堂伯祖樂緒字伯緒貢生國子監典籍敕封儒林郎候選州同

十二世生祖母孚氏

太高祖森字林木

太高祖母馬氏同邑副貢贈奉直大夫天撰公曾孫女庠生常沛公孫女增生贈徵仕郎翰林院檢討檀欽公女載縣志烈女傳褒節孝建坊旌表崇祀節孝祠

高祖效熙字象先監生

高祖母李氏同邑庠生常浹公曾孫女監生右弼公孫女監生需謙公女

高祖母閆氏

高祖母殷氏

十二世從堂伯叔祖樂繼監生　元遜武生　元訥　樂均附監生

秉素　秉質恩賜壽民建坊旌表　元會庠生　而厲　而協

而助增生貤贈徵仕郎候選州判　仁源庠生　仁里　仁友監生　秉忠

樂承監生　樂毅　樂勸　樂勔監生　樂勱監生

十二世再從伯叔祖元士監生　世俊庠生　始省聖府典籍

十二世伯叔祖申庠生　均庠生　元道庠生　元韞敕贈修職郎晉贈文林郎

沂州府教授　樂垓武生　樂墉庠生　樂坦庠生　樂基庠生　樂頴武生　緒

先監生候選典史　樂坤庠生　樂璠庠生　樂晃庠生　憲先武生　樂𡒄監生候選

典史　樂埴例貢候選典史　桻桂武生　炯監生　近光庠生　觀光庠生　僴增生

琴武生　天錦庠生　易庠生　禮庠生　頌監生候選縣丞　效　雍庠生　良璧監生

胞叔太高祖樂字碩谷鄉賢祠奉祀生　楹字覺庭監生

曾祖榮發 字文既庠生貤贈儒林郎候選州同

曾祖母韓氏 貤贈安人同邑監生河工試用縣丞例貤封文林郎知瑞公曾孫女乾隆丙子歲貢例封文林郎維修公孫女處士志和公女

曾祖母李氏 貤贈安人昌邑廩生珠爆公曾孫女雍正庚戌進士任青州府教授珠焜公胞姪曾孫女乾隆辛酉舉人辛未明通信基公孫女庠生金相公女

曾祖母曹氏 貤贈安人同邑歲貢五

堂伯叔太高祖鉞 字左黄監生敕封徵仕郎候選州判 澍 字和霖監生候選州同

從堂伯叔太高祖鈗 監生 鏞 監生候選州同 鎬 監生候選州同

再從伯叔太高祖楷 監生 禮 監生 令雲 武生 全起 郡武生 合斌 武監生

合章 庠生 悅坦 庠生 悅綬 郡庠生 世居 武生 文儀 武生 悅坤 武生

東來 監生 東曉 例貢敕封徵仕郎候選州判 東明 監生 鑑 武生 鍈 監生 機 庠生 權 庠生 椿 庠生 梁 庠生 鈞 監生 鏻 監生 銘 例貢杭州批驗大使

三從伯叔太高祖純嘏 武生 悅春 吏目 悅楨 監生 繼昌 武生

太高祖茂鏞 庠生 鈅 郡庠生 偉 庠生 位 雍正乙卯副榜東阿縣教諭沂州府教授

秉劍 庠生 愛毅 庠生 畯夫 廩生 志鵬 增生 伺夫 庠生 鶴年 庠生

迪吉 庠生 琬 武生 欽祖 庠生 肅雝 監生布政司經歷 永思 庠生 肅恭 監生

起眕 庠生 文琅 例貢 桂 監生 楨 從九品

舉鄉飲大賓貤贈徵
仕郎復彬公曾孫女監
生敕封徵仕郎河南
南陽府裕州州判炳吉
公孫女例貢歷任河南
南陽府經歷署直隸光
州固始縣知縣乾隆丙
子充本省鄉試供給官
署汝寍府平昌關州判
護理信陽州知州印補
裕州州判王子充
巡查官明善公女
祖漢階字星槎號秋帆九品職銜鄉飲价賓
敕贈儒林郎候選州同
例貤贈徵仕郎
祖母曹氏敕贈安人
例貤贈孺人同
邑附貢生貤贈奉政
大夫戶部員外郎加一
級煇吉公曾孫女監生
淑善公孫女貢生敕

胞伯高祖徵熙字聚亭鄉賢祠奉祀生
堂伯叔高祖宗熙字維翰　亞熙字仲夫庠生　丞熙字翊菴增生　亘熙字從古　望熙字儼亭庠生　重熙字子任
從堂伯叔高祖念熙監生　樹熙監生候選州判　連熙庠生　遜熙鄉賢祠奉祀生　近熙　遵熙　迎熙庠生　逢熙三載盧墓　道熙監生　邏熙　燾熙監生
再從伯叔高祖憲熙監生候選主簿　仰熙例貢　紹熙　綬熙　援熙　撰熙
三從伯叔高祖學曾監生　萬年武生　萬清武生　德芳武生　瑞芳從九品　道恩監生　述恩監生　俊三監生候選州判　升三監生候選主簿　省三監生　仲育增生　學雍庠生　其煦庠生

贈徵仕郎鹽運司經歷從善公附貢生至善公乾隆丙子舉人誥贈奉政大夫戶部員外郎加一級貢善公監生敕封文林郎巴東縣知縣贊善公胞姪孫文武生登龍公文附貢生鹽運司經歷 例貤贈奉直大夫刑部主事加一級賡公貢生寅公戶部員外郎敦鈞公嘉慶丁丑進士巴東縣知縣錫田公堂姪女

祖母馬氏 敕贈安人 例貤贈孺人同 邑監生興公曾孫女監生景原公孫女監生仲公女候選吏目躍雲公胞妹監生錫桓公胞姑

父賡良 字循卿號松園監生候選州同 敕

伯叔高祖樂 總東武生 務恕監生 務訥歲貢 效容監生 啟元增生

錫珂 敕贈修職郎高堂州學正 錫瑄 贈生例封文林郎詩禮堂啟事 澇監生

近修庠生 沄庠生 智千監生 日昕武生 汶監生 滋監生 洋庠生 文洞

例封文林郎 原西監生 立忠監生 坦增生 畯從九品 自榮考授主簿 宗

榮監生 克敦庠生 立棟鄉賢祠奉祀生 立楨武生 立檉監生考授主簿 立

楷庠生 覲玉庠生 世德監生 世澤例貢 世芳監生 價監生 法雍八品

職銜 尚醕庠生 尚質庠生 尚倫耆賓 尚坤耆賓 君熙監生 君瑚監生

君煌監生 效思軍功千總 萃和監生

胞叔曾祖榮錫 字命三州吏目

堂伯曾祖榮壽 字仁山監生例封文林郎 榮城 字价籓庠生

從堂伯叔曾祖榮增 榮垺 榮堂 榮敉 鄉飲耆賓 世圻

授儒林郎例封徵仕郎

母張氏敕封安人例封孺人同邑附貢生二酉公曾孫女例贈文林郎德榕公孫女道光癸卯舉人鶴年公女庠生士翮公咸豐乙卯舉人士翹公庠生士翽公胞妹

具慶下

庭訓

受業師

表兄象文張夫子印錫範庠生

表兄芝亭馬夫子印調燮

廪生世坊　世培　世塋　世壎　世坦　世垣

世均庠生　世田　世基鄉飲耆賓

再從伯叔曾祖震枋　震東　震樓　震輝　震烈

震煜　震然　震煥　邦彥　邦珍　邦彣　邦傑　邦佑　邦綸　邦縉　邦維　金魚鄉飲耆賓　邦郊　邦列　震清從九品　邦都　邦孚　邦受

三從伯叔曾祖震鐸監生　顯謨　顯烈　廷瑞　廷瑎

丙立從九品　辛立

伯叔曾祖世掄武生　世奎庠生　應元監生　培元武生　邦晉監生　邦俊監生　邦僎壽官　邦儀耆賓　邦宮壽官　象恆監生　封郃監生　封鎬監生例封儒林郎布政司經歷　封韓監生例封儒林郎候選州同　封鄜從九品　封

庠生應縣主簿
叔鴻賓夫子 印 恆沂 庠生
表兄揚庭張夫子 印 承烈
光緒乙亥恩科舉人
耕齋俞夫子 印 崇禮 江蘇如皋
縣人現任安邱縣知縣
受知師
竹軒華夫子 印 金壽 直隸天津
人同治甲戌傳臚詹事府右春坊右庶子現任山東學政
晴階李夫子 印 芳柳 湖北江陵

胥廩生封燕監生大猷賓耆丁泰庠生玉堂賓耆鳳庠生盛業監生
懷曾庠生念曾庠生觀曾庠生可訢監生宗海例封文林郎詩禮堂啟
事學海道光甲午舉人大挑二等署恩縣訓導高唐州學正鳳池庠生玉池聖公
府詩禮堂啟事樹本從九品桂本庠生景洵庠生文清耆賓文備耆賓
恆燮庠生振邦從九品萬邦監生建邦武生殿邦武生敦友庠生
恆立耆賓景鎬庠生錫齡乾隆乙卯經魁琢從九品珣監生璠監生琨
監生琳監生芥耆賓可承監生可臻監生可表庠生汶東耆賓永恭
耆賓致美武生致泰監生致和監生致遠庠生致廣監生致道監生
正樂耆賓佩紳從九品佩玉例贈徵仕佐郎毓秀監生毓芬監生
毓義監生毓芹廩生毓葵庠生巒松耆賓元愷監生元愭監生協
中辛酉殉難祀忠義祠壽松監生嶽松從九品華松從九品友庠生永

履歷

履歷

縣人道光己酉舉人現任青州府知府
監堂李夫子印秉衡奉天海城
縣人兵部侍郎兼理糧餉都察院左副都御史
加三級現任山東巡撫
欽止劉夫子印自敬臨清武城
縣人現任安邱縣教諭
華峰于夫子印蓮萊州平度人同
治庚午舉人現任安邱縣訓導

監生
胞伯祖鴻階字儀延監生
堂叔祖玉階字崑山例貤贈登仕佐郎四譯館正教序班　聖階字克菴監生
從堂伯祖進階道光辛巳恩科解元揀選知縣　雲階監生
再從伯叔祖金銘　丹銘　著銘　庭階　蓂階鄉賢祠奉
祀生　鼎銘從九品　守銘　立銘　瑤階　晶階　宸階
石銘　慎銘　帶銘　履銘　錄銘　汝銘
彝銘　恩銘　善銘　義銘　思銘　既銘　書
銘　鶴銘　喜銘　鐫銘　尙銘耆儒　業銘咸豐辛酉殉難
祀忠義祠　心銘
三從伯叔祖子禮　子書　子訓　子詩　子春　子

易 子蘭 子秋 子浩 子松 子治 子竹

子明 子梅 子元 子印 子亮 子純 子

先 子怡 子順 子恍 子顏 子慎 子[illegible]

子允 子廉 子頤 子康 子庸 子慶 漢

鼎 漢書 聯珮監生 聯璞 聯璜 聯璽 聯瑩

伯叔祖 裕昆 裕昌 殿魁武生 殿安 仁乾 御虔

餘武生 穀似庠生 鴻遠武生 書素庠生 鳳舉武生 鳳翔武生 鳳喈

武生 鳳梧庠生 相乾壽官 鳳桐者儒 鳳佩 麟書監生布政司經歷

鴻書監生 德源監生候選州同 咸貞者賓 同心六品職銜 同立六品職銜

聖符庠生 文交監生 遇偕鄉賢祠奉祀生 紹平武生 紹庭者賓五世同堂

雲岫庠生 鴻九价賓例封文林郎 來廷聖公府詩禮堂啟事 煦監生 烱九從

履歷

品 卜年庠生 篤誠庠生 中倫武生 連元武生 中敬五世同堂 建清

監生 秉禮監生 元一監生 相禹監生 仲信監生 九經五世同堂 本端

五品職銜 本固耆儒 丕烈武生 紹文武生 賡翼例貢 賡揚從九品 復

仁庠生 復元庠生 恆升耆儒 居中八品職銜 時中例貢 致中監生 和

中庠生 培常八品職銜 維本耆賓 維則辛酉殉難祀忠義祠 維幹例貢 維

楨郡庠生 子溫庠生 子良附貢 青林佾生 任衛監生 任岐耆賓

堂伯 賡元字貞起 賡韶字聞九監生 賡南字棠封監生

從堂伯叔 賡邠四譯館正教序班 賡咸 賡起 賡衛

再從伯 賡唐九品職銜 賡商候選國子監典籍 賡武庠生

三從伯叔 賡文 賡颺 源洪 源深 源滋 源洙

源沛 源泉 源澈 泗源 源澄 源峋 渭

澄　賡堯　賡麟　賡虞　源嶓　賡康　賡舜
源峴　源岎　源嶠　源嵋　源潤　源漳　源
達　源流　源溱　源湘　源江　理溫耆儒　汶澄
濰澄　浚澄　溫玉　玉潤　濟澄　洞澄業儒　泗
澄　灑澄　津澄　渠澄　沂澄　潭澄
伯叔之政　化龍　之興　茂元　茂林　擢英監生　擢
俊　士修　耕餘　化遠　化曾　之綱　之經
之紀　之續　仁寬　仁倫　仁至　仁端　俊
民　鳴鳳　茂葵　鳴雁　統一　德一　臨一
擢遴　擢員　玉秀　玉琢六品職銜　利貞　天遇
瑞聯　天度　心坦　遇隆　廷桓　舜興耆賓冠

胞

軍武生之冕耆賓恩海業儒冠英耆賓于保鄉賢祠奉祀生化東八品

職銜程雲价賓琨玉五品職銜桂林道光己酉舉人辛酉殉難郵給雲騎尉世職

祀忠義祠春林六品職銜清吉价賓培豐吏目培基吏目志誠耆賓遴

英宣講生追英鄉賢祠奉祀生俊英監生蓋英佾生子金耆儒濂泉

從九品恩仁五世同堂恩信敕封儒林郎鴻臚寺序班加六級任魁監生丹

成宣講生辛酉殉難祀忠義祠澄輝耆賓博文六品職銜裕禧庠生德春

八品職銜德敬鄉飲大賓天階從九品天敘從九品天善從九品天

正從九品天勤從九品云冕例貢云玉監生德祿耆賓廷蘭充青

州營軍功特授即墨縣把總貴選耆賓人龍庠生懷法耆賓清瀹价賓永

清武生

胞弟樹標字錦堂號建龍庠生鴻臚寺序班

從堂兄樹桐（省儒）樹梓（六品職銜）樹檀 樹樅 樹桂 樹梅 庶星 庶來 庶詢 庶保 庶顏 庶遂 庶諧

再從（兄弟）振藻（庠生）允烈 允端

三從兄樹本 樹李（樹楨受業）樹滋 樹聲 樹屏（庠生樹嘉 侑生樹楨受業）宅牧 宅民 宅人 宅準 宅中 樹人 宅安

（兄弟）樹義 友仁 樹棻 樹德 樹音 德用 德昭 德昌 樹栗 樹藩 樹政 樹蘭 樹茂 德琳 克恭 協恭 友賢 友諒 友政 寅亮 寅賓 允恭 德懷 德恆 德輔 德弼

友德 友序 友多 庭輝 庭光 象舜 象
武 天成 登程 振翼 友忠 友智 友聞
悅恭 友和 懿恭 振德 振鶴 振鷺 一
庠 一慶 一庶 瑞賢 瑞昌 瑞璋 瑞臣
瑞運 瑞翰 瑞年 華峰 岱峰監生 岷峰 岐
峰 衡峰 瑞符 瑞穀 瑞五 瑞爽 瑞呈
瑞頌 瑞霖 瑞豐 瑞獻 瑞禾 椿齡 蔭
檉監生 良田從九品 華峰武生 仁昌鄉賢祠奉祀生 跂傑武生郵給雲
騎尉世職署理峄山汛外委 奇峰監生 嘉成耆賓 啟後宣講生 殿甲宣講
生 作孚歲貢 式曾監生 文光庠生鴻臚寺序班 持寬從九品 鶴立
耆賓 立宗武生 從龍例封文林郎 蔭喬庠生 漢章庠生

娶張氏同邑附貢生　敕贈文林郎金鄉縣訓導加
二級　貤贈武德騎尉載府志人物傳德紀
公曾孫女庠生栝恆公孫女嘉慶戊辰恩科舉
人丁丑大挑二等借補金鄉縣訓導加二級歷任
嘉祥清平日照平原縣教諭沂州府教授截取知
縣兩舉鄉飲大賓　貤贈中憲大夫吏部考功司
主事加四級載府志人物傳柏恆公監生附府志
人物傳松恆公庠生檜恆公庠生辛酉殉難
給雲騎尉世職祀忠義祠　貤贈武德騎尉縱恆
公監生辛酉殉難　卹給雲騎尉世職祀忠義祠
貤贈武德騎尉杉恆公胞姪孫女庠生
鶴符公女廩生承業公庠生承謨公胞妹

子正煌幼

從堂姪燦　炳　煒　爍　墀幼讀　燀　熾　埭　坫
錦幼讀　錤　鍵　堪

再從姪秉琨　秉璋儒業　秉瑨　秉珪

三從姪煥亢　煥奎　煥軫　煥箕　煥彩　煥井

履歷

丁酉科選拔貢生一名
廷試第　等第　名
欽點
鄉試中式第　名
會試中式第　名
殿試第　甲第　名
朝考第　等第　名
欽點

煥璣　煥昂　煥彰　煥翼　心寶　心慕　心
同　煥斗
姪文桂監生　玉璣庠生　玉麟武生　慶麟武生　瑞麟武生　翰亭聖公府詩禮堂敬事　廷璿　衡峰庠生　含章庠生　思誠光緒甲午舉人
姪孫松庭庠生　蘭亭監生　良德庠生
族繁不及備載
世居城北門裏現居城東北四十五里桃里莊

山東選拔貢卷光緒丁酉科

選拔貢生一名周樹楨係山東青州府安邱縣廩膳生民籍

欽命翰林院侍講學士提督山東全省學政華　批　取

又批　精神團聚氣象崢嶸

欽命兵部侍郎都察院右副都御史山東巡撫部院提督軍門兼理鹽政李　批　取

又批　志和音雅藻密慮周

大宗師原批

第壹塲

脈絡分明如題布置筆下尤有名貴之氣次輕圓流利解明晰

第貳塲

策考核詳明妙有斷制論筆思清利組織精工詩雅飭

孔子於鄉黨恂恂如也似不能言者其在宗廟朝廷便便言唯謹爾

周樹楨

合鄉黨朝廟以觀聖其自爲言也時中矣夫一孔子耳在鄉黨則恂恂在朝廟則便便其自爲言也不已得時中之道乎且觀聖人者觀之於身不若觀之於言觀於言之有定不若觀於言之無定非言之自爲無定也時爲之也時乎不敢爲言之地巽極若訥時乎不敢不言之地辯不至肆儻非卽至無定者以觀聖人吾恐聖人之言不傳而聖人之時中亦無由著茲得觀吾孔子之自爲言矣曰於鄉黨得之與其在宗廟朝廷得之蓋其言之蘊於中者爲

繁爲簡莫可端倪合子臣弟友而一視同原并未嘗別出一途以顯示身世酬酢之準而其言之著於外者克柔克剛用昭和敬極從容愷切而各執其是轉不妨忽異一地以默觀神聖大化之機閒嘗過闕里訪昌平其二三父老猶有能道孔子之生平溯孔子之風範者其於孔子亦未定其何人第於其自爲言則以爲誠而不僞恂恂如其信也婉而彌篤恂恂如其實也極恂恂之至其與不能言者得其似矣而今而後吾知孔子矣雖然孔子之不能言其見於鄉黨者謹之至也而孔子不盡在鄉黨也曩者宰中都攝相事而歌雍議三家之失加賦譏季孫之僭吾不解前日猶是言

而恂恂者自如今日猶是言何便便然又一變也其在宗廟朝廷辯而唯謹者能言之孔子固不似吾不能言之孔子云少壯狎昵之區每流於誇詐是非功過之地又失之遲回何孔子之言鄉黨與朝廟兩得其當乎爰居爰處半屬父老衣冠謹而持之何敢玩而易之也縱異日家修廷獻猶是篤棐靖獻之忱而祿去公室禮廢餼羊初不欲以不贊一辭者乖國體而傷元氣有識者俛仰芳徽以爲慷慨之談即平日桑梓敬恭之意念遞變焉而不失其常者也謂非孔子之大而化哉小心者多忌諱卑則過柔强辯者負才能高則易抗何孔子之言恂恂與便便終歸一致乎若吐若茹

依然東家子弟飲饌侍之何敢風議隨之也縱他日委贄策名猶是震動恪恭之意而禮樂淪亡雅頌失所初不忍以默爾以息者守儒素而負君恩旁觀者低徊芳躅以爲剛方之論即當年鼎銘傴僂之家風交迫焉而偶爲流露者也謂非孔子之一而神哉其自爲言也如此至與上下大夫言則又一變矣甚哉孔子之時中也

耕齋俞老夫子批

純從數虛字傳神便見聖人有隨在流露之妙至其雍容俛仰揮灑自如非學養兼優者不辦

表兄楊廷張老夫子批
於兩節虛字頰上添毫而寔際仍不脫空是心細手和時也
叔鴻袁老夫子批
前茅後勁以整以暇中權以散行出之醒出題中其字轉捩之神絕不於題外横生枝節非面壁功深未易臻斯鏡界
兄煥斗批
前半筆銳入神最見聖人時中身分中間轉捩機陣入古後二比寔按二節化板爲活尤擅一篇之勝

是君臣父子兄弟去利懷仁義以相接也　周樹楨

反所懷而正用之相接皆仁義中人也夫君臣父子兄弟仁義中人非利中人也去利懷仁義相接不於是得其正乎且人類不絕於古今其所恃以相接者惟此本然之性耳夫性爲人所固有而或逆而出之背而馳之特錮於一時物累之私而於吾性之與生俱來者固自無與則曷勿即此相接之人審思其不絕於古今者究竟奚屬也臣事君子事父弟事兄其勉勉於仁義如是是豈君臣父子兄弟本無仁義而忽悅而事之如是哉夫向之去夫仁義者以利之懷於其心而終去夫仁義也亦未問是君臣父子兄弟

光緒丁酉科

之相接所宜去者安在所宜懷者安在也天之所以與人者全生初之理不容以後起間之使人知各保其仁義則此中之彌縫亦切人之所以還天者厚皆備之良不得以本無累之使人皆不失其仁義則此際之歛洽尤真是則君臣父子兄弟之相接本有仁義而無利也去利而懷仁義事之者如是相接者亦如是矣曠安宅而弗居者必朋從客感之久與爲緣迫逼處者退而聽焉此日之天心仍復舍正路而不由者必岐徑分途之環而錯出迨淆惑者止而息焉寸衷之權度以生是豈有欣而動之者乎其相悅於平素者如是也天下無不可理之人理之以仁義則人人有天真

之葆況爲君父兄者尤其與臣子弟相近者也於利中少一經營即於仁義中多一親睦人倫之全即肇於摩義漸仁之內則回心向道不有可即是而歷陳者哉是豈有强而致之者乎其相遇於不覺者如是也天下無不可成之治成之以仁義則人人皆有天性之全況爲臣子弟者尤其與君父兄相親者也不以利而萌其私意即以仁義而昭其公心本性之善實全於戴仁抱義之中則涵濡優游不有可即是而想像者哉以是言王吾知較秦楚之遊爲易易矣

耕齋俞老夫子批

理解清真不落尋常蹊徑

表兄揚廷張老夫子批

題句與上節宛轉關生顧定來龍語脉自有歸宿

叔鴻袁老夫子批

仰承脩注神理恰在箇中於徒作過脉題看味同嚼蠟者不可

同日語

兄煥斗批

刻露清真不落腐套是能自出機杼者

賦得數點梅花天地心 得心字五言八韻 周樹楨

螢案鷄窗外，幽芳數點尋。梅花爭破臘，天地兩知心。苔徑春回早，茅檐雪壓深。吟魂剛醒蝶，冷豔不窺禽。水淨溪仍淺，星殘笛未沉。橫斜臨月影，消息復雷音。得氣超香國，衡寒隔小岑。讀書原有樂，妙趣適胸襟。

耕齋俞老夫子批

清絕不染纖塵，是滌筆於雪椀冰甌者

表兄揚庭張老夫子批

志和音雅

叔鴻袁老夫子批

志和音雅風骨騰騫

兄煥斗批

清霏玉屑朗映氷壺

目录学讲义

（王献唐撰，民国齐鲁大学油印本）

齊魯大學油印講義 目錄學 獻唐撰

（見本封面題「目錄學」「一九三四、曹仲明」。）

周秦書册名物說略

周秦書籍，類用木竹寫刻，制各不同，略分以下三種。

一、方版

方版以木製之，單言方，或單言版。中庸「文武之道，布在方策」，此以方與策並列者也。周禮，小宰「聽閭里以版圖」；司書「掌邦人之版，土地之圖」；司會「掌版圖之貳」；大胥「掌學士之版」；司士「掌群臣之版」；司民「掌登萬民之數，自生齒以上，皆書於版」，此單言版者也。內史「王制祿則贊為之，以方出之」；哲蔟氏「覆夭鳥之巢，以方書十有二辰，十有二月，十有二歲，二十有八星之號」，注：「方，版也」，此單言方者也。方版之用有二：一用布發教令，猶今官府之佈告牌；一用紀事紀物，猶今室內所懸之紀事牌。方古讀重唇音如旁，方版聲轉，方即版也。以木片製成方形，書文其上，或支立，或懸掛，與簡册不同。

二、觚

觚為木製，一物數面，面面皆書文字，學僮入小學，初讀書，即用觚，執之誦讀。急就篇：急就奇觚與衆異，羅列諸物名姓字，所謂奇觚，即指此物。今所存之急就篇，及漢志之倉頡千將諸篇，凡為當時初學入門之書（書猶今之三字經千字文等。）皆書於上。因其面面有角稜，故謂之觚，觚音角也。角古讀如鉤，角觚一聲之轉；奇古讀如歌，今轉如家，奇觚亦聲之轉，音訓俱同。今北方俗謂語角稜為角觚，又為家觚，皆奇觚也。奇，顏注訓好，今不從。又言其形或六面，或八面，皆可書。史記破觚為圜，應劭曰：觚八稜有隅者。說文通釋：觚八稜木，於其上學書，孔子歎觚即此之謂。其拭觚之布曰幡，說文：幡，書兒拭觚布也。古彝器中有觚，亦因中間四周有角稜，故謂之觚。房屋上脊之兩端角稜，謂為觚稜，亦為此意。顏師古曰：今俗呼小兒學書簡為木觚，是唐代猶有是稱。

三、簡冊

簡牒

古代皇家大典，則皆用金策，或用玉簡，普通則以竹木刻成長片，書文其上。排比衆片，上下以二股之絲組或繩韋，交互編之，片片平接，舒排如一，是唐代猶有是稱。

三、簡冊

簡　牒　牘　畢

策　刺　札　牋　冊

籍　編　篇

古代皇家大典，則諸用金策，或用玉簡。普通則取竹木刻成長片，書文其上。排比衆片，上下以二股之絲組或縕韋，交互編之。片片平攤，舒排如一，展而可讀，卷而可藏。此竹木之片，名之曰簡，簡者版也、板即片也。亦名曰牒，牒者葉也，一葉猶一片也。又謂之牘，牘者牒也。亦名曰畢，畢猶版也，同物異稱，音義通貫，此亦物狀得名者也。

簡亦謂之刺，以刀刺簡，其刺成之簡，亦稱為刺。又名曰牋，字或作箋作籤，牋亦刺也。又名曰札，今俗謂刺猶曰札，札刺一義。亦名曰策，策從束聲，與刺音義亦同。編策為書，名之曰冊，冊策通用，單簡謂之策，編簡亦謂之策。儀禮百名以上書於策，正義訓策為衆簡相連，亦即冊也。冊又謂之書，書者書寫，其書寫而成者，亦謂之書，此以刻寫得名者也。

書又謂之籍，籍藉也，謂藉簡而為之。簡亦謂之篇，篇者編也，謂編簡而成之，此以編次得名者也。

古代用簡，其文字短少，一簡可容者，只書於單簡之上。若文字繁多，一簡難容，則分寫多簡。簡多恐其錯亂，故以絲組編之。文長則簡多，文短則簡少，簡之多少，視文之長短而定。迨寫畢全文，即編之為冊，名此全文為篇，篇者編也，謂編而成之也。一篇亦即一編，編篇通用。古之一編，猶今言一冊。冊，金文作𠕋，直畫為簡，横畫為絲組，正一編之象形。金文冊又作𠕋，頗疑古代簡書，每簡之上，或作尖首，如今縣署中所用之火籤，此字為其象形，其尖首所以別倒正，便稽檢也。惟今新疆方面所出漢代木簡，有平簡，有聯編，皆無尖首。彼皆官家文書，與正式之書冊，制或不同。亦或木製為平首，竹製為尖首，竹尾殼滑，疑其兩首作凹積如火籤，以便編組，姑懸此解，用待實證。

簡之長短不同，大抵典重寶貴之書，用長簡寫之，所謂高文大冊是也。其短書俗記，無足輕重者，則用短簡寫之。長簡取材難，而保藏鄭重；短簡取材易，而體製率略，亦猶近代書籍，鼓詞俚曲，率作小冊，而高貴典籍，則以佳紙大冊，寫刻之也。簡冊之過於長重者，以架庋之，此庋書之架，名之曰典。典字上從冊，下從丌，丌即几，庋書之几也。說文典下引莊都說、

4

其短書俗記，無足輕重者，則用短簡爲之。長簡取材難，而作者鄭重，短簡取材易，而體裁率略，亦猶近代書籍，鼓詞俚曲，率作小冊，而高貴典籍，則以佳紙大冊，寫刻之也。簡冊之過於長重者，以架度之，此度書之架，名之曰典。典字上從冊，下從廾，廾即几，度書之几也。說文典下，引莊都說，典大冊也。典爲書架不爲書，因有度置大冊之用，後世相承，遂誤典爲書。許君又以五帝之書訓典，謂尊重而置閣於上，殆當時五帝書皆用大冊爲之，因其珍重，故度於典上，非以尊貴而承之以几也。戰國策一名長書，一名修書，一名長短書。（見劉向戰國策敘錄。）彼時國各爲策，策有長，故名長書修書，又有短者，長短參差不齊，故名長短書，比物比志也。

古代簡之長短無定，每簡所書之字數亦無定。漢志謂劉向以中古文校歐陽大小夏侯三家經文，酒誥脫簡一，召誥脫簡二。率簡二十五字者，脫亦二十五字，簡二十二字者，脫亦二十二字。既有二十五與二十二字之分，可知每簡所書字數，並不一致也。春秋左傳杜預序疏，引鄭氏論語序鉤命決云：春秋二尺四寸書之，孝經一尺二寸書之。既有二尺四寸與一尺二寸之異，可知簡之長短，亦無定矣。其編聯簡之法有二：一用

5

木片削成長板，以墨筆書之，今存西陲木簡多如此。至名刺之類，恐其漫滅，則以刀刻成文，與書不同。一用竹片，亦以墨筆書寫，寫成校改無訛，再用火炙，使竹青退去，墨汁入裏，謂之殺青，前人多謂先殺青後書，非也。後漢書吳祐傳註：殺青者，以火炙簡，令取青易書，意即先殺

先書以殺

後書；據此可知唐代簡策之制，已失傳矣。應劭風俗通義佚文曰：劉向為孝武皇帝典校書籍，皆先書竹，為易刊定。意謂竹上刊字，如有訛誤，可裁去塗改；若殺青之後，墨入竹內，則欲改不得矣。又北齊書樊遜傳，遜謂中祕校書，合中外書古二十本以相比較，然後殺青，是先校後殺，語意猶顯。劉向敘錄，每謂某書皆定以殺青，（以讀如而。）又曰皆以定而殺青，其言定者，猶今言定稿，是校定之後，方再殺青，於此互證，事理昭著已盡。竹簡製成之後，初不殺青，為書應可以抹改。迨校正無訛，始以火炙令乾，墨浸不脫，且可免蠹，非先殺後書也。殺讀如周禮凶荒殺禮之殺昭。請如，有退義，殺青猶言退青。一謂汗青，汗青竹汗，亦

竹劄汗出，汗出竹乾字凝，與殺青義同。
以上三種，略就可考者言之，墨子書云，以其所行書於竹帛，帛即漢代卷制，似當墨子時已有帛卷，此則於漢代書制中詳之，今不具論。

上就近著唐本鶡冠子考證中節取數段補綴而成，略供參閱而已，詳細考證尚俟異日

獻唐記

目錄學試題

（一）目與錄之體制，有何區別？

（二）目錄學家共分幾派？祖述何人？

（三）周秦書冊制度，凡分幾種？試舉其名！

（四）簡冊何以變為卷子，卷子何以變為折疊裝，試就三者體用，說明其關鍵！

（五）漢書藝文志有異書同名者，有同書異名者，其原因何在？

此見

目錄學講義文編

兩漢圖籍之編集

甲、官府化與平民化

古者書籍皆藏於官家以史氏掌之、平民不得藏書且無書可藏也藏書如此讀書亦如此、王公貴族始有讀書機會、平民無有也。圖書為學問淵藪故西周及春秋時之人才皆出於貴族、

二、破除書籍之貴族化而為平民化者肇於孔子、孔子以貴族得讀柱下典藏可復觀百二國之寶書晚年設教布之四方當時道術貴族專有之詩書六藝遂由內下弟子傳出學術之公開自孔子始也

一、孟子萬章篇諸侯惡其害己也而皆去其籍此書籍之厄也秦政焚書滅先王之典此書籍之二厄也非特焚書且將孔子以來平民化之典籍一變而返為官府化漢書惠帝紀注引張晏說曰秦律

9

敢有挟書者族，平民至此已不敢藏書，學術亦為官府之專有品。漢惠帝四年始除挟書之禁，書禁雖除，典籍已早萃於官府，平民所藏無幾，武帝自使私圖表章六經，凡非儒家之書，皆在禁止之列，典籍藏於官府，平民亦不得讀也。漢書宣元六王傳：成帝時，東平王上疏求諸子及太史公書，不許。霍光傳：霍山竊抄中秘書獲罪。王為成帝叔父，山為貴族，尚且如此，平民可知，故是時之圖籍除儒家一部份外，仍是官府專有，不得公開也。

漢書叙傳：成帝時以中秘書副本賜班斿，傳至子嗣，好古之士皆自遠方而至，父黨自揚子雲以下莫不造門，是中秘書得流傳民間者班氏始也，國籍散布，學術隨之，向之官府化者又轉為平民化矣。

一、統上可知吾國聖哲在國書上學術上建偉大之勳績者有二人，前為孔子，後為班嗣，無孔子則無戰國光輝燦爛之學術，無班嗣則經赤眉董卓之變書種斷絶矣。

10

七畧別錄與七畧

一、漢志：成帝時，以書頗散亡，使謁者陳農求遺書於天下。詔光祿大夫劉向校經傳諸子詩賦，步兵校尉任宏校兵書，太史令尹咸校數術，侍醫李柱國校方技。繩以後代制度，任尹李三人為分校，劉向為總校。每一書已，向輒條其篇目，撮其旨意，錄而奏之。後又集其錄，為七畧別錄二十卷。

二、劉向校書，先書竹簡為稿本，次書繒素為奏本。除此尚有原本，有副本。故中秘藏書，最少亦有四本。

三、校書備徵各本，有太中大夫卜圭書，有富參書，有射聲校尉立書，有太史書，太常書，及劉氏自藏之本。其藏於中秘者為中書，餘為外書。

四、別錄唐後已佚，清代從各書搜輯，有洪頤煊本，嚴鐵橋本，馬竹吾本，張選青本，以山陰姚振宗本，較為完善。

11

五、別錄條例，與漢志略同。漢志六類，共為七類，多出輯略一類。輯略敘述各家學派原委，漢志分入各類，故減除一略。

六、別錄大類如下：

甲、輯略，（諸名家學術之源流）

乙、六藝略，

丙、諸子略，——儒家

丁、詩賦略，

戊、兵書略，

己、數術略，天文、五行、

庚、方技略。醫術 方士

大類之下，別分小類。——目詳漢志篇內——小類之書，先為目；下為篇數卷數，再次為錄（書篇目），即劉氏奏書之表，所謂錄者也。

12

七、劉歆為向少子，成帝河平中，受詔與父領校秘書。向卒哀帝使繼前業，乃集六藝群書，種別為七略奏之。

八、劉歆亦為總校，分校向有二人，一為王龔，一為房鳳，見山海經奏表。

九、總校時名領校，亦稱領主省，分校名校治，亦見山海經奏表。

十、七略與別錄，分類相同。別錄每書之後，皆有敘錄，七略無之。有時摘其指要，著錄作者姓名時地，但亦無多，以七略為中秘書目，別錄為奏表之編集，体例稍有不同也。

十一、隋書經籍志，著錄七略七卷，殆一略為一卷，今已不存，馬國翰，洪頤煊，嚴鐵橋，姚振宗，皆有輯本。

十二、七略書三十八種，六百三家，一萬三千二百一十九卷。五百七十二家亾。三十一家存。見古今書最。

班固藝文志

一、東漢光武中興，於東觀及仁壽閣，校集新書。以班固傅毅等，為校書郎，典司其事。並依七略，撰集新記。迨後班氏撰修漢書，以其所集，編入為藝文志。

二、向歆父子之書既佚，班傅合集之目亦亾，幸有藝文志存在，得以窺見三書面目。書凡三十八種（類相当），五百九十六家（種相当），篇三千三百六十九卷。五百五十二家亾，四十四家存，亦見古今書最。

14

一

漢書藝文志類目

叙錄

六藝略

易家　書家　詩家　禮家　樂家　春秋家

論語家　孝經家　小學家

諸子略

儒家(指孔子以後之儒者)　道家　陰陽家　法家(韓管)　名家(惠施 公孫龍)　墨家

縱橫家　雜家(雜名家 三派)　農家(神農書)　小說家(小說家言)

詩賦略

賦　離賦(二不詳 二無名)　歌詩

兵書略

兵權謀家　兵形埶家　兵陰陽家　兵技巧家（省兵八家　出蹵鞠）

數術略

天文家　歷數家　五行家　蓍龜家　雜占家　形法家（相度）

方技略

醫經家　經方家（藥方中）　房中家（陰陽交合之事也）　神仙家

（四部之根　擬）

右三十八種，即中壘父子舊第。後世四部之體，以六藝為經部，又於春秋類中，分出史部，諸子兵書數術方技四部，皆併入子部，詩賦一略，則集部之權輿也。七略之於四部，其分併根據，大都如此。

16

一、魏晋至隋各種書目

漢末之亂，中秘圖書略盡。魏氏代漢，採拾遺亡，藏在秘書、中外三閣。魏秘書郎鄭默，刪集書目，名曰中經，凡九十四卷，為魏代書目之一。

二、迨後秘書監荀勖，又因中經，更著新簿，新簿者，承中經而言，猶謂中經之新編也。其書分為四部，據隋書經籍志著目於次：

a、甲部　紀六藝及小學等書。

b、乙部　有古諸子家，近世子家，兵書，兵家，術數。

c、丙部　有史記，舊事，皇覽簿，雜事。

d、丁部　有詩賦，圖讚，汲冢書。

總上四部，凡二萬九千九百四十五卷，為魏晋書目之二。但錄標題，於作者意趣，無所論辯，殆已有目無錄矣。

17

三、晉代惠懷之亂，京華蕩覆，渠閣文籍，靡有孑遺。東晉之初，漸更鳩集，著作郎李充，以勗舊簿校之，僅餘三千一十四卷，編為晉義熙以來新集目錄，書九三卷。總沒衆篇之名，但以甲乙為次，止存大類，刪其小類，以書籍過少，不得不如此也。是為晉代書目之三。

四、李充之後，書目因循，無所變更。南渡而還，中朝遺書，稍流江左。宋元嘉八年，秘書監謝靈運，造四部目錄，凡六萬四千五百八十二卷，為宋代書目之四。書亦有目無錄，仍以目錄名書，錄之本義，寖失矣。

五、追後元徽元年，秘書丞王儉，又造四部書目錄，凡為四卷，校書一萬五千七百四卷，為宋代書目之五。儉又別撰七志七十卷，分七類如下：

乙、諸子志，紀今古諸子

丙、文翰志，紀詩賦。

丁、軍書志，紀兵書。

戊、陰陽志，紀陰陽、圖緯。

己、術藝志，紀方技。

庚、圖譜志，紀地域及圖書。

此外以道佛附見，合為九條。然亦不述作者意志，別作九篇條例，編於首卷。殆仿劉氏輯略之意。其以經書列為大類，不名六藝，自王氏始也。是為宋代書目之六。

六、齊永明中，秘書丞王亮、監謝朏，又造四部書目，凡一萬八千一十卷，為齊代書目之七。

七、齊末兵火，延燒秘閣，經籍遺散。梁初，秘書監任昉，躬加部集。又於文德殿內列藏眾書，華林園中總集釋典，凡二萬三

19

千一百六卷，而釋氏不錄焉；蓋以釋典別為一目也。是為梁代書目之八之九。

20

八、有梁以後，隋唐各有書目，北朝亦然。普通中阮孝緒七錄，最為知名。梁亡周師入郢，內府藏書，咸付焚燬，亦書厄（[illegible]之）一大浩劫也。

九、隋代訪求異本，每書一卷，賞絹一匹，致分改卷數惡習。然民間異書，一時萃集。煬帝寫分三品，復聚古蹟名畫，亦一代護藏典籍盛業也。

唐宋至清書籍之編藏

一、唐長孫無忌等，奉詔修隋書，就隋宮遺書，編為經籍志。漢魏時以下書籍，類在目內。周秦典籍之存佚，亦可於是考之，為目錄中重要之書。

二、隋志書分經史子集四部，為後世四部名稱權輿。初時但以甲乙丙丁標目耳。唐代宏文館，集賢殿書院藏書，亦以四部分類。而集賢殿書院之書，以部為一庫，遂有四庫之稱，為清代四庫所本，詳見

21

三、唐六典。唐開元時，元行冲有群書四錄，毋煚有古今書錄，又有開元四庫書目四十卷，今皆不存。然元開書目，見於崇文總目，宋初尚未佚失。歐陽修等修唐書藝文志，即據此書，可就藝文志窺其大略也。

煚，音景。

四、五代喪亂相尋，更無書目。趙宋收集圖籍，仁宗時詔王堯臣等，修崇文總目六十六卷。目後有錄，現存目錄無書，莫古如此。

五、其後神哲兩代，均有書目。政和中，乃以續得之書，增入崇文，改名秘書總目，書均不傳。清

六、高宗南渡，編羅散失。孝宗淳熙時，編定中興館閣書目。寧宗嘉定間，又編續館閣書目。宋末尚存，王應麟及引之，今亦佚矣。

七、宋時國史凡四修，每修一次，輒有藝文志。其中藝文志一書，元人據之以修宋史藝文志，亦可就而窺其內容。

八、元起漠北，素乏文教。至正時，書目以所藏古書名無，編寫書目

22

九、明初滅元，收其圖籍，永樂從都，移置北平。正統時，楊士奇始撰文淵閣書目，不分經史子集，惟以千字文編號，書現尚存。

十、明神宗萬曆時，中書舍人張萱等，重校閣書，編為內閣藏書目錄。有名無藏，雖此與楊氏一書，差可備考。若焦竑之國史經籍志，抄撮史志，多無其書，不足據也。

即焦竑

十一、清代康熙時，天下大定，搜訪遺書，繕寫校讎，彙為四庫全書。每書校其得失，撮舉大旨，敘於本書卷首，名曰提要。綜各書之提要，合為四庫全書總目。又因卷帙繁多，另刊簡明目錄一編。其偏涉誕謬者，只存書目，註出節略，謂之存目。四庫全書原存文淵閣內，底本存藏於翰林院。後又別鈔數部，建閣於圓明園、瀋陽、熱河，及江浙兩省，與文淵而七。在鎮江者曰文宗，揚州大觀堂者曰文匯，杭州西湖者曰文瀾，亦古今偏藏書籍之鉅典也。

丁甲
丁乙
丁丙
三人
保全文瀾

23

十六、清代張廷玉等，纂修明史，其藝文志所列書籍，皆係明人著述，與前史兼收古今書籍者不同。以書冊過多，勢出如此，亦國史藝文志體例之一變者也。

十七、以上類為官書目錄。私人著書，始於梁阮孝緒七錄。其後唐有吳兢西齋書目，宋有晁公武郡齋讀書志、陳振孫直齋書錄解題。明清以還，尤難條舉。晁陳二書，有目有錄，最為重要。而鄭樵作之通志藝文略校讐略，尤治目錄學者所宜詳究者也。

四庫全書 正本七部 副本一部（存翰林院）

正本	北京 二部	鎮江 一部
	熱河 一部	杭州 一部
	奉天 一部	
	揚州 一部	

24

目錄學結論

一、目錄學為治古書一種工具之學，凡欲精研古代典籍，其第一步之工作，當從目錄著手。

二、欲治古書，當先整理，必整理完竣，方能進而研究其內容。此整理之工作，盡在目錄學範圍以內。

三、整理分四步：第一、應將本書之沿變真偽，及卷數篇數，并當時著述情況環境認清。第二、應知某家注本為善，某本為劣，分別正副，不至茫無所主，空耗時力。第三、應考究校刻優劣，及其嬗遞情形，知所宗主。第四、版本既明，再從事校勘，更須知校勘時所根據書籍，收事半功倍之效。俟此四項工作完畢，再進而研精旨義，方能典實。

四、上述四項，即前章所謂之目錄學四種功用也。中國治目錄學者分四派，各不偏廢。現代目錄學，應將此四派學說，一爐冶之，庶為前

25

述之四種方法，即以此方法，分別先後，為治古書之工具。目錄學之功用在是，目錄學之重要亦在是。

五

凡欲研究某書，欲完成第三系之前項工作，須就歷代公私書目之著出其書，就所著錄，比較其卷數篇數，則先後卷數篇數之分合，可以知矣。既而考查著錄之時代，或公或私，或存或佚，則某書之先後沿變，可以得矣。終就同類書中，從其著述多寡，後代目中，某書注釋者多寡，則著者當時之環境，及學派先後之盛衰，可以知矣。凡此皆可於歷代書目，綜合比較而得也。

六

歷代書目分三種：一只著錄書目；一於目後附有書錄，即所謂解題者；一於大類（汪錄志）或小類之前，著有小序，總述某書學派之變遷得失。則欲完成第三系次項工作，就各家之書錄小序，參對挍研，則某家注某書為劣，可以得其大較，有所宗主矣。

七

冊，求古書版本，以宋岳珂九經三傳沿革例，所載為最早。凡此以下

[illegible]

毛子晉

八、明代以來之書目，其附有刻書錄而詳明抄刻者，更可識而宗之也。

校勘雖別為一學，然校勘之先，當知有版本，版本既明，則孰先孰後，孰優孰劣，方能得其旨歸。清代治版本者，多治校勘，治校勘者，亦必治版本。校勘以版本而定，版本以校勘而明，如車之雙輪，不可偏廢。其并用之方法，更可於清代各家書目，綜覈得之矣。

九、凡上皆為應用目錄學之方法。肇始甲乙，盛於有清。清代諸家或得其偏，亦不得其全。惟中國四部，能集眾長。今後當以中國為歸，合此四法，分別先後而用之。方法雖明，用之在人，但拘成規，或拘窒礙，不識權達變，要在明通。此亦治目錄學者所當知者也。

21

《调甫文存》目录

（栾调甫撰，重钞原稿本）

調甫文存

釋夫子 民國十八年六月國學叢刊第一期 二十年歸納學報第二卷第一期轉載

二十年來之墨學 二十一年信義報二十週年特刊 二十四年華北日報圖書週刊第 期轉載

歷代書籍制度變遷考 十六年齊大東風第一卷第二期

因三相圖解 十九年齊大月刊第一卷第一期

齊桓過譚考 二十年齊大月刊第二卷第七期

如何承受西方的科學 十六年齊大東風第一卷第二期

跋李南澗抄本古文尚書考 二十一年十二月齊大季刊第一卷第一期

抄本聊齋誌異跋 二十五年華北日報圖書週刊第七十期

与孫次舟論春秋左傳書 二十五年華北日報圖書週刊第七十四期

墨子之宗教觀 十五年齊大心聲第三卷第一期

23×21=483

山东省司法学校

右文十篇并校定墨子經上下篇 卷 文為

一集

~~閱讀舒舍予著文學概論筆記~~

辛巳十二月十三日 調甫手訂

附目

墨子為印度人辯 許慕賢

讀王獻唐公孫子懸解 孫[illegible]

堯典之曆法考 陳鵬遠

左傳之真偽問題 陳昂聖

論語記孔子弟子稱謂考　畢子藻
鄧析子辯證　周述政
以上六篇与釋夫子同登國學公刊一期
如何研究墨子——許慕賢記
中國古代染事考　吳安信
河圖洛書考
治古無肉刑而有象刑說之為誤解象刑辯　彭翔生
鼻烟　許慕賢
右十一篇
墨子科學
墨子要略——另有改稿

俞抄墨子三卷本考證　拟補

釋監——收入古今文字考釋中

釋舍予——收入古今文字考釋中

齊民要術版本考

齊民要術引用書目考證——胡理初

影宋精抄戰國策校記　此篇首為余代作，校記則彭翔生作。

以上八篇載國學彙編

按右為栾調甫自定文稿目錄　二〇〇九年十一月五日齊魯書社武良成出示，亟錄存之。宏園於山東大學

中国文艺理论简史

（陆侃如撰，1966 年山东大学中文系油印本）

中國文學理論簡史

陆 侃 如

山东大学中文系

64–66学年

中国文学理论简史

陆侃如编

目　　次

中国文学理論简史

（一）绪　論

我国文学理论的遗产是源远流长的。从先秦起，一直到近代，有关创作理论和批评理论的著作是非常丰富的。流传到今天的诗文评就在六百种以上，词曲理论也有一百种左右，此外还有对小说、戏剧的评点。这一笔巨大的精神财富，值得我们以马克思列宁主义的科学的实事求是的态度，作一番认真的分析和恰当的评价。毛主席曾指示我们：“学习我们的历史遗产，用马克思主义的方法给以批判的总结，是我们学习的另一任务。我们这个民族有数千年的历史，有它的特点，有它的许多珍贵品。对于这些，我们还是小学生。今天的中国是历史的中国的一个发展；我们是马克思主义的历史主义者，我们不应当割断历史。从孔夫子到孙中山，我们应当给以总结，继承这一份珍贵的遗产。这对于指导当前的伟大的运动，是有重要的帮助的。”（《毛泽东选集》第二卷第四九六——七页。）这里当然也包括文学理论遗产在内。

但是对于这些遗产，我们“决不能无批判地兼收并蓄。必须将古代封建统治阶级的一切腐朽的东西和古代优秀的人民文化即多少带有民主性和革命性的东西区别开来”（《毛泽东选集》第二卷第六七九页）。因为我国文学理论遗产大都是封建社会的产物，历代的批评家与理论家大都出身于封建统治阶级，所以他们的论点无不打上那个阶级的烙印。过去有不少理论都像列宁在评价旧俄歌剧时所说的，“充斥着宫廷浮华的情调，是地主阶级特有的产物”（《列宁论文学艺术》第二卷第九二四页）。这些都是封建性的糟粕，不在话下。同时我们对理论遗产应该坚持一分为二的原则，看到它的两重性，不能简单化。毛主席曾指出，五四运动时的许多领导人物"没有历史唯物主义的批判精神，所谓坏就是绝对的坏，一切皆坏，所谓好就是绝对的好，一切皆好"（《毛泽东选集》第三卷第八五三页）。有些基本上是进步的理论家，他们的文学观中也有"蜜糖和毒药是紧紧混合在一起的"（高尔基《论文化》）现象。所以越是理论遗产中的精华或影响较大的论点，越是要注意分析批判，否则读者就会受到迷惑与毒害。

要做好批判继承工作，必须掌握马克思主义的历史主义和阶级观点，而且应该把二者统一起来。因为马克思主义的历史主义的核心是阶级观点；同时，阶级观点正是二者相统一的基础。马克思、恩格斯曾教导我们："迄今存在过的一切社会的历史都是在阶级对立中演进的，而这种对立在各个不同的时代又是各不相同的……。所以，毫不奇怪的，各个时代的社会意识、不管它表现得怎样纷繁和怎样歧异，总是在某些共同形态下，即在那些只有当阶级对立彻底消逝时才会完全消逝的意识形态下演进的。"（《马克思恩格斯文选》第一卷第二十八页。）在阶级社会里产生的理论家或评论家总是属于一定的阶级，它们的论点都具有明显的阶级性。我们只有运用阶级分析的方法，才能认清他们理论中的精华与糟粕。

为了正确地批判继承文学理论遗产，我们应该坚持阶级观点，强调阶级分析，但这并不是说可以忽视历史主义。阶级观点和历史主义并不互相排斥，而是辩证地统一的。列宁早就指出："在分析任何一个社会问题时，马克思主义理论的绝对要求，就是把问题提到一定的历史范围之内。"（《列宁全集》第二十卷第四〇一页。）

关于阶级观点和历史主义相结合的灵活运用，毛主席曾为我们立下一个具体的标准。他说："无产阶级对于过去时代的文学艺术作品，也必须首先检查它们对待人民的态度如何，在历史上有无进步意义，而分别采取不同态度。”（《毛泽东选集》第三卷第八八一页。）这虽然针对文学艺术作品而言，但对于文学理论遗产也同样适用。把对待人民的态度和在整个社会历史上有无进步意义结合起来，贯串于其中的一根红线就是历史主义的阶级分析。我们应该注意考察某一文学理论在指导创作实践和批评实践上是否符合于人民的利益。只有这样才可以使我们“尊重历史的辩证法的发展，而不是颂古非今，不是赞扬任何封建的毒素”（《毛泽东选集》第二卷第六七九页）。

但是我们知道，马克思主义历史主义有两个方面：根据当时历史条件来评价一个理论家，只是历史主义的一个方面；另一个方面，就是从今天的条件来衡量，从无产阶级革命运动的需要来检查。古代理论家和我们今天的关系，显然不同于他和他同时人民的关系。从这个角度出发，就可以更清楚地看出古人的真实面貌及其重大的不足之处。

因此，马克思主义历史主义和阶级观点是密切结合着的。如果孤立地谈什么历史作用，必然会滚向资产阶级客观主义的泥坑里去。列宁曾批判过：“客观主义者谈论现有历史过程的必然性，唯物主义者则是确切地肯定现有社会经济形态和它所产生的对抗关系。客观主义者证明现有一系列事实的必然性时，总是不自觉地站到为这些事实做辩护的立场上；唯物主义者则是揭露阶级矛盾，从而确定自己的立场。”（《列宁全集》第一卷第三七八——九页。）可见忽视阶级观点来侈谈历史贡献，只能为形形色色的封建性糟粕作辩护，使封建统治阶级的文学理论在今天能取得合法存在。那么，这显然与“要同过去遗传下来的种种观念实行最彻底的决裂”（《马克思恩格斯文选》第一卷第二十八页）的教导是背道而驰的了。

本着以上的理解，我们来探讨文学理论的发展过程，对各时

我请来写

校

期各派别的论点给以适当的评价，对它们的成就与局限既不夸大，也不缩小，加以适当批判。把理论发展的历史分成七个阶段：起源时期、汉魏六朝、唐代、宋金元、明代、清代和近代。

（二）文学理论的起源

中国古典文学理论的逐渐形成，主要是汉代以后的事；不过讲到文学理论的源头，不能不追溯到先秦。

在商周奴隶社会里，在阶级剥削的基础上，培养出拥有知识的巫和史，把文化向前推进一步，奠定了天文、历法、医药、历史、文学、音乐、艺术等学科的基础。虽然巫和史是这个文化的代表者，但创造这个文化的仍是奴隶劳动。这些文化，特别是文学、艺术等部门，有表达和交流人的思想情感的作用；它们的性质、任务和作用等问题在人们头脑中引起反复思考，这就逐渐形成理性的认识，并产生有关文学理论的萌芽状态的零星论点。

那时人们对文学还没有明确的概念，文学和其他事物的区别还不很清楚。“文”字原来指青色和赤色配合（“章”字指赤色和白色配合），渐渐地用来指一切体现于外而含有美好因素的事物，包括典章制度、文化学术等等。在我们今天所理解的文学范围内，当时人们谈论较多的是关于诗歌方面。

早在《尚书·尧典》里，就提出了“诗言志”的说法。《尧典》的写作年代虽难确定，但“言志”的主张起于孔子以前是事实，所以《左传》记载公元前六世纪的人们的言论，也说过诗歌是“言志”的（襄公二十七年），或者说通过诵读诗歌可以“观”谁的志（同上）和“知”谁的志（昭公十六年）。

《诗经》中某些篇的作者也常接触到诗歌创作的意义和作用。公元前八、九世纪间的尹吉甫在《崧高》结尾说：这篇诗的意义很大，既歌颂了申伯的功绩，又可鼓舞他继续上进。前七、八世纪间的家父在《节南山》里說：作这篇詩是为了追究君王的坏事，如果能改过的話，那么大家都有幸了。年代难考的寺人孟子作《巷伯》来控訴造謡的人，并且說：写这篇詩是希望所有的好人都认真重视它。作者姓名不傳的《墓门》也說：知道这不是个好人，所以作这歌来劝諫。可見古代詩人们已初步認識到自己的作品具有一定的力量：或者赞美，或者譴责、或者抒写自己，或者感化别人，等々。当然，这些意見还是很浅陋的。

稍后系统的是季札对于《詩经》的評論。据《左傳：襄公二十九年》的記載，他对《周南》、《召南》、《邶》、《鄘》、《衛》、《王》、《郑》、《齐》、《豳》、《秦》、《魏》、《唐》、《陳》、《小雅》、《大雅》、《頌》的詩歌和音樂，作了初步的分析，談到它们产生的社会基础以及所能起的社会作用。这种作用，《国語》載召公（《周語上》）、范文子（《晋語六》）和《左傳：襄公十四年》載师旷的议論中也接触到。当然他们都是从统治阶级的角度来衡量这个作用的。

在春秋战国時期，中国社会历史起了个大变化。奴隶主贵族没落了，地主阶级兴起了。奴隶社会和封建社会的交替，反映到学术思想界，形成百家并起的局面，其中较重要的有儒家、道家、墨家等。他们在表达自己对于政治、道德等々方面的意見時，也常談及詩歌、音乐等问题。

我们先談々儒家有关文学的主張，主要是孔子、孟子、荀子等人的一些零星論点。孔门对詩和樂的言論，主要涉及它们的社会意义。孔子曾說詩有“兴”、“观”、“群”、“怨”四种作用（見《論語：阳貨》）。他所謂“兴”，实际上是指詩中符合统治者利益的思想情态对讀者的潜移默化的作用；所謂“观”，是指通过詩可以考察过去统治者曾如何巩固了或败坏了自己的政权；所謂“群”，是指詩中思想情态可能起的为统治者维系人心的作用；

所謂“怨”，是指在統治者所容許的范围内进行諷諫，来进一步維护政权。

从这个观点出发，孔子虽重视学詩，但更重视“德行”，而且学詩主要为了有利于統治者的品德修养与政治修养。在評价詩和樂時，他强调“思无邪”（《論語·为政》），要“放鄭声”，因为“鄭声淫”（同上《卫灵公》），又贊美虞舜的韶樂是“尽美”、“尽善”（同上《八佾》）。这些意見对后代有不良的影响，今天应該予以批判、清除。

孟子、荀子繼孔子之后，有所发揮。孟子重視“浩然之气”的培植（《孟子·公孙丑上》），这是指封建士大夫的品德修养；后代評論家談到作家的气質与作品的气势時，总是联想到孟子的話。他认为讀詩书必須“知其人”而“論其世”（同上《万章下》），可見他已初步认識到社会环境和作者生活同作品的关系是密切的。同時，他主張讀詩不要拘泥字面，而应“以意逆志”（同上《万章上》），以便正确理解作品的真正意义；不过他自己解釋詩句，却常常离开了本意。

荀子論詩和樂，一方面主張“詩言是其志”（《荀子·儒效》），一方面重視音樂对社会政治的影响，要統治者用它来教导百姓（見同上《樂論》）。他对儒家经书《书》、《詩》、《礼》等評价极高（見《劝学》等篇），强调对聖人的学习（見《正論》等篇）。这就逐渐引起后代理論家的“征聖”、“宗經”的論点，给文学理論史的发展带来損害。

孔子、孟子、荀子三人虽都屬于儒家学派，但哲学思想不全相同。孔子的学說基本上是企图維护正在崩潰中的奴隶制度的，所以反对正在成長中的封建地主阶级。孟子和孔子的思想有密切联系，但基本上是为当時封建地主阶级服务的。荀子则反映了新兴地主阶级的政治要求，在战国末年是比较进步的。不过他们有关文学的論点都是很片段的、不成体系的；而且在今天看来，局限性都是很严重的。

儒家以外，值得一提的有墨子和庄子。他们所说的"文学"都是广义的，但他们的意见也和狭义的文学有关。墨子强调文学对社会的绝对功利性，要求"为其国家邑里万民利"（《墨子：非命上》）；他反对音乐，就因为音乐无关"圣王之事"和"万民之利"（同上《非乐上》）。不过他主张"言有三法"（同上《非命下》）还有一定的意义；"三法"是说衡量一切言论要有三种依据，即过去统治者的行事、众人的感官经验、国家人民的利益。他的学说基本上代表春秋末期以来的小私有者如手工业者和小商人等的利益，所以进步面与落后面同时存在。

庄子反映没落贵族的思想意识，在学说中多消极悲观因素。他否认音乐的意义（见《庄子：胠箧》等篇），不信语言文字能表达什么（见同上《天道》等篇）。但是《庄子》中却又大谈音乐对人的感染（见《天运》），以及"諔诡可观"（《天下》）的语言风格。书中多寓言，常々描绘某些技艺所能达到的神妙的境界（见《达生》等篇）；首先要用志不分，然后才得心应手。去开了这些説些的神秘的外衣，其中合理的部分还是可供后人创作、評論的借鉴。

由此可見，先秦哲学家们已经初步接触到文学的社会作用、創作和評論時应注意什么的问题。不过这只是理論历史長河的源头而已，可以为后代的发展提供某些因素，但还不能自成体系。

（三）汉魏六朝的文学理論

（1）汉　代

汉魏六朝是我国文学理論逐渐形成的時期，上起公元前三世纪末的陈胜、吴广大起义，下迄公元七世纪初王薄、窦建德的义军，约八个世纪。其间以二世纪末黄巾的武装反抗为界，分为前后两个阶段。前一个阶段就是两汉时期，地主阶级建立了中央集权的封建专制国家，也关心生产的发展，并加强了以汉族为主体的各族人民的融合。在各族人民辛勤劳动的基础上，经济和文化得到发展，但人民自己却在残酷的剥削之下，生活极端贫困。国家尖锐的阶级矛盾反映到哲学思潮上，也反映到文学创作和文学理论上。

汉代文坛继先秦《诗经》、《楚辞》之后，产生了不少的乐府、散文、辞赋等等。当时作家和思想家在评论这些作品时，表达了自己的文学观点。创作越丰富了，评论时也渐渐能从广义的文学中区分出狭义的文学了。《汉书·艺文志》中单独列出《诗赋略》一项，而《后汉书》也不得不把《儒林》和《文苑》分成两传。

讲到汉代的文学理论，应该先提到西汉毛亨等人和东汉卫宏总结周汉儒家关于音乐与《诗经》的论点而写的《乐记》及《毛诗序》。乐记内容最可贵之处是对音乐的根源作了大体上符合唯物主义的说明。但它强调了音乐和封建政治的关系，强调了音乐的教育作用。《毛诗序》首先论述诗的本质特征，既是"志之所之"，又须"情动于中"。其次讲到诗与封建政治的联系，以及美刺的作用，无论颂美或讽刺都是为了维护封建统治；不过在这原则下所产生的创作也有一定的批判与暴露的作用。最后讲到"六义"（风、赋、比、兴、雅、颂）和正变问题。这些都丰富和发展了先秦关于诗和乐的论点，对后代文学理论起了深远的影响。但其中的封建性的糟粕，必须予以剔除。

当时汉王朝在思想统治方面，采用了罢黜百家、独尊儒术的方法。所谓尊儒，实际上是借儒尊汉；所谓罢黜百家，实际上是罢黜一切不利于汉王朝的学说。统治者既要控制一切，当然也要控制文坛。正是在这样的情况下，当时士大夫们不但评论了《诗经》，也更多地评论了《楚辞》，从各自的角度来为封建阶级服务。

首先是司马迁。比他稍早的刘安曾对屈原作了高度的评价，认为《离骚》兼有《国风》、《小雅》之长。司马迁在这个基础上，进一步揭示了《离骚》的基本意义，指出这样的作品是由作家的品格、身世、遭遇所造成的，最后就作品的思想内容和表现手法两方面来论证刘安的评语（见《史记：屈原贾生列传》）。他从"屈原放逐著《离骚》"（同上《自序》）出发，联系到古代其他的作品，得出一切著作都是"发愤之所为作"（同上）的结论。司马迁虽对朝廷不满，但其最终目的还是要巩固封建统治。

其次是杨雄。他评论《楚辞》，也对一般的辞赋提出自己的看法。他早年喜爱司马相如的赋，而不赞成屈原的反抗精神（见《汉书：扬雄传》）；晚年则悔其少作，重视赋的讽刺作用，反对"丽以淫"的"辞人之赋"而强调"丽以则"的"诗人之赋"，肯定屈原的"如玉如莹"（《法言：吾子》）。他的严重的局限在于把先秦已开始的"征圣"、"宗经"的论点更发展了一下（见同上《寡见》等篇），在后代理论上推广了儒家学说的消极影响。

再其次是班固。他比司马迁和杨雄都落后，强调明哲保身，而斥屈原为"露才扬己"（《离骚序》），认为《离骚》违反了儒家经典，不过文辞还称"弘博雅丽"（同上）而已。他对一般的辞赋，虽也说到"抒下情而通讽谕"，但更重视"宣上德而尽忠孝"（《两都赋序》）。《汉书：艺文志》对屈原说了些肯定的话，对乐府指出了"感于哀乐，缘事而发"的特征，但这些恐怕是沿袭了刘歆的《七略》，未必是班固自己的主张。

最后是王逸。他的意见和班固相反，不但热情肯定了屈原的品格，也高度赞美了作品的艺术成就。不过他的严重的儒家正统思想使他牵强附会地把《楚辞》硬当作经书的翻版，这是错误的。

老清华写

校

在他们对《楚辞》的評論中，接触到三个问题：第一，关于作家的品德修养与政治活动对于创作的关系。他们作了比较具体的分析和論証。第二，关于儒家经典和文学创作的关系，他们不免使创作成为经典的附庸，把创作导入歧途。第三，关于文学批評的标准与方法，他们分析了屈原的时代环境和他本人的性格特征，这是"知人論世"的具体运用，不过以合不合经书做衡量创作成就高低的依据却是完全站不住脚的。

此外，我们必須提到王充。他是东汉杰出的唯物主义思想家，曾在《論衡》里对当时流行的学說、社会思想以及一些不良的生活习尚进行了深刻的批判。这虽然不是一部专論文学的书，但对后代文学理論的发展却起着推动的作用。当然也有局限。

王充很强調著作的社会作用，为封建政治服务；要求"作有益于化，化有补于正"（《論衡：对作》），認为"为世用者百篇无害，不为用者一章无补"（同上《自纪》）。因此，他重视真实，"疾虚妄"（同上《佚文》），反对"言事增其实"，"辞出溢其表"（同上《艺增》）；這里他连充满美丽幻想的神話传說也都不贊成，便显然过分了。他还要求有独創性，斥责"文辞相袭"（同上《超奇》），也批評"珍古不贵今"（同上《案书》）的恶习。在語言上，他主張"文字与言同趋"（同上《自纪》），而不满意于赋颂的"弘丽之文"（同上《定贤》）；不过他又肯定先秦的颂詩（同上《须颂》），那是他自相矛盾之处。

总起来看，汉人談到的问题比先秦要广泛些，也詳细些。通过对詩、乐、辞、赋的分析評論，他们表达了有关創作的起源和作用、对創作的具体要求、衡量創作成就的准则等等方面的意见。这时还没有系统性的理論，却为魏晋以后的文学理論打下了有利的基础。

(2) 魏晋南北朝

黄巾义军失败后，地主阶级为了巩固自己的统治，一面对农民作些表面的让步，一面却实行九品中正制，使地主阶级上层分子能够世世代代把持政权，把持文化。这就不可避免地导致阶级矛盾的新高涨。同时，西北方少数民族迁入内地，使阶级矛盾中又夹杂着民族矛盾。反映到文坛上，统治阶级堕落而写些无聊的骈文、玄言詩、宫体詩，但广大人民和进步士大夫却創作了不少的优秀作品。值得注意的是，文学理論得到較前更活跃的发展，特别是产生了这方面的专著《文心雕龙》和《詩品》。现在先評述这两部书以外的其他論著。

首先是三国时期，以曹丕为主。

汉魏间的作家们大都聚集在曹氏父子兄弟门下。曹丕的《典論》这部书虽已失传，但其中《論文》一篇却保存了下来；在这篇里，曹丕逐一評論了当时的作家；通过这些評論，表达了他自己的文学观点。他反对"文人相轻"和"貴远贱近"，要求評論具有客观性。他認为不同的作家有不同的特長，不同的文体也有不同的特点，应該分别对待。他注意到作家的气质和才性，对于創作有一定的制约作用。他强調着作是"经国之大业，不朽之盛事"。这些主張推动了文学批評，但他过于重视先天的才性，念念不忘个人的"声名"，而且归根结柢为封建政教服务，所以我们应警惕其中的糟粕。

此外，曹植在《与楊德祖书》里認为写作应虚心修改，民间的传説和歌謡都应該重视，这是对的；但他不理解創作和批評的分工，不理解文学有独立的地位，就不如曹丕了。

其次是晋代，以陆机为主。

陆机是西晋著名作家之一，他的作品内容比較贫乏，而偏重追求形式美。《文賦》作于他四十岁左右，是根据自己的創作经验，进而论述创作法则的。涉及的问题大略如下：

关于创作的源泉，陆机还认識不到社会生活的重要性，而誤认为一是钻研古代的著作，一是欣赏四时万物的自然景色。

关于艺术构思，他認識到必须有充分的想象力，才能在内心驰骛上下古今，通过惨淡经营，逐渐形成意境。他还談到灵感问题，有时顺利，有时闭塞，有点捉摸不定。他在历史上第一个接触到这些问题，但还不能真正解决问题。

关于創作技巧，他談得比較詳细，如謀篇和布局问题、不同体裁的不同特征问题、写作的利害关鍵问题等等。他告訴我们怎样安排音节，突出警句，避免雷同，怎样在立意遣辞上做到彼此照应，前后和諧，悲感动人，辞意雅正，文采艳丽。他认为各人才华不同，手法亦异，其中巧妙难于尽述。虽然他也說内容好比树干，文辞好比枝条，但他注意重点显然在于形式技巧而不在思想内容。

末段他讲到写作的作用，强调为封建政教服务。这是他的严重的阶级局限性。

在剔除了《文赋》中的封建性糟粕以后，有些关于創作问题的阐述还可供我们借鉴。

陆机以外，左思的《三都赋序》、陆云的《与兄平原书》、挚虞的《文章流别志論》、李充的《翰林論》等都包含些有关創作和批評的零星意见。较重要的当推葛洪的《抱朴子：外篇》。葛洪是东晋的道教徒，《抱朴子：内篇》中充满了荒唐的迷信，但《外篇》中有关文学的见解尚偶有可取之处。例如：他反对颂古非今，深信文学今胜于古（见《尚博》、《钧世》等篇）；他反对重德行而轻文章（见《文行》篇），强調作品内容的独創性（见《辞义》、《喻蔽》等篇），主張語言通俗易晓（见《钧世》篇），要求評論避免主观偏见（见《辞义》篇）。他的缺点在于偏重形式，为封建统治阶级擦脂抹粉，因而必須严格批判。

—— 13 ——

再次是南朝，以沈约为主。

在曹丕、陆机等人先后发展了批評和創作的理論以后，便出现了刘勰、钟嵘等杰出的理論家和評論家。这时文坛上，由于世族地主阶级的把持，逐渐形成了形式主义、唯美主义的歪风邪气。刘、钟等人基本上是反对这种恶劣风尚的，但另有一些人却起了推波助澜的坏作用，沈约就是一个例子。他在《宋书：谢灵运传論》里評价历代作品，欣赏"清辞丽曲"，赞美"威蕤威藻"，重視"缛旨星稠，繁文绮合"；即使对玄言詩表示不满，也只是为了缺少"遒丽之辞"。他又提倡四声的講究，虽然对古典詩歌样式的发展有一定的帮助，但给予文学創作的拘束却是有害无益的。在他以前，陆机《文赋》和范晔《獄中与諸甥姪书》里已提到这问题；他在《传論》和《答陆厥书》里更夸大了音节美的重要性，树立些清规戒律，在創作史和理論史上显然过大功小。

同时，萧统、萧纲、萧绎等人也比較重视形式美。萧统在《文选序》里认为文学发展是"踵其事而增华"，他选詩文是"以能文为本"，指的无非"综缉辞采"、"错比文华"之类。萧纲在《与湘东王书》里吹捧"谢朓沈约之詩，任昉陆倕之笔"，借口"吟詠情性"来为自己的宫体詩遮羞。萧绎《金楼子：立言篇》强調"绮縠纷披，宫征靡曼"；文笔之分本来有助于对文学特征的认識，但他却忽视了創作的思想内容了。当时裴子野《雕虫論》是反对他们的，不过他用封建政教做理由，那么局限性也是很严重的。

最后是北朝，以颜之推为代表。

北朝的文坛，基本上是南朝的附庸，在理論上也没有什么重大的成就。值得一提的只有颜之推的《颜氏家訓：文章篇》。他反对当时"趋本逐末，率多浮艳"的作品，主張"文章当以理致为心肾，气調为筋骨"，这里"理致"相当于刘勰所說的"风"，

—— 14 ——

"气調"相当于刘勰所說的"骨"，是可以纠正"浮艳"的毛病的。不过他强調"文章者原出五经"，强調"天才"是錯誤的。

与此相类的，有刘昼主張"先质后文"（《刘子：言苑篇》），苏绰主張"去搞厥华"等々，但没有系统的論点。

能够自成体系，而又能指出当时文坛利弊的，当推刘勰的《文心雕龙》和钟嵘的《詩品》。

（3）刘勰

刘勰是古典文学理論史上第一个真正可以称为理論家的人，他写出了第一部真正可以算作文学理論专著的书《文心雕龙》。他对我国文学理論的发展作出了杰出的贡献，但他的理論中也有严重的封建毒素，必須清除。

现在我们从四个方面去評述刘勰的論点。首先是他的全部理論中的基本主張，这主要表达在《文心雕龙》开始几篇《原道》、《征圣》、《宗经》内。他所謂"道"，指的是"自然之道"，就是事物的道理；文章是"自然之道"的体現，所以"道"就是文章的根源。他又認为"自然之道"比较奥妙，只有儒家圣人才善于掌握，并表达在儒家经典里；因此，要写好文章，必須拜圣人为师，向经书学习。这个"文原于道"和"征圣宗经"的主張，是他全部文学理論的出发点。

这个論点在当时有纠正形式主义、唯美主义歪风邪气的积极意义，但也有严重的錯誤。刘勰崇信孔子，兼通佛经，他的世界观是比较复杂的。在"文原于道"的理論中，有朴素的唯物因素，也有不少唯心主义杂质；他有时称"自然之道"为"神理"，就给它披上一层神秘的外衣。他过分地吹捧儒家圣人和儒家经典，甚至認为后代各种文体都起源于经书，不但违反历史的实际情况，也必然把儒学中的封建毒素都带到文学創作中去了。

—— 15 ——

其次是文体論方面，包括全书前半部总論以外各篇，刘勰在這里把文学分成三十五类：骚、詩、乐府、賦、颂、赞、祝、盟、銘、箴、誄、碑、哀、吊、杂文、諧、隐、史、传、諸子、論、說、詔、策、檄、移、封禅、章、表、奏、啟、議、对、书、記。对于每种文体，他都追溯它的起源，叙述它的演变，說明体裁名称的意义，举些代表作做例子，并通过各体的特点来講述写作的道理。这样他就总结了前人的創作经验，为下文进一步討論創作和批評问题打下基础。

这一部分在文体論的历史发展过程中有一定的貢献，但局限性却不小。他的分类比较烦琐，混入了些文学以外的作品，可见他对文学特征的認識还很模糊。他对每种体裁名称的說明，常々採用音近的字来解释意义，很难真正解决什么问题。在举具体作品做例証时，誤信了不少伪作；評騭优劣得失以儒家经典作标准，所以有时不免錯誤，如貶低《楚辞》中的神話传說就是不对的。論及各体写作特点，常有所偏，如强調四言詩以"雅润为本"，五言詩却"清丽居宗"之类。

再其次是創作論方面，表达在全书后半部的大部分篇幅中。这里講到的问题很多，主要有下列五个：

一是艺术构思问题。刘勰在《神思》篇里說明作家的精神活动有超越时空的力量，应根据构思的美感特征来发挥联想的作用。他指出，为了做好构思工作，作家应注意积累知識，辨明事理，还要善于利用自己的经验，訓练情致。不过他不懂得艺术构思必须植根于人的社会生活，而他所謂知識、事理等々也只是指有利于封建统治阶级的东西而已。

二是风格问题。他在《体性》篇里把文学作品的风格分成典雅、远奥、精约、显附、繁缛、壮丽、新奇、轻靡八种，認为这与作家的才华、气质、学識、习性有关系。风格本来是作家在創作中所表現出来的鲜明而独有的特色，这特色是从作品的思想内

—— 16 ——

容与艺术形式的统一中显示出来的；而他却把风格理解得比较狭窄，只局限于语言风格；他也不知道风格有社会根源，不知道作家的社会地位对风格的影响，不知道作家的才性有显著的阶级烙印，《风骨》篇提出对作家在文意、文辞方面的最高要求，也与风格有关；不过他也在这里强调"镕铸经典之范"，因而带有不少的封建糟粕。

三是继承与革新问题。他在《通变》篇里指出自上古至晋宋的作品都前后相承，而又逐渐变化，借以論証继承与革新应該并重。这个道理有可取之处，但他在下文所举枚乘《七发》、司馬相如《上林赋》等五个具体例子，却只注意字句方面，便把創作上承前启后的关系缩小到琐碎问题上去了。

四是内容与形式问题。他在《情采》篇里說明"文"和"质"的关系，文必须依附于质，质也必須通过文来表現；在創作上，文和辞是次要的，情和理是主要的。所以他主張"为情而造文"，反对"为文而造情"。这个意见基本上是正确的，有助于扼止当时文坛上形式主义逆流。可是我们認为文学的内容是和作家的阶级立场分不开的，刘勰却不懂得这一点；而且我们所謂艺术形式，也不能局限于辞采。

五是写作技巧问题。他在《镕裁》、《附会》等篇里談到文意、文辞的安排与剪裁；在《比兴》、《夸飾》等篇里談到比喻、夸張等手法；在《章句》、《练字》等篇里談到选詞、造句等如何注意；在《声律》、《丽辞》、《事类》等篇里談到四声、对偶、用典等如何講究；又在《总术》篇里综合論述写作方法的重要性，要求作家加强这方面的修养。这几篇談的比较琐碎。他虽大力反对形式主义，但自己却仍不免受到形式主义的侵蚀。

最后是批評論方面。关于批評的原则、标准和方法，主要表达在《宗经》篇的"六义"和"知音"篇的"六观"里。"六义"是他的理想的作品应有的特点：一是感情要深挚，二是教訓要纯

—— 17 ——

正，三是事物要真实，四是意义要正确，五是风格要简练，六是文辞要华丽。"六观"是考察作品的下手处：一是看用什么体裁，二是看怎样遣词造句，三是看对前人的继承与革新，四是看表现手法，五是看用典，六是看音节。这些意见比以前的評論家具体得多，在当时有一定的意义；不过他以"征圣宗经"为主，所以难免儒家的毒素，也未清除形式主义影响。

从上述观点出发，刘勰具体分析評論了历代作家作品。他反对"贵古贱今"、"崇己抑人"、"信伪迷真"(《知音》)是对的；但他根据儒家经典来衡量一切文学創作，評价便必然有錯誤。特别在分析时代背景时，他夸大了统治阶级的作用(见《时序》篇)，而没有也不可能从经济基础和阶级斗争等更为根本的因素上去探討。

总之，刘勰是历史上一位优秀的理論家，《文心雕龙》是一部优秀的理論专著；在剔除了其中的封建性的糟粕以后，我们还可以吸收其中民主性的精神。

(4) 钟嵘

钟嵘是和刘勰并称的，他的《詩品》成书和《文心雕龙》相距不远，都在公元六世纪初年。因此，他在《詩品》里除提出自己的理論外，也批判了当时泛滥文坛的形式主义风尚。

钟嵘的論点主要表达在《詩品序》里。他先談到自然景物的变化，影响到人的感情，因而表达在詩里。同时他也談到社会生活和詩歌創作的关系，特别强调人们在不愉快的环境中的哀怨心情，更易于产生有充实内容的作品。他反对贵族子弟的无病呻吟，也反对"淡乎寡味"的玄言詩。在艺术技巧方面，他主张"即目""直寻"，反对"文章殆同书钞"的用典过多，也不赞成过分讲究四声，"使文多拘忌，伤其真美"。当然他所謂"怨"，主要

— 18 —

指封建阶級的情感，和我們今天的理解有很大的距离；但他重視"建安风力"，在当时还有积极的意义。

在《詩品》中，钟嵘把一百二十多位五言詩人分成上中下三品，他的評价大多数是恰当的，只是把陆机、潘岳等人列入上品未免太高，把曹操等人列入下品又嫌太低。他对詩人的分析，常談到承前啟后的源流关系，如說陆机源出曹植，曹植源出《国风》之类，他認为不少詩歌是从《詩经》中的《国风》和《小雅》派生出来的，又有不少詩歌是从《楚辞》派生出来的。这种探索是有意义的，不过钟嵘的结論不一定可信；特别是說陶潜源出应璩，应璩源出曹丕，久为人們所怀疑。他对詩人所下的評語，一般能抓住最主要的特色，也能指出不同作家的不同特長。但由于时代和阶級的[illegible]，有些評論很成问題，如說《古詩》"一字千金"，說曹植"[illegible]人伦之有周孔，鳞羽之有龙凰"等等；而誤信李陵詩为真作，又以"生命不諧"掩盖他的叛国，便是錯誤的。

钟嵘在古典文学理論史上的貢献虽稍次于刘勰，但《詩品》中的战斗精神及其对詩歌評論的开山之功，却是不該埋没的。

＊　　＊　　＊

在汉魏六朝的八百年中，关于創作和批評的理論是逐渐形成了。从汉人对于《詩经》、《楚辞》的分析开始，经过曹丕和陆机的发展，到刘勰和钟嵘手里，出现了古典文学理論史上的第一个高峰。我們应該根据馬克思主义历史主义和阶級观点相结合的原则，对《文心雕龙》和《詩品》作严格的分析批判，认清其[illegible]和糟粕，来达到古为今用的目的。

— 19 —

(四)唐代的文学理論

(1) 唐前期

唐代包括三个世纪，相当于历史上从七世纪初王薄、窦建德等农民起义到九世纪末黄巢起义的一个时期。唐初的统治者吸取教訓，对农民作了些让步，获得暂时的安定和繁荣。南北朝已腐朽透顶的世族地主渐々让位给庶族地主，但是地主阶级和农民之间的阶级矛盾却仍日益尖銳；黄巢的义军虽终于失败，而唐帝国也分崩离析，演成五代十国的局面。在这样社会现实的基础上，唐代文坛出現新的情况，无論詩歌、散文、小說等方面都获得新的成就。就文学理論說，也比汉魏六朝推进了一步。

這三百年的历史，可以八世纪中年的安史之乱为界，分成前后两期；在唐前期，社会矛盾还未十分显露，到后期就无法掩盖了。文学理論的发展，主要在后期。前期的一个半世纪，只是为后来的发展做准备。这时还没有什么重要的理論家，值得一提的是学者孔颖达、刘知几和詩人陈子昂、杜甫等人有关創作的一些意見。

孔颖达是唐初著名经学家，在解释《詩经》时，对于《毛詩序》中"是以一国之事，系一人之本，謂之风；言天下之事，形四方之风，謂之雅"几句話，认为风是"詩人览一国之意以为己心，故一国之事系此一人"；而雅是"詩人总天下之心，四方风俗，以为己意而詠歌王政"（《毛詩正义》卷一）。当然他是从封建正统观点出发的，因而对《詩经》内容有不少的歪曲，可是就艺术角度看，他也在一定程度上說明了詩人从个别中体現一般的概括手法，比刘勰《文心雕龙：比兴》所說的"称名也小，举类也大"更具体些。

刘知几是唐初著名史学家，在《史通》中关于历史散文的写作方面有些主張，也能适用于其他作品，例如他强調語言必須接近当时口語来保持历史人物的真实性（《言語》），学习前人要吸取精神而不要抄袭辞句（《模拟》）等々，這些是可以供后人借鉴的．

陈子昂是唐初著名詩人，他的詩歌創作是和南北朝形式主义、唯美主义的文风背道而馳的，他的詩歌理論和自己的創作实踐完全一致．他在《与东方左史虬修竹篇序》里提倡“汉魏风骨”。具体地説，在内容方面要求有“兴寄”，即有比較深刻的含义；在表现手法方面要求“骨气端翔”，就是文辞要有骨力，气势要能飞动，和“齐梁间采丽競繁”恰恰相反。在改革詩风上，他有开創之功，虽然他所謂“兴寄”仍不出封建士大夫思想感情之外。

杜甫是唐代中年的伟大詩人，在創作上的卓越成就是人所共知的。他常々在詩歌中表达了自己对于創作的看法和对于其他詩人的評論。他强調写詩必須有情：“有情且賦詩”（《四松》），“情在强詩篇”（《哭韦大夫之晋》）．情从那里来？有时因自然景色而起兴：“云山已发兴”（《陪李北海宴历下亭》），“发兴自林泉”（《春日江村》）；有时也由于社会生活：“道消詩兴发”（《哭台州郑司户苏少监》），“忆在潼关詩兴多”（《峡中览物》）。因情起兴而賦詩，要写成怎样的作品呢？他偏重刚健的风格：“雄笔映千古”（《送虞十五誠因寄礼部贾侍郎》）“壮笔过飞泉”（《贈李十五丈别》）；同时也注意清新：“詩清立意新”（《奉和严中丞西城晚眺十韵》），“更得新清否”（《寄彭州高三十五使君适虢州岑二十七長史参三十韵》）．他很强調詩句的推敲：“語不惊人死不休”（《江上值水如海势聊短述》），“晚节渐于詩律细”（《遣闷戏呈路十九曹長》）．根据这些原则，他对前代和当代作家作品进行評价，从《詩経》、《楚辞》直到李白、王维等人，《戏为六絶句》是这一方面的代表作品。

要求在評論上"不薄今人爱古人"，在創作上"别裁伪体亲风雅"。這些零星意见还没构成什么系统，但对后代詩論有一定的影响。

就在上述各家零星意见的基础上，唐后期的文学理論逐渐向前推进。

（2）韩愈和柳宗元

安史之乱以后，唐代进入后期。庞大帝国的虚伪外表拆穿了，尖锐的社会矛盾反映到意識形态领域内，使文学創作和文学理論都进入一个新的阶段。其中比较突出的現象就是韩愈、柳宗元所倡导的古文运动和白居易所倡导的新乐府运动，它们先后兴起于八九世纪之间，对当时的創作界和理論界都有积极的意义，当然也带来些不好的作用。

現在先論述韩愈和柳宗元关于古文的一些主張。

六朝駢俪之风早已引起唐代作家的反对。韩柳以前，萧颖士在《赠韦司业书》中，李华在《扬州功曹萧颖士文集序》中，賈至在《工部侍郎李公集序》，独孤及在《检校尚书吏部员外郎赵郡李公中集序》中，都曾有改革文风的要求。韩柳集其大成，并以自己在創作实践上的杰出成就，扩大了革新的声势，使古文在一定程度上战胜了駢文。韩柳二人的思想体系和政治主張不无差别，但在古文理論上却大同小异，所以我们合在一起介绍。

首先是"征圣宗经"的主張。刘勰曾以此反击当时的形式主义文风，韩柳也以此为向駢文进攻的武器。韩愈提出道统的説法，認为从尧舜禹湯起，经过文武周公，直到孔孟，有一个"道"的系统，他俨然以这个道统的继承者自居（见《原道》）。柳宗元也認为"圣人之言期以明道"（《报崔黯秀才书》），所以"文者以明道"（《答韦中立論师道书》）。他们好象認为不能继承道统的人就不配算做文士，而不能"明道"的作品也不配叫做文

—— 22 ——

章．他们对儒家经典評价极高，要以六经的义旨作自己作品思想内容的基础（韩愈《上宰相书》），学古的目的不仅爱古书的文辞，更重要的是爱其中的道理（同上《答李秀才书》）；如果忘掉"明道"而只注意文辞的采色声音，那是错的（柳宗元《答韦中立論师道书》）。因此，作家必须遵循儒家圣人的教导，致力于仁义的修养；他们認为仁义和文章的关系好比树木的根与果实或蜡烛的油与光亮的关系（韩愈《答李翊书》），强調"文以行为本，在先誠其中"（柳宗元《报袁君陈秀才避师名书》）。这些論点中的封建毒素是极明显的。

其次是写作和现实的关系。以前的理論家早已接触到这问题，韩柳在这方面没有多少新的发挥。韩愈認为"大凡物不得其平则鸣"，写作也是这样，"有不得已者而后言，其歌也有思，其哭也有怀"（《送孟东野序》）；因此他主張"欢愉之辞难工，而穷苦之言易好"，一切"文章之作，恒发于羁旅草野"（《荆潭唱和詩序》）。柳宗元不但要求"明道"，而且强調"道之及，及乎物"（《报崔黯秀才书》），也就是"意欲施之事实，以辅时及物为道"（《答吴武陵論非国語书》），所以在写作上就主張"文之用，辞令褒贬、导扬諷諭而已"（《杨評事文集后序》）这在纠正风花雪月的浮艳文风上有一定的作用，但韩柳所侧重的仍不外乎封建统治阶级的利益和作家个人的穷达得失而已。

最后是古文的写作技巧。韩柳在这方面談得比较多，也比较具体。除学习六经外，韩愈主張学习屈原、宋玉、莊周、司馬相如、司馬迁、揚雄等等（《进学解》），柳宗元也主張学习《論語》、《孟子》、《左传》、《国語》、《莊子》、《楚辞》、《公羊传》、《谷梁传》、《史記》等（《报袁君陈秀才避师名书》）。他们抬高先秦两汉的书，也为了打击六朝骈俪的风气。在学习古书时，韩愈主張"惟陈言之务去"（《答李翊书》），对古人是"师其意不师其辞"（《答刘正夫书》）。模拟抄袭是应該反对的，但因此而追求語言的新奇却是个偏差。柳宗元提出写作态度要严肃认真，并广泛吸取前人的不同的优点（见《答韦中立論师道书》），也不轻视当代的作家，不赞成"荣古虐今"（《与友人論为文书》），这比韩愈更全面些。

总之，韩柳主張在内容方面要根据儒家教导来巩固封建统治，在表现手法方面要学习先秦两汉的作家而有所革新，坚决反对吟风弄月的骈文。这种論点为当时庶族地主阶级所欢迎，后代封建政权也乐于利用它来为自己服务；其影响所及，直到近代的民主主义革命时期还可以看出。正因为这种理論死心塌地为封建阶级服务，所以我们今天更应該认清它的阶级本质，扫除它的恶劣影响。

韩柳以后，在唐代后期还有些古文家也提出些零星的意見。如李翱在《答朱载言书》中主張"創意造言，皆不相师"，皇甫湜在《答李生第二书》中要求"文奇而理正"，裴度在《寄李翱书》强调"不詭其詞而詞自丽，不异其理而理自新"等々，大都是继承韩愈而稍有出入，这里不詳述了。

（3）白居易

和古文运动并行而在理論上成就较大的是新乐府运动。上文曾講到陈子昂詩歌革新的主張。杜甫在某些方面实践了这些主張，也在一定程度上成为新乐府的先行者。较杜甫稍晚的有《补乐府》、《系乐府》的作者元结和《上古之什补亡訓传》的作者顾况。元结主張"极帝王理乱之道，系古人规諷之流"（《二风詩論》），反对"指詠时物，会諧絲竹"的作品（《篋中集序》），和后来的白居易是相近的。

白居易的詩歌理論主要表达在公元815年写的《与元九书》。把这一篇和他的其他詩文联系起来看，他的主要論点如下：

一是描写现实要能传信，反对美化现实。白居易在肯定文学描写现实和影响现实的艺术特点和巨大作用的前提下，提出对文学创作的客观真实性的要求；并且認为这种真实性同时应具有一定的社会内容，又应与当时比较进步的倾向性相结合；也就是說，传信应与諷諭相结合（参看《新乐府序》、《策林六十八：議文章》等）。他不但認識到描写真实可信的重要意义，而且他要求的真实并不限于真实的情态和物貌，还须是有利于懲劝的真实。当然，他的諷諭、懲劝、归根结柢是为了巩固封建统治，但对当时的人民也不是无利的。

二是强調"文章合为时而著，歌詩合为事而作"（《与元九书》）白居易所謂"为时而著"，就是要求文学为当时的封建政治服务，他一方面主張詩人应有批判諷刺的精神，一方面呼吁恢复采詩官的制度。他幻想詩人的創作可以通过皇室采詩的机构来說服帝王，实现改良当代社会的目的，以期出现国泰民安的政治局面（参看《策林六十九：采詩》、《新乐府：采詩官》等）。他所謂"为事而作"，就是要求文学应描写现实生活。他認为社会生活中的事物影响作家的認識，从而引起創作的激情，产生作品；同时，作品也可以帮助人们認識社会生活（参看《进士策问五道：第三道》、《秦中吟序》等）。他所說的"事"，主要指现实生活中值得詩人描写的事物；而他所謂值得描写的，乃是指时政的弊病、群众的疾苦。由此可知，他的"为时"、"为事"的著名論点，具有两层意义：一层是文学創作应該起巩固封建政权的作用，其中包括要求对人民有一定利益的政治改良；一层是文学应該描写社会生活中的缺点或黑暗面。不过他在当时既是一位进步的詩人，又是一位迂濶的封建士大夫。他的理論和創作在当时政治生活中确实有一定的影响，但李唐王朝并没有採納他的建立采詩官的建議，而国泰民安的政治局面也只是調和阶级矛盾的幻想，根本不可能实现。他主張"为民"，又不忘"为君"（《新乐府序》），甚且首先是"为君"；他企图让詩人在創作中把"为君"和"为民"统一起来，这事实上是无法做到的。

——25——

三是对比兴、美刺的重视。白居易要求文学具有深刻的社会内容，主張通过文学（主要是詩歌）来描写人民群众的生活，表达人民群众的思想情感。他几乎把比兴理解为美刺的同义語，認为比兴是描写现实生活来为封建政治服务的一种手段，同时也是評价历代文学作品的主要标准。這样就把比兴和"为时"、"为事"的創作观点联系起来了，他的强调諷諭而具有批判特点的理論，也体现在自己所写的新乐府中："但伤民病痛，不識时忌諱；遂作《秦中吟》，一吟悲一事"（《伤唐衢》）。从此出发，他的真实地描绘社会生活的主張，就可以使作家在創作实践中，初步接触到生活的一定的本质，从而给予他的理論以现实主义的性质。这是他的文学理論的基本核心。当然他自己的某些作品也有离开这条正确道路的，那正是他的局限。特别在他晚年，居然把统治集团争权夺利的黑暗局面称做"理世"，要歌唱什么"安乐之音"，以至于"诗詞无一字，忧叹无一声"（《序洛詩》），这是封建士大夫的堕落。

这种局限性是完全可以理解的。安史乱后，唐帝国由盛而衰，社会矛盾日趋尖锐，小规模的农民起义此起彼伏，逐渐走向高潮。当时政治日益腐败，统治者骄奢淫佚，无恶不作，因而加深了帝国的危机。本来唐代的科举曾为中下层地主阶级的文人提供了一条政治上的出路。这类封建士大夫在当时政治上的表现也是复杂的，其中有些人由于比较地了解现实，明显地预感到当时危机正在可怕地临近；为了巩固岌岌可危的封建政权，他们疾呼改良。柳宗元如此，白居易亦然。粉飾太平，嘲风弄月的形式主义文学，对于醉生梦死的统治者来説，常常是需要的，但对于他们長远的利益又是很有害的。白居易看到了这一点，他从本阶级的根本利益出发，坚决主張"为时"、"为事"的文学观点，主張文学在長远利益上而不是在暂时利益上更好地为封建政治服务。他告誡统治者对人民的暴行要收斂一些，对人民作些必要的让步；然而他同时又麻痹人民，要等待统治者的恩赐，不要以暴力进行反抗。

—— 26 ——

在新的足以推翻封建制度的革命阶级还未兴起的时代，他对人民的同情在一定程度上应该肯定。但我们必须明确他的全部理論的阶级实质，明确他的封建阶级的坚定立场，明确他的主張和我们之间的本质的区别。他后来在政治上碰了釘子以后，又走到他早年主張的反面，那是一点也不奇怪的。

白居易的論点，在当时有不少追随者。参加新乐府的写作活动的有元稹、張籍等人。元稹是白居易最亲近的朋友，也主張"不虛为文"（《和李校书新题乐府序》），"即事名篇"（《乐府古题序》）。稍后，皮日休、聶夷中、杜荀鹤等人都坚持着走白居易的道路。皮日休認为詩歌应該写"可悲可惧"的事，以使"知国之利病，民之休戚"（《正乐府序》）；他主張"詩之美也，闻之足以观乎功；詩之刺也，闻之足以戒乎政"（同上），所以"非有所諷，輒抑而不发"（《桃花赋序》）。這些意见，和白居易是一脉相承的。

（4）皎然和司空图

从陈子昂到白居易到皮日休，是唐代詩歌理論的主流。他们重視作品的社会内容，要求創作与现实密切联系。但是当时还存在另一个系统，优点在于能探索詩歌的艺术特色，缺点乃是相对地忽视思想内容，把創作引向脱离现实的歧途上去。这一方面的代表者可推皎然《詩式》和司空图《詩品》。

皎然是谢清晝出家后的名字，时代与白居易相近。《詩式》的主要贡献在于对詩歌艺术风格的分析。皎然在前人的基础上，把詩分为十九体，每体用一个字来代表，即：高、逸、贞、忠、节、志、气、情、思、德、誠、闲、达、悲、怨、意、力、静、远。有人認为贞、忠等字指思想内容，那是不对的；試看他解释"贞"为"放詞正直"，可见仍指艺术风格。他分类比前人詳細些，不过說明仍嫌抽象。

关于如何創造这些不同风格的作品，皎然曾提出些具体的意见如"四不"(不怒、不露、不暗、不疏)之类,而主要论点则在于取境问题。所谓"境",就是外界事物反映在诗人内心而表现在作品中的艺术境界。如上文所说高和逸的风格,他认为"取境偏高,则一首举体便高;取境偏逸,则一首举体便逸"。他强调"境",所以说"取境之时",须至难至险,始见奇句"。境虽是客观存在,但如何取境则绝靠作家的主观意识;他注意的主要在于后者,所以侈谈什么"意静神王,佳句纵横,若不可遏,宛如神助"。这就有点神秘色彩了。

在表现手法方面,皎然主张"不顾词采,而风流自然",反对"酷裁八病,碎用四声"。但他并不轻视人工的锻炼,要求作家有"不入虎穴,焉得虎子"的精神,而不赞成"不假修饰,任其丑朴"。这些意见是有可取之处的。不过因为他总的倾向是脱离现实的,所以这些艺术手法为什么服务就成为问题了。

正由于皎然有忽视社会内容的严重缺点,因而他对诗人作品的评价不免失当。他对充满消极情调的《古诗十九首》推崇备至,对谢灵运的作品称为"诗中之日月",对齐梁诗歌认为"何减于建安",对陈子昂的革新意义却估计不足。这些评论和他的创作观点有相通之处,都对后人起了不良的影响。

司空图继承皎然而有所发展。他在《诗品》里把诗歌风格分为二十四种:雄浑、冲淡、纤秾、沉着、高古、典雅、洗炼、劲健、绮丽、自然、含蓄、豪放、精神、缜密、疏野、清奇、委曲、实境、悲慨、形容、超诣、飘逸、旷达、流动。对于每一种风格,他写了十二句四言诗,加以说明。有时他从作家的境遇、品德、个性、才华等方面来阐述风格的形成,如"沉着"条说,"脱巾独步,时闻鸟鸣";"劲健"条说,"行神如空,行气如虹"等等。有时他就作品的思想感情和艺术手法来分析一种风格,如"洗炼"条说,"空潭泻春,古镜照神";"委曲"条说,"似往已回,如幽匪藏"等。有时他也讲到某一风格可能给予读者的什么印象或读者应怎样欣赏、理解这一风格,如"典雅"条说,"落花无言,人淡如菊";"超诣"条说,"诵之思之,其声愈希"等。中国古典诗歌的创作,由周汉到中盛唐,达到空前的繁荣,出现了丰富多采的艺术风格。司空图加以总结，作了分析，在詩歌理論史上有一定的貢献。

但是在晚唐阶级斗争高漲时期，司空图坚守封建地主立场，逃避现实，隐居不出，那么他必然要在文艺领域内把彼然的错誤倾向更加重一些，使詩歌創作更好地为腐朽阶级服务。这一点，在《詩品》关于风格的説明中，可以看得很清楚。他所取譬的人是"窈窕深谷"的"美人"（"纤秾"条），是"过水采蘋"的"幽人"（"自然"条），是"步屧寻幽"的"可人"（"清奇"条）；他所取譬的事是"独鹤与飞"（"冲淡"条），是"伴客弹琴"（"绮丽"条），是"脱帽看詩"（"疏野"条）。因此，他在創作上的中心論点就是"超以象外"（"雄浑"条），是"不着一字，尽得风流"（"含蓄"条），是"情性所至，妙不自寻"（"实境"条）等々。他把創作説成是件神秘的事，令人莫测高深，而詩人则离开尘世越远越好。

同样的論点也表现在其他文章内。司空图强調詩歌的"韵外之致"、"味外之旨"（《与李生論詩书》），要求在詩中体现"象外之象，景外之景"（《与极浦书》）。我们不反对在写作中做到含蓄不露，以少胜多，给讀者以深远的啟发，在讀后感到余味无穷；但我们坚决反对在詩歌中走王维、韦应物等人脱离现实，逃避斗争的消极道路，象他在《与李生論詩书》中所引导我们的那样。他在《与王駕評詩书》中貶低元稹、白居易，説是"都市豪估"，更是錯誤。这些主張正适应当时封建統治阶级的政治需要，我们应大力批判。

* * *

唐代三百年的文学理論，如果較前一阶段有所发展的話，主要体现在新乐府运动上。白居易重视描写现实生活的真实性和批判精神，这在一定程度上丰富了封建社会里的有关现实主义的理論。這种理論，在以前的王充、刘勰等人的著作中，已零々星々地接触到一些；比較起来，白居易有更多的貢献。到后代，这方面的理論还在不断地发展。

（五）宋金元的文学理論

(1) 北 宋

从九世纪末黄巢起义到十四纪中年的红巾义军，约四个多世纪，这是历史上的宋元时期，封建制度获得进一步发展，中央集权专制主义逐渐完善、巩固，加深了农民与地主之间的阶级矛盾；同时北方入侵的辽金元统治者，又使阶级斗争和民族矛盾交织起来，社会矛盾因而复杂化。在这种情况下，文坛上也出现些新的变化。除传统的詩文样式外，为社会中下层所喜爱的小説、戏剧日益兴盛起来。在文学理論方面，詩話比較流行；就目前可考者説，总在一百种以上；质量虽然不平衡，但这数量已颇可观。总起来看，在理論領域内较以前多少还有点发展。

现在先从北宋講起。

在唐宋间的五代十国时期，政局动荡，士大夫日趋消沉，在文坛上出现大大小小的逆流。在詩歌写作技巧方面，不少人写了一些"詩格"之类的論著（如王叡的《炙毂子詩格》、李洪宣的《缘情手鑑詩格》等等），这些大都是议論琐碎，意见浅薄。还有些人堕落而提倡艳詩，如韦縠《才调集序》强调什么"桂魄争光"、"春色斗美"，欧阳炯《花间集序》也公然說詞是"西园英哲"和"南国婵娟"享乐的工具。到宋初又有杨亿、刘筠等人倡导的所謂"西昆体"，拿雕琢作丽的詞句来掩蓋消极贫乏的内容。无論在創作上或理論上，十世纪是个中衰的时期。

针对晚唐以来的这些弊病，十世纪末年的柳开、赵湘、王禹偁等人便起来开展一个詩文革新运动；到十一世纪初年有石介、梅尧臣、欧阳修等人继续努力，在創作上有所提高，在理論上有所补充。

他们继承韩愈、柳宗元古文运动的理论，提出"文"和"道"的联系问题。柳开认为写作应重视"古人之道"（《应责》），赵湘认为文章"本在道"而不是"本在饰"（《本文》），王禹偁认为写作目的在于"传道而明心"（《答张扶书》），欧阳修认为"道胜者文不难而自至"（《答吴充秀才书》）。这个"道"就是封建制度理论基础的儒家圣人之道，韩柳抬出这个招牌来和骈俪的文风作斗争，石介就以"周公、孔子、孟轲、扬雄、文中子、吏部之道"来打击"杨亿之道"（《怪说中》），因为"杨亿穷妍极态，缀风月，弄花草"，以至于"蠹伤圣人之道"（同上）。梅尧臣也痛恨"迩来道颇丧，有作皆言空，烟云写形象，葩卉咏青红"（《答韩三子华韩五持国韩六玉汝见赠述诗》）。欧阳修还发挥了韩愈"不得其平则鸣"的论点（《送孟东野序》），提出"诗人少达而多穷"，写诗是"穷者而后工"的主张（《梅圣俞诗集序》）。这些意见对宋初文坛起了一定的积极作用，特别是欧阳修以自己在诗文创作上的杰出成就，促进了文学上的繁荣。但他们论点中带有严重的封建毒素，则和韩柳的主张一样，都是我们不能麻痹的。

在"文"和"道"的关系上，韩愈、欧阳修都把重点放在"文"上，道是为文服务的。这是文学家的文道观，目的在于提高写作的才能。另外还有道学家的文道观，目的在于提高品德的修养，文是为道服务的。如周敦颐坚持"文所以载道"，反对"不知为道德而第以文辞为能"（《通书：文辞》）；程颐更认为"作文害道"，主张"务养情性"而不要"专务章句"（《二程语录》卷十一）。这两派的论点虽不同，但基本精神是相通的：无论提高写作的才能或提高品德的修养，结果无非是要更好地巩固封建统治，不过出发点有差别而已。第三派的意见则明显地要求道与文都为实现政治服务。王安石认为"文者礼教治政云尔"（《上人书》），"圣人之于道也，盖心得之，作而为治教政令也”（《与祖择之书》），李觏认为“文者岂徒笔札章句而已，诚治物之器焉”（《上宋舍人书》）。这些主张虽然表现形式不同，但万变不离其宗，它们的阶级实质是极明显的。

北宋中年以后，民族矛盾逐渐紧张，国内的阶级斗争也日益尖锐。十一世纪中年，山东王伦、河北王则纷纷起义；到十二世纪初年的宋江、方腊，义军声势浩大。加上外患，北宋王朝终于覆灭。北宋中年以后的文坛上，苏轼和黄庭坚都以著名作家而提出一些有关创作的论点，对后代颇有影响，而坏的影响较多。

苏轼和父亲苏洵、弟弟苏辙号称三苏，都是欧阳修的崇拜者。他们把欧阳修的文道观推进一步，而更加重视文的方面发展。苏洵公然宣称学习“《论语》、《孟子》、韩子及其他圣人贤人之文”主要为了写好文章（《上欧阳内翰书》）；苏辙讲到养气，讲到“周览四海名山大川”，也只是为了写好文章（《上枢密韩太尉书》）。苏轼讲到的问题，方面更多。他认为“吾所为文必与道俱”，朱熹批评他“文自文道自道”（《语类》）。他和欧阳修一样，比道学家更懂得文学艺术的特征。他知道一切“咏叹”都和“山川之秀美、风俗之朴陋、贤人君子之遗迹、与凡耳目之所接者”有密切关系（《江行唱和集序》）；但艺术真实不等于现实生活，求形似不如求神似。他欣赏画家文同的话“此竹数尺耳，而有万尺之势”（《篔簹谷偃竹記》），并且指责“論画以形似，見与儿童邻”（《鄢陵王主簿所画折枝》）。他要求作家静观万物，“欲令詩語妙，无厌空且静，静故了群动，空故纳万景”（《送参寥师》）；也要求努力捕捉诗情，“作詩火急追亡逋，清景一失后难摹”（《腊日遊孤山訪惠勤惠思二僧》）。对于如何表达得恰到好处，他提出“常行于所當行，常止于不可不止，文理自然，姿态横生”的主张（《答謝民师书》）。他自己的诗文，大致正是这条路。因为他具有写作经验，所以能理解写作的甘苦，有些意見也的确可供后人参考；但由于时代和阶级的局限，他常

—— 32 ——

常从消极方面去说明（如强调"空且静"）；文学远离了当时的现实斗争，便只能供封建士大夫的赏玩。

黄庭坚比苏轼更落后些。他开创了江西诗派，标榜学杜甫，其实并没有学到杜甫反映现实的基本精神。他认为诗歌主要写"人之情性"，反对"强谏争于廷，怨忿诟于道"（《书王知载朐山杂咏后》），指责苏轼的"短处在好骂"（《答洪驹父书》）。他不懂得创作的源泉是社会生活，而一味重视古书的钻研，认为"老杜作诗，退之作文，无一字无来处"（同上）；如果写不好，那是由于"探经术未深，读老杜、李白、韩退之诗不熟耳"（《与徐师川书》）。熟读古书之外，他又强调一些琐碎的形式技巧，如奇字、险韵之类，仍跳不出古书的圈子；他所提出的"换骨法"和"夺胎法"，不过是"不易其意而造其语"，"窥入其意而形容之"而已（惠洪《冷斋夜话》引黄庭坚语）。这种论调十足体现了北宋末年腐朽统治阶级的消极情绪，对文学创作和理论的发展是有害无益的。

（2）南宋

十二世纪初年，民族矛盾空前尖锐；宋王朝被迫南渡，偏安江左。统治集团毫无振作图强之意，反而加紧压迫人民，过着骄奢淫逸的生活；到十三世纪后期，便连半壁江山也送给元统治者了。在这一百多年中，进步的士大夫写出不少慷慨激昂的爱国诗词，民间小说、戏剧日渐繁荣；在理论领域内，也有一定的活跃现象。现在分别评述朱熹和真德秀等人的文学观、陈骙和李涂等人的文说、张戒和黄彻等人的诗论，李清照和张炎等人的词论。严羽比较突出，另段介绍。

朱熹在思想体系上是继承和发展北宋周敦颐、程颢、程颐等人的客观唯心主义哲学的，在文学主张方面也接近周程。他认为读圣经贤传主要是"学道"，应"就自己身心上存养玩索"，不应"费了许多精神"去专心"作好文章"，那是"甚可惜也"(《沧州精舍谕学者》)；所以他所理解的文道关系是"道者文之根本，文者道之枝叶"(《语类》)。从这个基本观点出发，他认为诗歌创作无所谓"工拙"，不必注意什么"格律之精粗，用韵属对比事遣辞之善否"，问题仅在于"其志之所向者高下如何耳"(《答杨宋卿》)。他提出"天生成腔子"的主张，认为"文字自有稳当底字，只是始者思之不精"(《语类》)，所以他提倡"守古本旧法"(《跋病翁先生诗》)，而反对"务为新奇"(《语类》)。真德秀出自朱门，他选的《文章正宗》就专取"明义理，切世用"的作品，要求"其体本乎古，其指近乎经"，而批判"后世文辞之多变"(《文章正宗纲目》)。这些保守的论点在当时就是错误的，今天更是应该完全排斥的糟粕了。

陈骙的《文则》和李涂的《文章精义》主要讨论散文写作技巧。陈骙与朱熹同时，李涂则和真德秀同为朱熹再传弟子。《文则》分十部分，共六十多条，内容比较杂乱；主要是从儒家经典里寻找造句遣词的法则，有时举些具体的例证，讲的道理不免琐碎。但有些意见还值得注意，如他指出"古人之文，用古人之言也"，反对后人勉强摸仿，造成"婢学夫人"的弊病(甲八)；又如他认为文句应服从内容，"辞有缓有急，有轻有重，皆生乎意也"(乙五)等等。《文章精义》有一百多条，也是些零碎的意见。他举的例证比较广泛，上起先秦典籍，下至欧阳修、苏轼等人的作品；除说明琐屑的技巧问题外，也注意到各家风格上的继承关系，如说"韩退之文学《孟子》还及《左传》之；柳子厚文学《国语》、西汉；欧阳永叔学韩退之；子瞻文学《庄子》、《战国策》、《史记》、《楞严经》；曾子固文学刘向。"有时他对各家风格作比较："韩如海，柳如泉，欧如澜，苏如潮。"他警告作家们"学文切不可学人言语"，"学文切不可学怪句，且先明白正大"。抛弃了

—— 34 ——

这两人的迂腐气，披沙简金，也还有可取之处。

宋人爱写诗话，南宋诗话尤多，较佳者当推张戒《岁寒堂诗话》、黄彻《䂬溪诗话》、严羽《沧浪诗话》。严羽留在后边专论，现在先介绍张黄。张戒生当南宋初年，当时苏轼、黄庭坚诗风行一世，他表示不满，这本来有一定的道理；但他错误地提出一代不如一代的谬论，把诗分为风骚、汉魏、六朝、唐、宋五等，要求后人取法乎上。他认为"言志乃诗人之本意，咏物特诗人之余事"，也是对的；但他又提出意、味、韵、气等抽象概念，认为"意可学也，味亦可学也；若夫韵有高下，气有强弱，则不可强矣"，便落在天才决定论的泥坑里去了。黄彻和张戒差不多同时，但持论各异。他比较注意创作和生活的关系，认为"太史公南游北涉，信非徒然"，如果李白、杜甫"兀坐中书，何以垂不朽如此哉！"他也重视文学作品的社会作用，欣赏白居易《寄唐生》的"篇篇无空文，句句必尽规"，而批评李白某些作品"不过为玉楼、金殿、夗央、翡翠等语，社稷苍生何赖！"他反对黄庭坚说诗不应"强谏争于廷"，而赞美杜甫的"嫉恶怀刚肠"。当然他强调杜甫、白居易的忠君是完全错误的，他对诗歌的论点归根结柢还是为更好地巩固封建阶级的统治。

最后谈一谈李清照的《论词》和张炎的《词源》。词是古典诗歌的样式之一，起于唐而盛于宋。李张二人本身都是著名的词人，但他们的论点却阻碍了词的写作。李清照强调词的音乐的特点，认为词"别是一家"，与一般诗文不同。她批评柳永"词语尘下"，欧阳修、苏轼的词是"句读不葺之诗"，而提倡铺叙、典重、故实、富贵态等等。怪不得她自己的词只写些贵族妇女的闲愁闲闷，缺乏社会内容，而把爱国激情另写入诗内。这种诗词分工的论点是完全错误的。张炎也偏重词的音律，所以《词源》上卷专论这方面的问题；下卷讲到词的写作和赏鉴，推重姜夔的"清空"、"古雅峭拔"，而贬低辛弃疾、刘过不过写些"长短句之詩”。可见他完全抹煞了詞的思想内容，特别抹煞辛、刘等人具有积极意义的内容，宋詞发展到姜張，已走向穷途末路；《詞源》专重形式技巧的論点，正反映了南宋末年没落士大夫逃避现实斗争的消极情绪。

（3）严羽

在南宋理論家中，我们应特别提出严羽来分析一下。他的《滄浪詩話》涉及问题较广泛，影响较深远，毒素也就不小。《詩話》全书分五部分：一是《詩辨》，講到有关詩歌的原理、特征等问题；二是《詩体》，講到有关詩歌的风格、体裁等问题；三是《詩法》，講到有关詩歌創作的修养、技巧等问题；四是《詩評》，講到作品的真伪及其他问题。现在就其中主要論点加以評述。

严羽号称以禅喻詩，强調“以識为主”（《詩辨》）。什么叫做“識”呢？这里主要是指对于詩歌特征的認識。他相信有了这种認識，才能得到詩歌創作的技巧和修养；認識越深，修养就越高，写作的成就也越大。可见他认为詩歌的創作和学习都以这种主观的精神意識性的东西为主的。他既然以禅喻詩，他便借佛学从修持証悟达到悟境的过程来說明詩歌学习上如何求得“識”的问题。他要求“入门须正，立志须高”，然后“自然悟入”（《詩辨》），就是进入悟境，而获得真正的“識”。因此他所理解的学詩过程就完全脱离了生活实践，仅仅依靠主观精神意識的修养煅炼，而从他所推廌的某些詩人詩篇入手。同时，他所理解的詩歌創作，也只注意到詩歌特征的深入認識，而不懂得现实生活对創作所起的决定作用。中国封建社会发展到十二、三世纪时，統治阶级越来越腐败，社会矛盾越来越尖銳。这时如果詩歌理論家提出过去关于美刺比兴的論点来，那就不符合没落封建阶级的需要了。严羽便转而强調艺术形式的完美，给统治阶级提供精神上的的麻醉和享受，因而建立他的唯心主义的、形式主义的詩歌理論。

关于詩歌創作方面，严羽首先强調"妙悟"的重要性，要求"第一义"的"透彻之悟"（《詩辨》）。所謂"妙悟"，就是作家通过巧妙地"悟"而达到的高妙的"悟"；一生只須一次，以后就受用不尽。這是作家創作素养的高度水平，经过"熟参"而获得的。他認为詩人必須具备这种高度的素养，掌握高度的技巧，运用自如，不露痕迹。相反地，他对"学"与"理"比较忽视，認为"詩有别材，非关学也；詩有别趣，非关理也"（《詩辨》）；因此，他觉得韩愈学力超过孟浩然，而孟詩成就远在韩上。他反对江西派关于形式技巧的一些主張，另外提出"兴趣"、"气象"等說法。他用"羚羊掛角，无迹可求"，"透彻玲珑，不可凑泊"（《詩辨》）這一类的話来說明"兴趣"，可见指的是詩歌中的艺术境界，是一种能充分满足讀者审美要求的境界。他又說，"汉魏古詩，气象混沌"。"建安之作，全在气象"等々（《詩評》）；就是要求詩人在吟咏情性时不必过分雕章琢句，而应达到自然天成、浑然一体的境地。他認識到詩歌的艺术特征，强調满足审美需要的艺术力量，是有一定意义的；但他相对地忽视了作品的思想内容，对杜甫、白居易以来的批判精神只字不提，那么他的論点显然已陷入形式主义，艺术至上的泥坑里去了。这和上文所說的脱离现实生活的錯誤观点，是紧密联系着的。

在詩歌評論上，严羽自夸是个"参詩精子"，能够"辨析毫芒"（《答出继叔临安吴景仙书》）。他的确具有一定的欣赏才能，对詩歌的艺术形式具有一定的鉴别力；但是他闭口不談作品的思想教育作用，片面追求形式上的完美，重视可以意会而不能言传的艺术魅力。他只有主观玩賞，而缺乏客观分析，因而他的評論就不够准确。他把风格分成九种："曰高、曰古、曰深、曰

— 37 —

远、曰長、曰雄浑、曰飄逸、曰悲壮、曰凄婉”(《詩辨》)。他对这些都一视同仁，不偏不倚，是对的。但他反对韩愈不平则鸣的說法来貶低孟郊的詩，仍是从割断創作和生活的联系的错誤論点出发的。他列举应該“熟参”的古代杰作，断自汉魏而不提《詩经》；强調“一唱三叹之音”，反对“以罵詈为詩”(《詩辨》)。他的偏向是很显然的。总之，他为当时封建统治阶级利益着想，忽視詩歌的社会内容，孤立地强調欣賞，强調审美；而且在艺术欣赏中，又偏重讀者的主观体会。当然，讀者应該发挥主观能动性，应該通过欣賞而获得感受；但他在《詩評》中只談詩歌的艺术风格和历代詩风的演变等々，而不联系社会现实去分析作品；虽然他讀《离騷》而痛哭流涕，但事实上他限制在审美感受的获得。所以，他关于批評欣赏的看法和他的創作理論具有同性质的缺点。

以上略述严羽的創作論和批評論，這里有显著的形式主义和复古主义的错誤傾向。从陆机《文賦》、司空图《詩品》以来，文学理論上的形式主义偏向时时出现。严羽继承了他们，再加上佛学唯心主义哲学因素，理論系统更完整，旗帜更鲜明。他把創作导向逃避斗争、远离现实的绝境，标榜汉魏盛唐；形式主义和复古主义，本来是有关联的。他的贡献主要在于对詩歌艺术的审美特征有较以前更深入的認識，但他的只适合于没落地主阶级口味的整套理論，却是弊多于利，而是应該严格批判的。

(4) 金元

十二世紀初，金人统治了黄河流域，和南宋对峙了一百多年。十三世纪中年，元人先后灭了金和南宋，统治了中國一百多年左右。在这两个多世纪中，金元统治集团控制的地区里，阶级矛盾和民族矛盾错综复杂，逐渐尖銳化。金元文坛和南宋一样，除正

—— 38 ——

统的文体詩詞古文外，还有小説和戏剧。但是关于小説和戏剧的理論，却到明代才渐々兴盛，所以这时仍是以前的詩文理論的继续。由于北宋作家苏轼和黄庭坚的影响較大，金代便有尊苏的赵秉文、王若虚等和崇黄的李之纯、雷希颜等的争論。但是这些人在理論上没有多大成就，比较值得注意的，当推元好问。

元好问和严羽差不多同时，是金代最著名的詩人。他的关于詩歌的主張，主要见于《論詩绝句》中，也散见于其他文章里。他認为詩以誠为本："故由心而誠，由誠而言，由言而詩也，三者相为一"；如果不誠，那就"心口别为二物，物我邈其千里"（《楊叔能小亨集引》）。因此他主張只有"親到長安"，才能画好"秦川景"（《绝句》第十一首），而指斥"心画心声总失真"的作品（同上第六首）。他赞美《詩经》民歌，"端心而发，肆口而成"（《陶然集詩序》），而訊笑"切响浮声"的小巧（《绝句》第十七首）。在风格上，他要求又豪放又高雅，欣赏"曹刘坐啸虎生风"（同上第二首），"纵横詩笔见高情"（第五首），"除却雅言都不知"（第二十三首），所以既反对纤弱，贬低張华和秦观（第三、第二十四首），也反对"俳諧怒骂"（第二十三首），以及卢仝的"鬼画符"（第十三首）和孟郊般的"詩囚"（第十八首）。当然内容的真誠是有阶级性的，元好问所要求的真誠只限于对统治阶级有利的事物，因而他"学詩以数十条自警"，第一条便是"无怨怼"（《楊叔能小亨集引》）；他高度評价《詩经》民歌的同时，又轻视后代的"小夫贱妇"（《陶然集詩序》）。总之，他的論点虽偶有可取处，但未能跳出传统的框々。

元代在詩文理論方面，成就更少。如方回、郝经、戴表元等，大都是陈辞滥調。比较值得注意的，乃是对于小説戏剧的一些看法。元代戏曲空前繁荣，统治阶级就抓来为自己服务；一面禁止"意图犯上恶言"的作品（《元史·刑法志》），一面鼓励《尸諫灵公》一类宣传忠君思想的作品（宋褧《元宫詞》）。另一方面，

— 39 —

关心戏剧的文士也写了些专门著作，其中附带些有关戏剧評論和戏剧創作的話。周德清《中原音韵》载《作詞十法》，对曲的造語、用字、对偶、用典等等，提出具体的意见。钟嗣成推崇曲家，認为他们虽然"门第卑微"，却有"高才博識"，应属"不死之鬼"，远胜于"酒罂飯囊"（《録鬼簿序》），还对郑光祖、宫天挺等曲家作弔詞，赞仰备至（《録鬼簿》卷下）。关于小説，罗烨認为"虽为末学，尤务多聞"，"须凭实学是根基"（《醉翁談録》甲集卷一）。当然这些还只是些零星的論点，远非系统的主張，但对以后的理論，也不是毫无啟发的。

* * *

宋代在詩文理論上产生了較前更多的著作，也出现些彼此互异的种々主張，有时还引起針鋒相对的争論。在这些争論中，精华和糟粕是同时存在的。金元成就不及两宋，不过关于小説戏剧理論的源头，却不能不追溯到这里。

(六) 明代的文学理論

(1) 明 前 期

十四世纪中年的农民起义，推翻了元代。从这时到十七世纪中年李自成、張献忠等人的义军的兴起，三百年中封建专制政体达到高度的完成，也就是历史上的明代。明初奖励垦荒，减轻租役，经济逐渐繁荣；但后来土地兼并继续加甚，农民破产流亡，阶级矛盾就尖锐化了。这时工商业有空前的发展，和海外的交往日渐频繁，在封建社会中有资本主义因素的萌芽。在文坛上，传统的詩詞古文等体裁的写作没有多少新成就，而小説戏剧却获得新的发展。反映到文学理論上，詩文理論也不如小説戏剧理論的引人注目。这在明代后期尤为明显。

明前期的小説理論尚不显著，戏剧方面则已值得注意。戏剧本来是在民间土壤上发展起来的，它主要是人民斗争的工具。明初的统治阶级，一开始就重视戏曲，但目的却是为巩固自己的政权。当时在法律上就规定禁止扮演或收藏涉及帝王后妃及先聖先贤的作品，相对地鼓励有关神仙及忠孝节义的作品。元明间著名作家高明在《琵琶記》第一曲里就提出"不关风化体，纵好也徒然"的主張，要求"休論插科打諢，也不寻宫数調，只看子孝与妻贤"。明太祖朱元璋看了这个剧本，非常赞赏，比之于山珍海错，无非是看中了它为统治阶级效劳的巨大作用。在这影响下，当时剧坛上的創作思想中不免出现一股歪风邪气。十五世纪中年丘濬作《五倫全备》剧，赤裸々地提出了以戏曲进行封建倫理教育的主張，就是一个显著的例子，其目的也就是为了巩固封建秩序。这种創作和这种理論完全适应当时统治阶级的政治需要，明目張胆地把人民斗争的工具变成统治人民的工具。

现在简单介绍一下两部有关戏剧的专著：賈仲明的《续録鬼

簿》和朱权的《太和正音谱》。钟嗣成《录鬼簿》只評論了十多位曲家，賈仲明补写了七八十人的弔詞。如对于王实甫，首先用"风月营密匝匝列旌旗"等句說明作者的生活，其次以"新杂剧、旧传奇"指出創作的渊源，最后"天下夺魁"四字評定成就。一般說来，他的評价常常过高，如对消极毒素很严重的馬致远还称之为"曲状元"。他的分析有时偏重艺术形式，如評关汉卿不提对丑惡现实的諷刺，而只欣賞"珠玑語唾自然流"。他还算能够注意到創作和作家生活及性格的关系，如指出白朴的"舘閣情"、"风詩性"，張可久的"水光山色爱西湖……"等；但因此而赞美关汉卿的"风月情忒慣熟"、白朴的"得青楼薄倖名"，便是錯誤的。朱权《正音譜》卷首《古今群英乐府格势》中評論了近一百人的作品，一般都用四个字品評其艺术风格；如比馬致远为"朝阳鸣凤"，指的是以典雅的文詞表达"清高"的思想情感；比王实甫为"花间美人"，指的是以华丽的语言描述才子佳人的悲欢离合。但是他对馬王二人的局限性是看不到的，而且对于关汉卿、楊显之作品中的社会内容是不重視的，所以比前者为"琼筵醉客"，比后者为"瑶台夜月"。同时，我们也应該知道，這些只是戏剧理論的萌芽，还說不上系统的論点。

与賈朱时代相近或稍后的，还有宋濂、高棅、李东阳諸人关于詩文的理論。宋濂的主張是典型的正统派的主張。他認为写作的目的在于"明道"、"立教"（《文說贈王生黼》），所以作家必須注意"养气"（《文原》下篇），必須"以聖人之文为宗"（《文学篇序》）。因此，他主張复古不能"专溺辞章之间"，而要求"道存諸心"（《师古斋箴并序》）。這些腐朽論点在明代封建文士中散布着恶劣的影响。高棅继承严羽，提倡什么"超神入化，玲瓏透彻之悟"（《唐詩品彙总序》），是錯誤的。不过他分唐詩为初、盛、中、晚四期，并举出各期代表作家的风格特征，尚有一定的参考价值。他特别推崇盛唐，对后代詩論的影

——42——

响却弊多于利。李东阳年輩较晚，論点有沿袭前人的地方；不同的是，他强調詩歌的声律格調的特点，用"声調"的理論来代替严羽"气象"的説法(《怀麓堂詩話》)；他也推重盛唐，特别是杜甫，但他却反对"模某家，效某代"(《鏡川先生詩集序》)。把詩歌特征局限在声調上，显然是不够的；而他的創作实践，仍难免模拟的毛病。

到十五六世纪间，文坛上出现了"七才子"，以李梦阳、何景明为代表。他们的共同点在于打起复古的招牌，認为文学一代不如一代，所以主張"文必秦汉，詩必盛唐"(《明史·文苑传》)。這是非常錯誤的論点，可是在封建文士间頗有市场。不过李何二人的看法也不尽同。何景明諷刺李梦阳"刻意古范，鑄形宿模，而独守尺寸"(《与李空同論詩书》)。李梦阳拒绝何景明给他的"古人影子"的評語，他之所以"尺尺而寸寸之者，固法也"(《駁何氏論文书》)。他所謂"法"，就是"格古、調逸"之类(《潛虬山人記》)，本来没有多大意义；何景明所説的"领会神情"而"不仿形迹"，学习前人要能"捨筏则达岸"(《与李空同論詩书》)，却尚有道理，虽然在他的創作实践上并不能做到。因此，李梦阳晚年作《詩集自序》，似乎有点悔其少作，而初步認識到"真詩乃在民间"。相传他教人学詩从民歌《鎖南枝》下手(見李开先《詞謔》一之二七)，和《自序》的看法相似。这就与后来的公安派有接近处。

(2) 明后期

明世宗朱厚熜嘉靖(1522—1566年)以后，统治阶级越来越驕奢淫逸，政治局面越来越黑暗衰败。另一方面，萌芽状态的资本主义性质的生产关系逐渐出现，市民阶层也逐渐扩大。錯綜复杂的社会矛盾反映到文坛上，也反映到文学理論领域里。从这时

—— 43 ——

到李自成义军推翻明王朝的一个世纪中，小説戏剧的理論逐渐兴盛起来，这将在后边专门評述。现在先簡单談談当时有关詩文的論点。

明前期的"七才子"的复古主張，特别是"文必秦汉"的主張，遭到以唐顺之为代表的唐宋派的反駁。他認为"汉以前之文，未尝无法"，李梦阳諸人却只会"决裂以为体，餖飣以为詞"，所以错了；至于"唐与近代之文"，却"能毫厘不失手法"，也就是"开阖首尾经纬错综之法"（《董中峰侍郎文集序》），那才是应該学习的榜样。接着茅坤評选《唐宋八大家文鈔》，标榜唐代的韩愈、柳宗元和北宋的欧阳修、王安石、苏洵、苏轼、苏轍、曾巩。在提倡文从字顺的散文写作上，这种主張有一定的意义；不过他们还不懂得社会生活是創作的唯一源泉，所以结果也只能产生些内容贫乏而空講笔法的散文。

反对唐宋派而继承"七才子"的主張的，有以李攀龍、王世贞为代表的"后七子"。李攀龍没有多少議論，现在介绍王世贞的主張。王世贞轻视唐宋古文，認为"造益易而益就下"（《古四大家摘言序》），对唐宋派著名散文家归有光的作品作为"单辞甚工，边幅不足"（《答陆汝顺》）。他赞成"文必秦汉，詩必盛唐"的主張，但稍有变化。他認为"师匠宜高，捃拾宜博"（《艺苑卮言》卷一），所以对宋詩并不一笔抹煞（《宋詩选序》）。他也高談格調，但他把格調的变化归之于作家才思的不同（《卮言》卷一），所以反对"剽窃模拟"（同上卷四）。這种論点和何景明相近，不过在創作实践上仍然説不上創新。总之，后七子和前七子主張大同小异；他们斤斤計较的，主要在于表现手法方面；至于思想内容上，是跳不出封建框框的。

在十六七世纪间，社会矛盾的激化反映到意識形态上，产生了反抗封建正统的思潮，引起了文学理論领域里的争論。这方面，李贽是个重要的人物；他的文学主張，后边另有专論。现在先論述在他影响下的公安派，其代表人物是袁宗道、宏道、中道三兄弟。

三袁首先攻击前后七子的"篇篇模拟"，認为"其持論大謬，迷誤后学"（袁宗道《論文》），他們看到創作和时代有关系，"文之不能不古而今也，时使之也"（袁宏道《雪涛閣集序》）；這种文学发展史观，便是他們反对模拟的理論根据。正因为"天下无百年不变之文章"，所以既要"以法律救性情之穷"，又要"以性情救法律之穷"（袁中道《花云赋引》）。他們对于創作的基本要求是："独抒性灵，不拘格套，非从自己胸臆流出不肯下笔"（袁宏道《叙小修詩》）。這种性灵説在当时有打破文坛偶象的作用，使創作从前后七子的控制下解放出来；但他們不是把文学当作现实生活的反映，而只是个人"性灵"的表现，這种唯心主义論点必然会把創作引到玩物丧志的歧路上去。这和他們在政治上虽不肯同流合污，但也不敢投入战斗，是同样的弱点。

和公安派同时而稍后的，有以鍾惺和譚元春为代表的竟陵派。竟陵派的文学主張和公安派基本相同，他們反对模拟，也重视性灵。不过他們为了糾正公安派末流油滑的弊病，強調什么"幽情单绪"，要求"独往冥遊于寥廓之外"（鍾惺《詩归序》），以为唯有"孤怀"、"孤詣"才算是"真有性灵之言"（譚元春《詩归序》）。结果他們把創作引向远离现实的道路，写出一些詭奇险怪的詩文，那是完全錯誤。这时正在明亡前夕，阶级斗争尖銳，农民义军风起云涌。竟陵派的主張正是没落阶级颓废心理的体现。

(3) 徐渭和湯显祖

明后期除詩文理論外，小説戏剧的理論空前繁荣。现在先論戏剧方面的主張，而以徐渭和湯显祖为代表。

徐渭和"后七子"同时，詩文书画都有一定成就，关于戏曲的創作和評論尤为著称。《南詞叙録》是他的戏剧方面的专著，里边詳論南戏的源流和发展情况、南戏的风格特色、作家作品的优劣評价等等，附带說明了南戏的一些术語。他很重视戏曲的作用，"夫曲本取于感发人心，歌之使奴童妇女皆喻，乃为得体"。当然他基本上是个封建文人，他所注意的戏曲的作用不会危及封建制度本身；但从他的全部創作看来，他不滿于封建礼教的束縛，具有一定的反抗精神；因而他所要求"感发"观众的内容，在当时还多少有点进步意义。由于他重视这一点，所以他对戏曲創作的主張，一方面反对"穷其宮調"，反对"以宮調限之"；一方面强調語言"易晓"，以"本色"为貴，而斥責邵璨《香囊記》一类"文雅"的作品，把古书上的"語句匀入曲中"，又爱"用故事、作对子"等等。這些意见可以纠正当时曲坛上的恶劣风尚。与他同时的何良俊在《曲論》中，稍晚的臧懋循在《元曲选序》中，凌濛初在《譚曲杂劄》中，都提出"本色"的要求，不是没有原因的。

但是应該指出，何良俊和沈璟一样，虽主本色，却强調"合律依腔"（沈璟《太霞新奏序：二郎神》），即重视戏曲的声律腔調。戏曲的音乐性特强，在写作时注意这方面也有一定的道理；不过过分拘泥于此，反而成为表达思想情感的枷鎖，便是錯誤的。沈璟的另一錯誤主張，便是强調封建教化。他自己写的《义侠記》說，"人生忠孝和贞信，至世还須不棄人"（第三十六出《意不尽》）；《埋剑記》也說，"清朝节孝重，德里义门荣"（第三十六出《侥侥令》）。這就使他和徐渭有显著的差别，虽然两人在巩固封建统治的最終目的上是一样的。

和沈璟走不同道路的是湯显祖。湯显祖在戏剧創作上有很高的声誉，在戏剧理論上也有重要的成就。他生当十六七世纪之间，

—— 46 ——

那时明王朝日趋没落；他对朝政深表不满，在政治见解上接近早期的东林党人。他崇敬李贽，在思想上有一定的反抗精神，这些都对他的戏剧理論的形成有密切关系。他的論点主要是：

一、他为了反抗封建倫理，反对道学，所以强调"情"和"理"的对立："情有者理必无，理有者情必无"（《寄达观》）。"情"有善有恶，戏剧应表达善的情："性无善无恶，情有之；因情成梦，因梦成戏"（《复甘义麓》）。他的《牡丹亭》等作品，就是这种理論的实践。不过他重情轻理的主張在当时虽有反封建的意义，在今天就是錯誤的了。

二、他認为要使創作获得成就，既不应迷于古书，也不应迷于八股，而应有广泛的生活经历："所游目，天下之股脊喉颈处也；英雄之所缠，美好之所铺，咸在矣；于以豁心神纡眺听者，必将郁结于文章"（《王季重小题文字序》）。他特别重视"穷愁"的生活（《王生借山斋詩轶序》）和"挫折颓挫"的遭过（《超然楼集后序》）对創作的啟发。

三、他在注意现实生活的同时，也追求理想的事实："梦中之情，何必非真？天下岂少梦中之人耶？必因荐枕而成亲，待挂冠而为密者，皆形骸之論也"（《牡丹亭記題詞》）。因此他在創作上不局限于客观的生活逻辑，而重视主观感情的充分而自由的表达；他写的《牡丹亭》、《邯郸記》等作品，正是这种主張的体现。不过他在这里也有爱情至上和向往神仙的錯誤思想，是应該批判的。

四、他既然兼重现实和理想，所以他一方面指出作家要有充实的感受和由此而来的創作冲动："是故善画者观猛士剑舞，善书者观担夫争道，善琴者听淋雨崩山；彼其意誠欲愤积决裂，挐戾关接，尽其意势之所极，以开发于一时"（《序丘毛伯稿》）；一方面他也强調奇特的想象和丰富自由的灵感作用："予謂文章之妙不在步趋形似之间；自然灵气，恍惚而来，不思而至；怪怪奇奇，奚可名状，非物寻常得以合之"(《合奇序》)。所以他要求作品既"奇特"(《答门人陈仲容》)，又"自然"(《張元長噓云轩文字序》)。

五、他反对沈璟重视声律的論調，認为"凡文以意趣神色为主，四者到时，或有丽詞俊音可用，尔时能一一顾九宫四声否?"(《答吕姜山》。) 他主張"歌詩者自然而然"，而反对"吕玉绳改窜"他的《牡丹亭》以"便吴歌"(《答凌初成》)。這是他所倡导的临川派和沈璟所倡导的吴江派争論焦点之一。

与沈湯都有来往的王驥德，在他的《曲律》中基本上继承沈璟的錯誤主張，不过也略受湯显祖的影响。他在写作上和沈璟一样重视声律，認为這是"作詞第一吃紧义"(《曲律·論平仄第五》)，"务求字字合律，方可下手"(同上《杂論第三十九下》)。但同时他还要求具有湯显祖在文字艺术上的完美性，要以临川派的"巧"和吴江派的"法"結合起来(参看《第三九上》、《下》各条)。从這样的基本观点出发，他提出一系列的具体主張。他对戏曲語言强調"雅俗浅深之辨"，認为"纯用本色，易觉寂寥；纯用文調，复伤雕镂"(《論家数第十四》)。他注意如何造句选字(《論句法第十七》、《論字法第十八》)，講究説白和插科打諢(《論宾白第三十四》、《論插科第三十五》)。他認为語言要符合剧中人物的身分和性格(《論引子第三十一》、《杂論第三十九上》)，也要求情节结构的妥善安排(《論章法第十六》、《論戏剧第三十》)。这些意见虽稍琐碎，但不无可取之处。不过他企图用文人創作去压倒民间戏曲(《杂論第三十九上》)，还要根据封建阶级的思想观点来处理题材(《第三十九下》)，那便把徐渭、湯显祖理論中一点点反抗精神完全勾銷了。这是我们坚决反对的。

—— 48 ——

(4) 李贽和冯梦龍

和戏剧理論并行发展的是小說理論。和戏剧方面不同，小說方面没有专著出现；有些論点见于笔記或序跋中，更多的是见于小說的評点中。这里影响較重要的有李贽和金人瑞。

李贽的年代和徐渭相近。他在思想上代表地主阶级的进步派，在一定程度上也代表着市民阶层。他的各种著作中有强烈的反对封建正统观念的精神。他在《童心說》里指出儒家经典决不是"万世之至論"，至于"天下之至文"，则完全"出于童心"；他所謂"童心"，是指"绝假纯真，最初一念之本心"，也就是没有受到正统思想腐蚀过的原始精神状态。这当然是一种抽象的、唯心主义的先天性論，但有浓厚的反封建色彩，而且含有个人自觉的意义在内，在当时是有积极作用的。他却認識不到不同阶级的人有不同的人性，也不能或不願和封建制度坚决决裂。这是他的局限。

从这个基本观点出发，李贽建立他的小說理論。这主要表现在他对《水滸传》的意见上。他在《忠义水滸传序》里首先說明：这部章回小說的創作动机是"发愤"，愤北宋的复亡和南宋的软弱。他赞美好汉们的爱国思想是对的，但没有認識到民族矛盾是和阶级矛盾交织着的，而肯定"灭方腊"更是錯誤。其次他指出：《水滸传》的主要意义在于"忠义"，好汉们都是"大力大贤有忠有义之人"，却被一一逼上梁山了。这里问题在于"忠"字，他歌颂宋江"心在朝廷之上，一意招安"，那是完全反动的观点。最后他强調："有国者不可以不読……贤宰相不可以不読……兵部掌军国之枢，督府专阃外之寄，是又不可以不読"，简直要把《水滸传》当作《资治通鉴》了。他不但在反封建上不彻底，而且为统治阶级献策了。

托名李贽評点的书很多，托名他批的《水滸传》也有好几种，其中袁无涯本比较可信，但在李評中可能杂有袁評。这个本子的評語主要是分析内容的。他在这里批判了政治的黑暗，肯定了好汉们的聚义，認为造反是奸臣们逼出来的（第四十四回評），因此和一般的盗贼不能等量齐观（第十四回評）。他指出揭露政治黑暗"是一部书大题目"（第二十回評），看到官吏比盗贼还坏（第六十五回評）。不过他也错誤地赞成招安（第七十一回評），表揚宋江忠于宋君（第八十五回評）。評語中还有宣揚封建倫理和循环报应的荒謬意见（第一百二、一百三回評），和李贽思想不符，可能是袁无涯补加的。評中对艺术分析较少，偶然談到人物性格的描写（第十六、三十回評），談到情节结构的安排（第二十二、二十三回評），以及叙述方法的多样化（第四十五回評）、用字的新颖（第三、二十八回評）等等。

附带提一提叶晝托名李贽的《水滸传》和《三国志演义》的評点。叶晝年輩稍晚于李贽，在思想上有同有异，但落后面更多更严重。他反对封建礼教和道学（《水滸》第四十八、六十三回評，《三国》第四、十七、三十七回評），批判贪官污吏（《水滸》第四十九、五十七回評，《三国》第三十一、三十五回評）。可是他謾罵宋江、吴用（《水滸》第五十五、六十二回評），否定农民起义（同上第一百回評），宣揚宿命、报应观点（《三国》第二十四、七十七回評）等，便是完全错誤的。這些错誤論点，对后代評点家有恶劣的影响。

比叶晝更落后的是金人瑞。他生活于明末农民义军活跃的时代，妄想通过歪曲《水滸传》来为封建统治阶级效劳；肆意删改原文，来丑化义军领袖。对好汉偶有赞揚的話，也是很有限度的，而且常杂有怀才不遇的牢騷。他有許多評語是对艺术技巧方面的分析。关于人物的性格，他比较其间的异同（《讀第五才子书法》），談到性格的发展和变化（第五十三、五十七回評）。人物的塑造可以通过具体的行动（第二、三回評）、个性化的語言

——50——

(第十、十八回評)、细节的描写(第九、十回評)、肖象的刻画(第三十七、四十六回評)等等来完成。关于情节的安排,他要求能体现主题及人物性格(第一、二、三十三回評),能表示人物间的关系和性格成長的过程(《讀第五才子书法》),注意伏线和前后因果关系(第三、五十三回評),还要曲折而多波澜(第八回評)。具体的手法是多种多样的,如:同类情节不要相犯,或者是犯而求避(第十一、十九回評);注意情节先后交替,或故意中断而穿插他事(《讀第五才子书法》和第四十三、五十一回評);張弛结合,高潮和低潮配搭(第三回評);情节中的"正笔"和"旁笔",要和人物的宾主处理恰当(第六十回評)等等。這些烦琐的分析,表面上好象比前人细致些;但是在金人瑞反动思想支配下,并不能抓住小說創作的核心问题,反而把以后的評点家都引入魔道了。这种錯誤理論必须严厉批判。

和他同时而比较能继承李贽的,是馮梦龍。在明末文人中,他是最重视小說戏剧的一个。从《曲律序》中,我们知道他对当时文坛的歪风邪气极为不满。在《序山歌》里,他对民间歌曲推崇备至,拿来和《詩经·国风》相比,認为胜于文人詩文。他又编了《三言》,即《喻世明言》(一名《古今小說》)、《警世通言》和《醒世恒言》,选録話本小說一百多篇,分别用"绿天舘主人"、"无碍居士"、"可一居士"的笔名写了三篇序。这几篇序中主要意见有三点:首先突出了小說的社会作用:"試令說話人当场描写",故事的感人一定既"捷且深",能使"怯者勇,淫者貞,薄者敦,顽钝者汗下",远远超过了儒家经典《孝经》、《論語》之类(《喻世明言序》);錯誤在于这个作用仍未能跳出封建道德的框子,无非是"說孝而孝,說忠而忠,說节义而节义"等等(《警世通言序》)。其次,序文認为小說的内容应該一方面具有"可喜、可愕、可悲、可涕、可歌、可舞"的情节(《喻世明言序》),一方面避免"淫譚褻語,取快一时,

— 51 —

貽誘百世"(《醒世恒言序》);這里說的比较抽象,但显然是为小說的教育作用服务的。最后,序文中提出了表现手法方面的要求:故事可以虛构,"人不必有其事,事不必丽其人",真假故事必同具"激揚劝誘,悲歌慷慨"的力量,因为"事真而理不贋,即事贋而理亦真"(《警世通言序》);同时,在語言上要避免"尚理或病于艰深,修詞或伤于藻绘"的缺点,否则便"不足以触俚耳而振恒心"(《醒世恒言序》)。所以这三项論点是互相联系着的。

* * *

明代文学理論的主要贡献,在小說戏剧方面。明前期的詩文理論比较暗淡,后期在经济、政治新形势下,出现了些反复古、反封建的論調,引起了争論。这争論在小說戏剧理論方面也很明显,因为没落阶级总是要千方百計地巩固自己摇々欲墜的统治。不过这时反封建的人基本上仍属于封建阶级,因而很不坚决,很不彻底,其进步意义是很有限的。有些論点在当时虽有积极作用,可是在今天却是有害的了。

(七) 清代的文学理論

(1) 清 初

从十七世纪中年李自成、張献忠等人的义军起，到一八四〇年鸦片战争止，这二百年是中国長期封建社会的最后阶段，包括清代的初年和中年。由于清人入主中原，民族矛盾比較突出，但是民族矛盾和阶级矛盾是分不开的。清初农业生产逐渐恢复，加上明代中叶以来资本主义生产关系逐渐发展，一方面造成表面上的繁荣，一方面也使统治阶级日益腐化，导致阶级矛盾的尖銳化。清中叶以后，封建经济体系已到垂死阶段，但资本主义经济却还不够强大，于是对欧洲資本主义侵略势力便难于抵抗了。鸦片战争一声砲响，把清代历史划成两个阶段。

這时期的文学創作和文学理論，无論在詩文或者小說戏剧方面，都有一定的发展。现在先論述清初的詩文理論。

明清间的错综复杂的社会矛盾，在进步的封建士大夫中引起了爱国主义思想和民主主义思想。这种进步思想也反映到文学理論上，黄宗羲、顾炎武、王夫之是这方面的代表。這三人都是明末清初的啟蒙思想家，都积极参加抗清斗争，黄宗羲从他自己所处的时代和时代的要求出发，看到文学史上民族矛盾和文学創作的关系(《謝皋羽年譜遊録注序》)，也看到反映民族斗争和爱国思想的作品是抹煞不了的，终于会对后代产生巨大的作用(《缩斋文集序》)。因此，他要求"詩以道性情"(《馬雪航詩序》)，一方面联系到民族思想，一方面也联系到人世间一切痛苦，包括"逐臣、棄妇、孽子、劳人"的怨愤在内(《陈苇庵年伯詩序》)。在散文方面，他認为要"以理为主"，要"写其心之所明"(《論文管見》)；联系到当时的具体情况，這些都離不开他反传统、反科举的一些进步的思想内容。但是他的进步性是很有限的，他既看不到"情"和"理"有鲜明的阶级烙印，也不懂得民间创作的重大意义。

顾炎武和黄宗羲具有同样热烈的爱国激情，所以非常重视文学创作对社会的具体作用，要求"有益于天下，有益于将来"(《日知録》卷十九)。他强调写作必须具有"救民于水火之心"(《与人书三》)，所以很同意白居易的詩歌理論(《日知録》卷二十一)。因此，他反对"盗窃"他人(同上卷十八)或"摹仿"古人(同上卷十九)，認为"终身不脱依傍二字"是不能在創作上成功的(《与人书十七》)。他看出創作与时代的密切关系，"詩文之所以代变，有不得不变者"(《日知録》卷二十一)。這些主張在当时有一定的积极意义，但他基本上是一个封建阶级的学者，既認不清文学艺术的特征，也瞧不起劳动人民。

王夫之的思想和黄顾相近，但比他们对文学特征理解得更多一些。他强調創作必须从实际生活出发，認为"身之所历、目之所见，是铁门限"，否则便是"欺心以炫巧"(《夕堂永日緒論内编》七)。这些实际经历，化为作品的内容，即所謂"意"，"无論詩歌与長行文字，俱以意为主"(同上二)。這种意，包含詩人主观的"情"和客观的"景"；这二者"实不可离"，因为"有情中景，景中情"(同上十三)，而且"景生情，情生景"(《詩绎》十六)。這种情景交融的意境，应該用巧妙的手法表达出来，造成一种"势"；所謂势，就是"意中之神理"，达到"宛转屈伸，以求尽其意"(《夕堂永日緒論内编》三)，这样才能有詩的"风味"(同上四十一)。這些論点比较抽象，再多走一步就和王士禛神韵説差不多了。而且他轻视《孔雀东南飞》這样的民歌(《古詩評选》卷一)，認为杜甫、白居易的詩太"俗"(《明詩評选》卷二)。那是因为他在思想上和黄顾一样有很大的阶级局限与时代局限的緣故。

東蕃呈写

—— 54 ——

黄顾王三人先后死在十七世纪末年，那时清王朝的统治日趋巩固，把控制力量伸展到意识形态领域里，便产生了适应统治阶级政治需要的王士祯神韵说。王士祯在十七八世纪间负诗坛盛名，其实创作上的成就是很可怜的。他沿袭司空图"不着一字，尽得风流"和严羽"羚羊挂角，无迹可求"的论点，标榜"神韵"，要求把诗写得冲和淡远，也就取消了诗歌创作的战斗作用。顾炎武斥责王维为"以文辞欺人"（《日知录》卷十九），而王士祯则对王维极为称赏，说其诗"如祖师语"（《带经堂诗话》卷一），真能"兴会神到"（同上卷三）。他强调平静消沉的心情，偏爱田园山水的吟咏，欣赏飘渺含蓄的艺术趣味。他割断了诗歌和现实生活之间的血肉联系，把创作导向远离社会现实的绝境，这是符合统治阶级利益的理论。它的影响极为恶劣，必须清除。

和王士祯同时而比较有进步意义的是叶燮的诗歌理论。他的《原诗》是一部系统的理论专著，其中的主要论点是：首先他探索了诗的本原："自　开辟以来，天地之大，古今之变，万汇之赜……于以发为文章，形为诗赋，其道万千，余得以三语蔽之，曰理、曰事、曰情，不出乎此而已"（《内篇上》）。这是本原的客观方面，三者不能分割，必须全面表达，并努力表达出"不可名言之理、不可施见之事、不可径达之情"（《内篇下》）。这话有一定的道理，不过还嫌抽象一点，没有明确提出有利于人民的理、事、情来。其次他谈到诗的本原的另一方面，即诗人的主观方面："曰才、曰胆、曰识、曰力，此四言者所以穷尽此心之神明……四者无缓急，而要在先之以识"（《内篇下》）。因为他以诗人的"识"为主，所以反对死板的法则，反对模拟古人，而要求煅炼出开阔的胸襟来。但是他不理解诗人的"识"有强烈的阶级性，也不懂得进步的"识"只能来自斗争实

——55——

践。最后他提出自己的文学发展史观。他認为一切事物都随时势而变化，詩歌也是这样，"盛而必至于衰，又必自衰而復盛"（《内篇上》）；这个变化是个前进的过程，"以漸而进，以至于极"，反对"后此者不肯加乎其前"的論調（同上）。因此，他要求詩人能"开闢古今之所未有"，而斥责"专以依傍临摹为事"的人（同上）。不过他还不懂得历史发展的根本规律，而有循环的錯誤看法；对发展的原因，他只归之于少数天才作家，也是不符合实际情况的。

（2）李漁和毛宗崗

清初文学理論除上述詩文方面外，还有小説戏剧方面的专著，如李漁的《閒情偶寄》、毛宗崗对《三国志演义》的評点等。这一类的专著，到清中年还有不少。

現在先論述李漁关于戏剧的理論。他的《閒情偶寄》内容頗杂，与戏剧有关的是其中《詞曲部》和《演习部》。《演习部》是討論舞台表演问题的，所以和文学理論有密切关系的主要是《詞曲部》：《詞曲部》包含六部分：结构第一、詞采第二、音律第三、宾白第四、科諢第五、格局第六。他自己有丰富的創作经验和舞台经验，所以这里所闡述的比较具体、细致。不过这里涉及的主要是形式技巧问题，在思想内容方面没有多少发挥。有人認为他在《结构第一》中提出"立主脑"一项，就是强調主题思想的重要性；其实他虽然把"主脑"解释为"作者立言之本意"，可是这个"本意"乃是指剧情关键所在的"一人一事"，如他所举《琵琶記》的蔡伯喈重婚牛府、《西厢記》的張君瑞白馬解围之类的例子，和我们今天所理解的主题思想并无关系。真正牵涉到思想方面的是"戒諷刺"一項，他在这里发誓賭咒，表

—— 56 ——

明自己写作决不諷刺别人；这正好揭示他的落后的世界观，反对以戏剧为斗争的武器。他在写作技巧方面的意见不无可取，主要有下列几点：

一是结构问题：除上文提到的"戒諷刺"、"立主脑"两项外，还有"脱窠臼、密針线、减头绪、戒荒唐、审虚实"五项。這里包含题材的选择和情节的组织两方面。在题材上，他要求創新，力戒抄袭；主張合乎人情物理，避免荒唐鬼怪；事实可以虚构，但須尽量不违背历史真实。在组织上，要分别主次，突出重点，前后照应，符合生活逻辑。這些意見都可供参考，但除反对諷刺的錯誤外，他的别的論点也常从迎合统治集团的心理出发；如为了追求剧情的新奇而不惜誣蔑妇女的"妒悍"，不要鬼怪上台也只是担心达官贵人厌恶不吉利。至于历史故事中不許"幻設姓名"，也是过于拘泥了。

二是詞采问题：包含"贵显浅、重机趣、戒浮泛、忌填塞"四项。他要求"意深詞浅，全无一毫书本气"；既应避"断续痕"也不要"道学气"。他認为"出言吐詞"，須符合脚色身分；反对"多引古事，迭用人名，直书成句"。這些关于戏剧語言的主張，都有一定道理。不过他把語言的技巧归之于"夙根"、"天授"，便是錯誤的；把脚色的性质和人物的社会地位混为一談，說什么"旦作梅香，亦須择言而发"，显然不能信从。

三是宾白和科諢问题：关于宾白方面，他提出"声务鏗鏘、語求肖似、詞别繁减、字分南北、文贵精洁、意取尖新、少用方言、时防漏孔"八项要求；关于科諢方面，他有"戒淫亵、忌俗恶、重关系、贵自然"四项主張。这些論点是有用的，但不应强調"尖新"，不应轻视通俗；至于戒淫亵而主張"說半句，留半句"，更是不彻底之至。

四是声律和格局问题：他对声律談了九项規则，未免琐碎；

—57—

但改变了"填词首重音律"的旧习，还是对的。格局方面，他从自己创作和舞台表演的实际经验出发，提出"家门、冲场、出脚色、小收煞、大收煞"五项意见，可供借鉴，只是相对地没有注意联系到思想内容上去。

由此可见，李渔在戏剧创作理論上是有所貢献的；不过里边杂有不少封建性糟粕，必須剔除，这在上文已分别指出了。

李渔以后，戏剧理論专著还有不少；其中值得一提的是十七八世纪间焦循的㉖《剧説》和《花部农譚》。他是清代中叶著名学者，論文要求"适于用"，要求"明意明事"，要求"阐彰至道"（《与王欽莱論文书》）。把这基本观点运用到戏剧上，他不忽视这种通俗而有用的文学样式，却也不忘情于"忠孝节义"的剧情（《花部农譚序》）。特别是他生活于正统的昆曲渐就衰落，各省的地方戏在民间艺人創造下风起云涌的时期，能够摆脱封建士大夫的成见，而赏識"花部"、"乱弹"的作品，那是难能而可贵的。但他对这类作品的分析評价，仍跳不出封建礼教的框子；他赞美《清风亭》惩罰忘恩負义的官僚和《賽琵琶》譴責弃妻杀妻的駙馬，这有一定的意义；但惩罰用雷打的方式，譴責是依靠故妻得神助而立功做官来实現，这些荒謬的情节也在他欣賞之列，其思想的迂腐可想而知。这是就《花部农譚》說。至于《剧説》则收集史料居多，理論方面没有多少发揮。

小説理論方面，与李渔同时的有毛宗崗和他的父親毛声山等人。父子二人評点过《三国志演义》、《琵琶記》等书。从評点中可以看出，他们反对道学（《三国》第四回評），有一定的愛民思想（同上第六、十七、四十一、六十五回評），主張不要拘于书本，应从实际情况出发（同上第九十五、一百回評）。但他们的思想基本上是落后的，妄想以《三国》抗《水滸》（《琵琶記总論》），强調蜀为正统（《讀三国志法》），否定黄巾义军

—— 58 ——

朱铸思写

(《三国》第四十回評),宣揚宿命論(同上第十三、八十、九十四回評)。這些錯誤观点是必须批判的。

在小說創作艺术方面,他们談得比較多。首先在創作和现实的关系上,他们认为《三国》写真人真事,这些历史事件是造物的安排,这部小說是"造物自然之文",不必虛构(《讀三國志法》);如果不写历史事件,便可以虛构,但必須写得真实动人,"使人讀其文之真而忘其事之幻"(《琵琶記总論》)。他重视真实是对的,但一定拘泥于历史,删去《三国》中与史事不合的地方(《三国志凡例》),甚且认为《西遊記》"不若《三国》叙帝王之事真而可考"(《讀三国志法》),便是錯誤的了。

其次在小說人物上,他们比較重视,认为是小說的中心(《讀三国志法》)。他们注意分析人物的性格特点,从行动中看到性格的异同,指出共同性格和特殊性格的联系(《三国》第三十五回評),在外表相似中看出内心的差别(同上第二十二、三十、三十四回評)。他们还談到性格和环境的关系(同上第六、六十三回評)。关于如何塑造形象,他们提出这些意见:一、用特点相同或相反的人来陪衬(同上第四十五回評)。二、借环境来渲染(同上第三十七回評)。三、通过细节来表现性格(同上第一、三十三、五十回評)。四、在語言中看出性格(同上第八十七、九十五回評)。但其中有金人瑞的影响,評点偏于迂腐而煩瑣。

最后是小說的情节。他们重视情节的艺术加工(同上第三十九回評),要求做到曲折变化(同上第四十二回評),"幻既出人意外,巧复在人意中"(《讀三国志法》)。细节是情节的重要组成部分,他们强调细节的真实性(《三国》第四十六回評),并能在情节中起伏线的作用(同上第二十七回評)。他们还談到一些具体的手法:一、"虛写"和"实写"的方法(《讀三國志

— 59 —

法》)，也就是间接或直接的描写，可以变换使用，来处理复杂的情节，免得呆板(《三国》第七十二回評)；有时虚写有含蓄的好处，可加强艺术效果(同上第三十五回評)。二、"添丝补锦，移针匀绣"(《讀三国志法》)，也就是情节移动或补叙的手法，为的使各回不至过于臃肿或太单薄。三、"伏笔"(同上)，有时同一情节可以既照应上文，又暗伏下文(《三国》第五十三回評)。四、既要"善避"，又要"善犯"(《讀三国志法》)；至于如何犯中求避，这与人物性格有关(《三国》第五十三回評)。五、弛張結合，刚柔相配，冷热交錯(《讀三国志法》)。六、有时可使用"奇笔"(《三国》第六十二回評)，以取得出奇制胜的效果。這些意见，可供我们参考。不过艺术性方面的分析和思想内容分不开，所以我们要随时警惕渗透在評点中的落后思想。

到清代中叶，《红楼梦》渐渐盛行，产生了不少評点的专著：较早的为脂砚斋的批語，后来有涂瀛的論赞，以及王希廉、姚燮等人的評。其中涂姚二人比较能突破封建礼教，都同情林黛玉，而斥责薛宝钗的奸险；对贾母、王夫人等封建家長，都表示不满。涂瀛还反对八股(《贾蘭赞》)，姚燮则欣赏小説中对"世态之幻"的揭示(《読红楼梦纲领》)。脂砚斋和王希廉却完全站在封建阶級立场上，在对林薛的評价及其他问题上，意见都和涂姚二人相反。不过脂砚斋在艺术性的分析上有些意见可以参考。如：他不赞成才子佳人小説的俗套(第三回評)，强調描写生活要合情理(第十六、四十三回評)；他重视人物性格(第五回評)，認为故事情节要为人物的刻划服务(第十四回評)，語言也要符合人物个性(第三、八回評)，他注意到情节的提炼和安排(第四十三回評)，对复杂的情节要处理好线索(第十六回評)等等。

朱錦惠写

—— 60 ——

总起来看，這些小説評点常々不免政治观点过腐、艺术分析琐碎的毛病。我们注意其中反封建的因素，珍视对写作技巧法则的揭示，但对他们的評价却不能过高。

(3) 清中叶

乾隆（1736－1795年）时期是清王朝的全盛时代，但社会矛盾的危机也就潜伏着了。自十八世纪中年以后的几十年，正体现着封建社会末期逐渐衰颓的趋势，也预兆着鸦片战争以后的种种新变。这时的文坛是清初到清末的过渡，在創作上有承前的和啟后的两方面，在理論上却承前多于啟后。除上述有关小説戏剧的論点外，现在介绍一下有关詩文的一些意见，以袁枚、姚鼐、章学誠为代表。

十七八世纪之间，王士禛神韵説在封建士大夫中颇有市场。叶燮持論和他不同，但两人并未正面交鋒。叶燮的弟子沈德潛以格調説对抗神韵説，却未能发挥叶燮理論中的进步面，反而錯誤地强調尊古，强調温柔敦厚的儒家传统。这种格調説和神韵説是一丘之貉，都是适应当时封建统治阶級的政治需要的。袁枚基本上也是封建文人，但在一定程度上受到当时日益活跃的市民阶层的思想意識的影响，多少能突破一点封建礼教的束缚，追求个性的解放，提出性灵説来代替神韵、格調二説。

什么是"性灵"呢？就是天賦的性情灵机。从前杨万里説过，"格調是空架子，有腔口易描；风趣专写性灵，非天才不办"（《随园詩話》卷一引）；袁中道也説过，"先兄中郎矫之，其志以抒发性灵为主"（《阮集之詩序》），袁枚加以发挥，認为"自《三百篇》至今日，凡詩之传者都是性灵"（《随园詩話》卷五）。不过他因此而突出了"情"，并且主張"情所最先，莫如男女”（《答戴园論詩书》），便是庸俗腐朽的錯誤論点了。他的贡献在于由强調性灵而要求詩中“有我在”（《答沈大宗伯論詩书》），反对“詩有人无我”（《随园詩話》卷七），這是針对着沈德潜拘泥于古人的偏向的。他又重视内容的真实，認为“詩难其真也，有性情而后真”（同上），反对乱写“目之所未瞻，身之所未到”的事物（《答云坡大司寇》）。這也和王士禛主張远离生活现实不同。他不反对詩中要有神韵，他認为神韵“不过詩中一格”（《随园詩話》卷八），更重要的是詩中有活气，有新意，做到“味欲其鲜，趣欲其真”（同上卷一）。在补救王沈二說的錯誤上，他的論点有一定的意义；不过他始終跳不出剥削阶级思想情感的圈子，所以革新的作用是不大的。

关于散文方面，袁枚既反对当时封建学者“以考据为古文”（《与程戴园书》），也不赞成当时古文家空談“明道”，認为“道若大路然，亦非待文章而后明”（《答友人論文第二书》）。他這种反传统的精神是好的，但是他拿不出进步的思想内容来代替煩瑣的考据和腐朽的“道”，所以結果他会把詩文創作带到浮滑的歧途上去。

姚鼐和他差不多同时，是桐城派古文理論的代表者。清初方苞曾提出古文的“义法”的論点，以为“义即《易》之所謂‘言有物’也，法即《易》之所謂‘言有序’也”（《又书貨殖传后》）。姚鼐加以发揮，提出“义理也、考証也、文章也”三者結合的主張（《述庵文鈔序》）。這种三結合的古文的风格，大体可分阳刚和阴柔两类：“其得于阳与刚之美者，则其文如霆如电，如長风之出谷，如崇山峻崖，如决大川，如奔騏驥……其得于阴与柔之美者，则其文如日初升，如清风、如云如霞如烟，如幽林曲涧，如淪如漾，如珠玉之辉，如鸿鹄之鸣而入廖廓”（《复魯絜非书》）。他的論点实际上就是：在散文内容方面强調封建教化，因而颇为统治阶级所赞許；在写作方法方面不外向唐宋八大家学习，所以封建士大夫感到容易下手。这就使桐城派风行一时。姚鼐的主張多少能扫除文章中堆砌雕琢的弊病，刚柔风格的説明也可供参考；不过思想内容的腐朽是致命伤，而风格的分析也有神秘化、簡单化的缺点。

章学誠的年華稍晚于袁姚，他的《文史通义》是史学理論上有名的专著，其中有不少是涉及文学的。他对当时文坛，深致不滿。他指责古文作家常犯的十种毛病：一是“妄加雕飾”，二是“八面求圆”，三是“削趾适履”，四是“私署头銜”，五是“不达时势”，六是“无端而影响”，七是“画蛇添足”，八是“文而失实”，九是“袭其形貌”，十是“好奇而寡識”（《内篇：古文十弊》）。这里有不少是批評桐城派的。他又借归有光对《史記》的“五色圈点”，来訕諷这一派的“古文秘传”（同上《文理》）。他对袁枚也一再斥责：“以纤佻轻薄为风雅，以造飾标榜为声名”（同上《妇学》）；“尽抹邪正、贞淫、是非、得失，而使人但求风趣”（同上《妇学篇书后》）。袁枚的确有这些缺点，不过章学誠从维护封建礼教出发，也是錯的。

在批評别人的同时，他也提出自己的主張。他同意把义理、博学（或考訂）、文章“三者合于一”（《内篇：原道下》），但和桐城派不同；他认为“道者万事万物之所以然”（同上《原道上》），所以不能“舍天下事物人倫日用而守六籍以言道”（同上《原道中》）；这就联系到社会现实，而不局限于儒家经典。他强調“立言之要在于有物”，认为写作“皆本于中之所见，初非好为炳々琅々”（同上《文理》）；有了切实的体验和素养以后，再进而写作。他提出“临文主敬”的要求（同上《文德》），就是要端正写作的态度，而不在于瑣碎的技巧。这些意见在纠正

——63——

当时文坛歪风邪气上能起一定的作用，不过他所重视的"天下事物"却仍不外乎对封建阶级有利的事物，写作的目的仍是要巩固这个阶级的统治。

他对于《文心雕龙》和《詩品》是很推崇的，但对后代詩話则不能理解而肆意貶低；因他不满于表杖，而斥责"今之为詩話者"（《内篇：詩話》），也不免过分。他对《文选》，指出不少缺点（同上《詩教下》）；不过皮毛居多，未触及本质．

* * *

清代鸦片战争以前二百年间的文学理論，是封建社会文学理論发展的最后一个阶段。阶级矛盾和民族矛盾的动蕩，在理論上引起一些波澜．伴随着資本主义萌芽而来的民主思想和个性解放的要求，也反映到理論領域里来；但这种思想和要求本身就有很大的历史局限性，而且封建势力还頑强地控制着文坛，所以这时期的理論虽有所发展，但糟粕却不少。

— 64 —

(八) 近代的文学理論

一八四〇年第一次鴉片战争起，到一九一九年的五四运动止这八十年是中国历史上的近代期。西方資本主义国家的侵入，使中国封建社会終于解体，变成半封建半殖民地的社会。中国人民起而反抗帝国主义及其走狗，表現出頑強的斗爭精神。但是从鴉片战爭、太平天国运动，直到戊戌政变、义和团运动、辛亥革命虽然把清王朝变成中华民国，但都是属于旧民主主义性质的革命。五四运动以后，在馬克思列宁主义思想指导下，才轉入了无产阶级领导的新民主主义革命，历史就开始了新的一頁了。

這些剧烈的社会变革，反映到文学创作和文学理論上，产生些不同倾向的作品和論点。在理論方面，封建势力还很囂帖，其中比较值得注意的有三人：十九世纪中年的刘熙載、十九、二十世纪之间的梁啟超和王国维。

刘熙載的論点大都見于《艺概》。這是一部内容广泛的專著，与文学理論有关的主要是其中《文概》、《詩概》、《賦概》、《詞曲概》四卷。綜合起来看，他的意見是：

首先，他认为文学作品必須有创造性的思想内容。他說，"艺者道之形也"（《自序》）；又說，"物无一則无文，蓋一乃文之真宰"（《文概》）。這里說的"道"和"一"就是指思想内容。這个内容离不开作者的志，"志者文之总持"（同上）；也离不开外物，"在外者物色，在我者生意，二者相摩相蕩，而賦出焉"（《賦概》）。因此，不应該人云亦云，而要在作品中体現自己的"独至处"（同上）。他赞美周秦散文"皆有个自家在内"（《文概》），也称赏詠古、詠物的詞能做到"其中有我在"（《詞曲概》）。

其次，他认为作家应該关心人民疾苦，因而对这类作品评价常々很高。杜甫、元结、白居易的诗能真切地描绘社会现象，他歌颂他们"不但如身入閭閻，目击其事，直与疾病之在身者无异"（《诗概》）。他甚至挖掘出李白的"日为苍生忧"等句和韦应物的《高陵书情》等篇，认为他们的"忧民之意"也不在杜甫、元结之下（同上），这不一定符合李韦的实际情况，但从此可看出他的倾向性来；他的目的仍然为了巩固封建统治。不过他重视创作之"意皆起于恻怛为民"（同上），还是有一定意义的。

最后，关于艺术性方面的要求，他谈的比较多，值得重视的有两点：一是主张写得真实，尽量使作家自己和外界事物中间没有隔膜。所以他一再说，"文惟其是，惟其真"（《文概》），"诗可数年不作，不可一作不真"（《诗概》）；又说，"代匹夫匹妇语最难，盖饥寒劳困之苦，虽告人，人且不知；知之，必物我无间者也"（同上）。要求"物我无间"，并不等于照抄现实；他欣赏苏轼《水龙吟》"似花还似非花"一句，因为可以说明"不即不离"的妙处（《词曲概》），也就是遗形似而重神似的意思。二是主张风格多样化，不拘一格。他说过"物无一则无文"（《文概》），但又指出"必有一在其中，斯能用夫不一者也"（同上），就是要用"不一"的手法来表达"一"的内容；所以他又说，"文不同而志则一"（同上）。他懂得"诗品出于人品"（《诗概》），所以强调文中有我；他又赞赏"太史公文如张长史于歌舞战斗悉取其意与法以为草书"，告诉我们创作的"秘要在于无我，而以万物为我"（《文概》）也就是吸取众长的意思。他分析到韩愈诗中"以丑为美"的特点（《诗概》），也看出苏轼、辛弃疾词在豪放中兼有"婉媚"处（《词曲概》）。这些意见都可供参考，其他零星论点，不多述了。

如果将刘熙载的主张和前人相比，他是有独到的较深刻的地方的。不过他死在鸦片战争之后四十年，太平天国起义之后三十年；伟大的新时代的剧烈变化，在他理论上缺少反映，他尚能发展旧说，但无力启迪新意。

—— 66 ——

其次说到梁启超，

梁启超比刘熙载晚半个世纪，是戊戌政变和辛亥革命后北洋军阀政府的主要参加者之一，他的政治主张是反动的，学术观点是落后的：他的文学创作和文学理论都为他的政治上的改良运动服务，偶有可取之处，但局限性是极严重的。当时黄遵宪、谭嗣同等人提倡"诗界革命"、创作"新派诗"或"新学之诗"，梁启超和他们一起，在《饮冰室诗话》中提出"能镕铸新理想以入旧风格"的论点，要求在作品中有"新意境"，并且尽量运用"新名词"。在散文创作上，他也抛弃了《文选》派和桐城派的拘束，不避"俚语、韵语及外国语法"，成为"别具一种魔力"的"新文体"（《清代学术概论》第一四二页），这种"新派诗"和"新文体"的主张，在传播资本主义思想、文化和动摇封建主义思想、文化上，有一定的意义。但由于时代和阶级的限制，他们所谓"新理想"、"新意境"，不过是为统治阶级服务的改良主义思想而已。

为了宣传自己的政治主张，梁启超十分重视小说戏剧的作用。他在《论小说与群治之关系》中提出下列意见：一，"小说有不可思议之力"，所以"欲新一国之民，不可不先新一国之小说"。二、小说有两派，即"理想派"和"写实派"；前者可以"导人游于他境界，而变换其常触常受之空气"，后者可以把读者"所怀抱之想象，所经阅之境界"都逐一"和盘托出，彻底而发露之"。三、"小说之支配人道"，有四种力量；其中"薰"、"浸"、"刺"三种是"自外而灌之使入"的，第四种"提"的作用则是"自内而脱之使出"的，也就是"自化其身"为书中的"主人翁"。四、小说作用既然极重大，可是许多小说却"含有毒性"，所以必须提出"小说界革命"的口号来。他讲的是说，却举例也杂有戏剧，因为那时人们对文学样式的分类还不太清楚。他在这篇里对小说的分析较前人细致些，所指出的"毒性"如迷信、科举、

— 67 —

欺诈、荒淫等々，也确是应该批判的。不过他连梁山义军、义和团运动都反对，那就是阶级的偏见。因此，他所要求的"新"，实际上是十分陈旧腐朽的。

最后是王国维。

王国维和梁启超差不多同时，他的哲学思想和文学理论都是封建主义和资本主义的混血儿。他早年学习了德国叔本华、尼采等人的唯心主义哲学，深受影响，晚年又走清王朝遗老的反动道路，所以他的论点中有较前人深入的地方，也有极严重的错误。

王国维在《红楼梦评论》中同意叔本华《意志及观念之世界》里的论点，认为艺术家的"模仿自然"，必须先有"美之预想存于经验之前"，然后才能"取自然中完全之物而模仿之"；认为"美之知识"，决"非后天的而常为先天的"，至少也是"其一部分常为先天的"，即所谓"美之预想"；这种从先天所得的预想，乃是"理想的"，待到"与后天中所与之自然物相合"而体现在作品中，"则为实际的"。因此，他在《人间词话》中高谈什么"词人者不失其赤子之心"，在《论近年之学术界》中又说写作鼓吹革命便是"亵渎哲学与文学之神圣"。这种看法，在旧民主主义革命时期就是违反历史潮流的，到今天更应严厉批判。

北宋邵雍曾提出"观物"的说法，强调"非观之以目而观之以心"（《观物内篇》）；又说，"以物观物，性也；以我观物，情也；（《观物外篇》）。王国维进而认为，作家的"观物"有两种情况：如果观一个"与吾人无利害之关系"的物，就得到"优美之情"；如果观一个"大不利于吾人"的物，就得到"壮美之情"。这两种美"皆使吾人离生活之欲"，具有这两种美的作品给予读者的"快乐存在于使人忘物我之关系"（《红楼梦评论》）。可见他对于美的分析的结果，就是要引导我们逃离现实。

从先天的"美之预想"出发，以心观物，王国维就继承并发展前人的论点而构成"境界"或"意境"的理论。他认为元剧，

"文章之妙"主要在于"有意境"，也就是"写情则沁人心脾，写景则在人耳目，述事则如其口出"（《宋元戏曲史》第十二章）。他又说，"词以境界为上，有境界则自成高格，自有名句"（《人间词话》）；他自夸为"境界二字"可以"探其本"，至于"沧浪所谓兴趣，阮亭所谓神韵，犹不过道其面目"（同上）。这种境界，是指情景交融所构成的艺术形象。他称情和景为"文学中有二原质"，景"以描写自然及人生之事实为主"，是"客观的"，情是"吾人对此种事实之精神的态度"，是"主观的"（《文学小言》）；二者统一于主观，所以他说"感情真者其观物亦真"（同上），又说"一切景语皆情语"（《人间词话》）。作为统一基础的主观的情，其具体内容就是没落阶级的思想情感；因而他要"探其本"，归根结柢还是为这个阶级服务。

在意境或境界上，王国维指出有"造境"和"写境"两种，这就是"理想与写实二派之所由分"（《人间词话》），上文当说梁启超也提到理想派和写实派的问题，这是十九、二十世纪之交的封建士大夫们初步接触到欧洲资本主义社会的文学理论之后，对浪漫主义和现实主义的模糊的乃至错误的理解。王国维认为，所谓写实乃是写"自然中之物"；这些物有"互相关系，互相限制"之处，作家不能照抄，必有所遗弃，因而"写实家"不免兼有"理想家"的成分；但是另一方面，一切"虚构之境"不得不从"自然"中吸取"材料"，所以"理想家"便兼有"写实家"的因素。当然这和我们今天所理解的现实主义及浪漫主义有很大距离，特别和我们今天所说的"两结合"更有本质的不同。此外，他讲到"有我之境"和"无我之境"，讲到"入乎其内"和"出乎其外"，讲到"客观之诗人"和"主观之诗人"等等（《人间词话》），都有类似的局限。

总之，王国维能在文学领域内接触到前人没大注意到的问题，特别在诗歌创作理论上提出自己的看法，对文学理论的发展有一

—— 69 ——

定的贡献。但对他的论点中的严重错误，却必须彻底清除。

* * *

近代八十年是中国历史上一个变革的时期。上述三人是这阶段较重要的理论家，基本上代表没落阶级的垂死挣扎。直到五四运动以后，中国共产党领导着全国人民进行新民主主义革命和社会主义革命，文学创作和文学理论才开始一个崭新的局面。

（九） 结 语

从先秦到五四运动前夜的文学理论发展情况，略如上述。我们应该遵循毛主席的教导，运用马克思主义历史主义和阶级观点相结合的原则，分辨清楚什么是理论遗产中多少带有民主性和革命性的精华，什么是其中属于封建统治阶级的腐朽的糟粕。前者是我们应该批判继承的，后者是应该彻底剔除的。大体说来，这种精华有两方面：一是过去理论家对创作上的优良经验的总结，一是他们对批评上的优良经验的总结；这些总结经过提炼，就可以供我们参考。

首先看创作方面。在两千年来的文学理论史上，创作理论的遗产最为丰富。当然，从我们今天的角度来看，其中的错误是极严重的。过去理论家大都认识不到人类的社会生活"是一切文学艺术的取之不尽、用之不竭的唯一的源泉"（《毛泽东选集》第三卷第八八二页），因而在探讨创作问题时总是忽视了作家的社会生活方面。他们大都出身于封建阶级，他们的理论基本上为封建阶级服务；即使在谈形式技巧时，也常注意到如何对封建阶级更为有利。但是经过我们遵照毛泽东思想来进行批判而加以改造以后，还有某些论点可以作为我们继承的对象，是"我们今天用得着的东西"（同上第二卷第六七八页）。例如历代理论家谈了很多关于语言的选择、结构的安排、风格的多样化等等的意见，有不少是可供今天借鉴的。

其次看批评方面。过去理论家在批评上的贡献主要在于作家论和作品论，有时也在对作家作品的评论中体现出他们关于批评的一些原则、标准等々。由于这些理论家身上大都带有严重的封建阶级的烙印，所以他们的论点中有很多糟粕。不过披沙简金，可供我们吸取的正确意见还是有的。关于知人论世的主张，对于颂古非今的抨击，以及不同样式的不同特征的分析、不同时代的不同风格的比较等々，都可为例。

除上述两种经验外，还有一点值得我们注意。从两千多年的理论史上，我们可以总结出一些规律，其中有的可供今天理论工作的参考。例如：历史上有进步意义的理论，总是在批判错误的理论中获得发展，总是在斗争中逐渐壮大成长起来的。南朝刘勰钟嵘的两部专著，体现了文学理论发展过程中一个丰收的季节；中唐的新乐府运动，代表着诗歌理论的一个发展；这些成就都是在和当时文坛上形式主义、唯美主义的歪风邪气作搏斗中获得的。

毛主席曾教导我们："一切带原则性的军事规律、或军事理论，都是前人或今人做的关于过去战争经验的总结，这些过去的战争所留给我们的血的教训，应该着重地学习它。这是一件事。然而还有一件事，即是从自己经验中考证这些理论，吸收那些用得着的东西，拒绝那些用不着的东西，增加那些自己所特有的东西"（《毛泽东选集》第一卷第一七八页），对于战争是这样，对于文学理论工作也必须这样，才能达到古为今用的目的。

〔附〕 参考书目

1、郭绍虞：中国文学批评史（中华书局）
2、罗根泽：中国文学批评史（中华书局）
3、黄海章：中国文学批评简史（广东人民出版社）
4、刘大杰等：中国文学批评史上册（中华书局）
5、郭绍虞等：中国历代文论选（中华书局）
6、人民文学出版社编辑部：中国近代文论选（人民文学出版社）
7、杨伯峻：论语译注（中华书局）
8、杨伯峻：孟子译注（中华书局）
9、蒋祖怡：论衡选（中华书局）
10、范文澜：文心雕龙注（人民文学出版社）
11、陆侃如牟世金：文心雕龙选译（山东人民出版社）
12、陈延杰：诗品注（人民文学出版社）
13、祖保泉：司空图诗品解说（安徽人民出版社）
14、孙昌熙刘淦：司空图诗品解说二种（山东人民出版社）
15、郭绍虞：沧浪诗话校释（人民文学出版社）
16、刘明晖：陈骙文则（人民文学出版社）
17、刘明晖：李塗文章精义（人民文学出版社）
18、夏承焘：词源注（人民文学出版社）
19、李　贽：评点忠义水浒全书（郁郁堂）
20、叶　昼（？）：批评忠义水浒传（容与堂）
21、金人瑞：批评水浒传（贯华堂）
22、夷之：王夫之薑斋诗话（人民文学出版社）
23、夏闳：王士禛带经堂诗话（人民文学出版社）
24、毛宗岗：评三国演义（商务印书馆）
25、涂瀛王希廉姚燮：增评补图石头记（商务印书馆）
26、脂砚斋：重评石头记（中华书局）

—— 72 ——

27、东坎：袁枚随园诗话（人民文学出版社）
28、郭沫若：读随园诗话札记（作家出版社）
29、俞曳之：梁启超饮冰室诗话（人民文学出版社）
30、徐调孚王幼安：王国维人间词话（人民文学出版社）
31、何文焕：历代诗话（中华书局）
32、丁福保：历代诗话续编（中华书局）
33、丁福保：清诗话（中华书局）
34、唐圭璋：词话丛编（一九三四年排印本）
35、中国戏曲研究院：中国古典戏曲论著集成（中国戏曲出版社）

（说明）关于参考书，这里多举近年出版的有评注的或加标点的；不过其中常有美化古人的错误，读者应注意批判。